KB264708

위대한
경쟁

위대한
경쟁

초판 1쇄 발행 2015년 4월 1일

지 은 이 　 정태영
발 행 인 　 권선복
편집주간 　 김정웅
편 　 집 　 정희철
디 자 인 　 김소영
전 자 책 　 신미경
마 케 팅 　 정희철
발 행 처 　 도서출판 행복에너지
출판등록 　 제315-2011-000035호
주 　 소 　 (157-010) 서울특별시 강서구 화곡로 232
전 　 화 　 0505-613-6133
팩 　 스 　 0303-0799-1560
홈페이지 　 www.happybook.or.kr
이 메 일 　 ksbdata@daum.net

값 15,000원

ISBN 979-11-5602-091-2　 (13190)

도서출판 행복에너지는 독자 여러분의 아이디어와 원고 투고를 기다립니다. 책으로 만들기를 원하는 콘텐츠가 있으신 분은 이메일이나 홈페이지를 통해 간단한 기획서와 기획의도, 연락처 등을 보내주십시오. 행복에너지의 문은 언제나 활짝 열려 있습니다.

위대한 경쟁

GREAT COMPETITION

정태영 지음

2014년 여름, 지구촌 최대 축제인 월드컵 축구 경기가 브라질에서 치러졌다. 우리나라는 16강 진출을 위한 조별리그에서 첫 경기로 러시아와 맞붙었다. 무승부 상황에서 일진일퇴의 공방이 계속되던 후반전에 교체선수로 투입된 이근호가 대포알 같은 슈팅으로 선제골을 뽑아냈다. 숨 막히는 접전 속에서 만들어진 이 골은 우리나라의 대회 첫 골이자 나아가 승부를 가르는 골처럼 보였다. 국민은 환호했고 광화문에서 응원하던 붉은 악마들은 마치 우승이라도 한 것처럼 열광하며 모두들 기뻐 날뛰었다.

며칠 뒤 1무 2패의 성적으로 16강 진출에 실패한 축구대표팀이 인천국제공항을 통해 귀국했다. 며칠 전의 열광, 그것은 잠시뿐이었다. 형편없는 성적에 분노한 일부 축구 팬들은 '한국 축구는 죽었다'고 쓰인 현수막을 들고 나와 "엿 먹어라."라고 소리치며 엿을 투척하는 사태까지 벌어졌다. 전례 없던 일이 일어난 것이었다. 아주 짧은 기간 사이에 열광적인 환호와 차가운 분노가 교차하였다.

위 두 장면은 이길 때는 좋아 죽지만 질 때는 예의고 뭐고 보이지 않게 되는 인간 승리 욕구의 한 단면을 고스란히 보여주고 있다. 그렇다. 사람들은 상대와의 승부에서 내가 이기고 내 편이 이기는 것을 좋아한다. 내가 억대가 넘어가는 고액의 연봉을 받고 있다 해도 같이 생활하는 동료가 나보다 더 많은 연봉을 받는다면, 그 사실은 아는 순간 열 받는다. 별 볼 일 없는 성과를 거두어 놓고도 동료보다 나으면 안도한다. 그러다 보니 성과물 앞에서 싸우지 말고 똑같이 나누어 함께 잘살아보자며 아름답게 말하는 사람들은 수없이 많지만 이를 실천하는 사람은 사실 거의 없다. 내가 앞서가고, 내가 더 가져야 한다는 인간의 참을 수 없는 승리 욕구가 이면에서 꿈틀거리고 있기 때문이다. "인간은 단순히 부자가 되기를 원하는 것이 아니라 남보다 부유해지기를 원한다."라는 영국의 철학자이자 경제학자 존 스튜어트 밀John Stuart Mill의 말은 이러한 사실을 강력하게 지지해주고 있다.

이기기 위해서는 이길 수 있는 능력이 필요한데, 이러한 능력은 어디서 만들어지나? 이길 수 있는 능력은 다름 아닌 경쟁의 장면에서 거의 대부분 만들어진다. 그래서 경쟁이란 과정을 통하지 않고서는 승리, 나아가 그 승리를 발판으로 만들어지는 성공을 기대하기 어렵다. 그래서 승리와 성공을 갈구하는 우리 인생에서 경쟁은 모두가 겪어야 할 필연적인 과정으로 존재하는 것이다.

그렇다면 남과 비교해서 우위에 자리 잡게 하는 승리만을 안겨주고 경쟁의 효력이 그것으로 종료될까? 그렇지 않다. 그러기에는 경쟁에 들인 노고가 너무나 아깝다. 다행히도 경쟁은 우리의 행복에까지 지대한 긍정적 영향을 미친다. 경쟁의 힘은 성장을 통해 승리와 성공을 만들고, 여기서 만들어진 승리와 성공은 궁극적으로 행복을 만들게 되는 것이다. 미국의 경제학자이자 경쟁 분야의 세계적 전문가인 토드 부크홀츠Todd G. Buchholz 박사는 "우리는 경쟁한다. 그러므로 존재한다. 경쟁이 우리를 부추긴 결과, 우리 삶은 나아지며 행복을 성취할 기회도 그만큼 많아진다. 경쟁도 없고, 성공도 없고, 실패도 없으면 행복도 없다."라며 경쟁이 가진 행복한 생활에 대한 긍정적인 영향력을 강조하고 있다. 이처럼 경쟁은 인생을 영위하는 데 있어서 더없이 소중한 것이다.

그런데도 불구하고 평범한 사람들은 이기는 것은 좋아하지만 그 승리의 전제조건인 경쟁에 대해서는 불편해한다. 타인의 경쟁을 바라볼 때는 쾌감과 재미를 느끼면서, 운동경기에서는 승리에 열광하면서 정작 자신이 경쟁에 노출되는 건 싫어한다. 때로는 평등을 강조하고 경쟁사회의 부정적인 면만을 집중적으로 부각시키는 이중성을 보이기도 한다. 즉 이율배반적인 마인드를 가지고 있는 것이다. 심지어 경쟁을 거치지도 않고 승리의 쾌감을 맛보고자 욕심 부리는 사람도 있다.

위와 같이 평범한 사람들이 경쟁에 미온적인 이유는 주로 아직 제대로 된 경쟁을 해보지 않아 경쟁이 행복에 미치는 막강한 영향력을 모르고 있거나, 무작정 경쟁을 귀찮아하거나, 경쟁을 해보지도 않고 미리 겁먹기 때문이다. 개인적인 요인 외에도 외부적인 요인도 있다. 상응하는 대가를 치루지 않고도 복지가 모두에게 골고루 돌아갈 수 있는 것처럼 진실이 호도되고, 상처 받지도 않은 사람이 힐링을 부르짖어도 용인되는 요즈음 우리 사회의 분위기도 여기에 한몫을 하고 있는 것이다. 실제로는 경쟁 없이 살 수 있게 해주는 사람이 존재하지 않는데도 말이다. 그래서 자의든 타의든 경쟁에서 멀어져있는 생활을 하면 할수록 물적 심적으로 팍팍하고 찌든 듯한 생활이 반복될 수밖에 없는 것이다.

상황이 이러하다 보니 경쟁의 2선에 있어도 될 법한 사람들까지도 전면에 나서서 이러한 경쟁의 가치가 왜곡되는 현실을 걱정하는 일이 벌어지기도 한다. 특히 사회지도계층에 있는 사람들의 인기영합주의에 대해서 대놓고 비판한다. 서울의 한 국립대학교 총장은 해당 대학 국정감사장에서 사회지도층의 인기영합적 포퓰리즘이 생산적인 경쟁조차 경시할 수 있는 국민의 균등주의를 부추기고 있다면서 국회의원들에게 우회적으로 '정문의 일침'을 가한 적도 있다. 적지 않은 재외교포 오피니언 리더들 역시 모국母國에서 벌어지는 과도한 복지논쟁에 따가운 시선을 보내면서 경쟁의 가치가 사회에 잘못 전달되지나 않을까 걱정한다.

자의든 타의든 경쟁을 피하고자 하는 사람들은 다음을 직시하여야 한다. 그렇게 하면 남을 이기는 것은 고사하고 이기는 사람의 처분이나 기다리는 신세로 전락될 수 있다는 사실, 오히려 저비용으로 행복을 크게 얻을 수 있는 기회를 날리며 살아가고 있다는 사실, 주변에 좀 잘나간다 싶은 사람들 모두는 경쟁을 통해서 짜릿한 승리감과 행복을 누리며 살고 있다는 사실들을 말이다. 사회에 소속되는 순간 누구 할 것 없이 자신의 사회적 의무를 다하기 위해서 경쟁이 좋든 싫든 그것을 수용해야 한다는 것은 또 다른 얘기다.

그렇기 때문에 다른 사람보다 앞에 있음으로써 느낄 수 있는 일상에서의 소소한 행복, 나아가 통쾌한 승리를 통한 짜릿하고 풍요로운 행복을 만끽하기 위해서는 이 시점에서 경쟁의 가치를 재평가한 뒤 경쟁에 관심에 관심을 갖는 것을 넘어 이제는 경쟁의 즐김을 시작해야 한다. 특히 지금 이 순간에도 피라미드형 구조의 조직에서 좋으나 싫으나 경쟁의 한복판에 서 있을 수밖에 없는 직장인은 더더욱 그러하다. 경쟁을 즐기는 과정에서 경쟁을 성공적으로 해내는 방법, 그리하여 종국에 가서는 승리를 통해 행복을 누리게 해주는 노하우를 스스로 체득해야 한다. 이것으로 부족하다면 다른 사람이 치열한 경쟁 속에서 승리와 실패를 반복적으로 경험하는 가운데 개발한 것으로써 승리에 가장 빠르게 안내해주는 알토란 같은 노하우를 추가적으로 습득하는 것이 필요하다.

필자는 현재 글로벌 대기업에서 약 30년 동안 일해오고 있다. 근무한 대부분의 기간 해온 일은 필자가 맡은 조직의 직접적인 성과를 극대화시키는 일이었다. 이 일은 지금도 계속되고 있다. 최고의 성과를 올리기 위해 뛰는 것은 물론이고 동일한 시장을 놓고 타 회사와, 그리고 전국에 산재해있는 같은 회사 동료 조직책임자들과 1등 승리를 염원하며 매일 한판 승부를 벌이면서 살아가고 있다. 승부를 벌인 모든 결과들은 즉시 계량화할 수 있는 것들이어서 매일 또는 일정기간별로 개인성적표가 만들어져서 공개된다. 그러다 보니 눈만 뜨면 온통 경쟁, 그리고 이기는 것에 관심이 집중된다. 그러나 필자는 당연하고 즐거운 마음으로 경쟁과 동거하고 있다. 경쟁이 필자에게 가져다주는 혜택과 위력을 너무나 자주 실감하고 있기 때문이다.

이러한 경쟁의 최일선 현장에서 필자는 도대체 어떤 요소들이 경쟁에서 승리로 이끌고 있는지, 어떠한 요소가 승리에 걸림돌이 되고 있는지를 끊임없이 확인하고 있다. 또한 이 요소들을 학문적으로도 다년간 심층 연구한 바 있다. 또한 업무 현장에서 터득한 살아있는 경험적 지혜와 학문의 세계에서 확인한 이론적 지혜는 필자가 이 책을 쓰는 데 있어서 큰 힘이 되어 주었고, 이 지혜에서 우러나온 다양한 지식과 노하우들은 대부분 이 책에 담겨 있다.

이 책의 내용은 크게 「왜 경쟁인가」, 「경쟁을 승리로 이끄는 정신역량」, 「경쟁을 승리로 이끄는 스킬역량」 등 3개 파트^{Part}로 구성되어 있고, 그것들은 다시 각각 6개, 11개, 23개 장^{Chapter}으로 구성되어 있다. 그리고 역량을 다루는 34개 각각의 장 후반부에는 서너 가지의 대표적인 실행방안이 제시되어 있다. 이 책은 일반적인 성공서^{成功書}와는 달리 경쟁 상황에서 승리할 수 있는, 즉 경쟁하는 상대보다 비교우위에 설 수 있는 역량과 스킬을 제시하는 데 포커싱되어 있다. 그래서 경쟁승리에 필요한 역량과 이 역량을 발휘하기 위한 스킬에 관련된 내용이 대부분이다. 그렇지만 경쟁이라는 것을 보다 깊게 성찰하여 재인식하는 일도 경쟁역량과 스킬을 아는 일 못지않게 매우 중요하다. 그래서 책자 초반부의 「왜 경쟁인가」에서는 이에 대해 심도 있게 고찰하였다.

이상의 3개의 파트를 구성하는 40개의 장은 필자가 업무 현장에서 직접 체득한 생생한 경험과 학문의 세계에서 직접 심층적으로 연구하고 확인한 이론적 토대, 그리고 이 분야 전문가와 탁월하게 승리한 이 시대의 성공인들의 제언을 바탕으로 엄선하였다. 이러한 경쟁역량이 성장을 통해 승리와 성공을 만들고, 여기서 만들어진 승리와 성공은 궁극적으로 행복을 만드는 것이다. 다음 페이지의 「경쟁역량이 행복으로 가는 길」은 이를 함축적으로 보여준다.

이 책은 이러한 내용을 소개하는 과정에서 왜 경쟁이 그토록 중요한지, 왜 경쟁에서 반드시 이겨야만 하는지, 경쟁에서 이긴 사례들은 어떠한 것들이 있는지, 경쟁에서 이기려면 정신적인 역량을 어떻게 발휘해야 하는지, 스킬역량을 어떻게 발휘해야 하는지 등에 대해서 소상히 알려준다. 소개되는 이러한 것들 하나하나는 독자로 하여금 승부를 걸고자 하는 욕구를 강하게 분출시키고, 또한 이기는 능력을 발휘하는 데 도움을 줄 것이다. 그리하여 궁극적으로는 독자의 승리를 만끽하는 삶에 크게 기여할 것으로 필자는 확신한다.

2015. 3
정 태 영

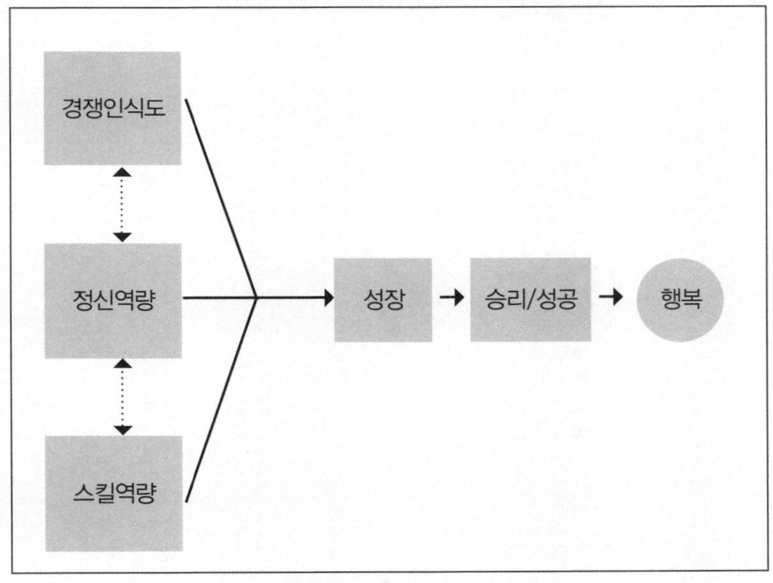

경쟁역량이 행복으로 가는 길
경쟁인식도
정신역량
스킬역량
성장
승리/성공
행복

Great
Competition

| Part 01 |

왜 경쟁인가
(Why The Competition)

경쟁은 피할 수 없는 우리 삶의 동반자이다. 무인도나 초야에 묻혀 홀로 살아간다면 모르겠지만 그렇지 않은 보통 사람들에게는 경쟁이 엄연한 현실인 것이다. 기업, 공공기관 등의 직장조직도 서로 경쟁하기는 마찬가지이다. 어째든 개인 간의 경쟁이든 조직 간의 경쟁이든 경쟁이란 것은 사람에게 운명적 존재임이 틀림없다.

인생의 전공필수

"인간은 인간 사이에서만 인간이다. 인간이라는 한자(漢字)를 통해서도 명확히 나타난다. 그런 인간이 두 명 이상 모인 곳이면 세상 어디든지 경쟁은 존재한다."

- 고틀리프 피이테(독일의 철학자) -

피할 수 없는 일

경쟁이란 한마디로 얘기해서 둘 이상의 주체가 같이 공유할 수 없는 목표를 차지하기 위해 노력하는 과정이다. 현실에서 추구하는 그 목표는 대부분 경쟁주체들의 이익이 걸려 있고 또한 그 수가 제한적이다. 그러다 보니 이를 차지하기 위한, 나아가 조금이라도 더 차지하기 위한 경쟁이 사회 곳곳에서 격렬하게 벌어진다.

사회학에서 말하는 갈등이론에서도 이와 같은 사실을 뒷받침해 주고 있다. 희소한 자원을 둘러싼 분배의 문제가 인간사의 핵심이라고 보는 것이 갈등이론의 핵심인데, 이는 경쟁에 이론적 근거

를 제공해준다. 이러한 갈등을 봉합하기 위해 사람들은 결국 토너
먼트식 경쟁을 벌이게 된다는 것이다. 상대의 움직임에 따른 나의
선택에 대해 연구하는 경제학에서의 게임이론 역시 경쟁의 근거
가 되는 것은 마찬가지이다. 경쟁의 근원이 되는 갈등이나 게임도
결국 인간의 욕구로부터 비롯된다. 결국 지금 이 순간을 살아가는
사람들 모두는 자신의 욕구를 충족하기 위하여 부단히도 노력하
는 사람들인 것이다.

경쟁의 역사는 인류의 역사와 함께 시작되었다. 성경에 경쟁심
때문에 동생 아벨을 죽인 카인 이야기가 나오고, 불경에 동생 석
가모니의 승단을 뺏으려고 갖은 계략을 꾸며 공격하는 제바달다
이야기가 나온다. 지금으로부터 약 2,500년 전 중국의 춘추전국
시대도 한번 보자. 그때는 생존이 그 어느 누구에게도 보장되지
않았다. 그래서 눈만 뜨면 '어떻게 해야 살아남나?'만 생각해야 했
다. 이긴 사람은 살아남고 진 사람은 햇살 아래 이슬처럼 사라졌
다. 결국 삶이 생존을 위한 처절한 경쟁의 연속이었던 것이다. 사
람을 무작정 죽이고 살리는 것만 없을 뿐 그때나 지금이나 경쟁의
본질은 사실상 차이가 없다.

역동성의 보고寶庫

경쟁은 몇 가지 특유의 속성을 가지고 있다. 경쟁은 승자가 패
자보다 훨씬 적어서 이기기 위해서는 젖 먹던 힘까지 동원해야 한
다는 것이다. TV를 장식하는 각종 서바이벌 프로그램만 봐도 두

세 명의 '영웅'을 뽑는 데 수천 명의 패자가 쏟아진다. '고시'라는 단어까지 등장하는 요즈음 대기업의 채용상황 역시 이와 다를 바 없다. 한 번에 끝장나는 월드컵의 결승 토너먼트 같지는 않지만 패배한 탈락자들에게 패자부활전의 기회가 여유 있게 주어지지 않는다. 입시, 취업, 승진 등의 뒤에는 하나같이 '전쟁'이라는 접미사가 붙고, 기업 간의 시장 확보 경쟁에도 '쟁탈전'이라고 한다. 전쟁하는 것처럼 어렵다는 얘기다. 사실 총알만 오가지 않을 뿐이지 전쟁이나 다름없는 것이 작금의 현실이다. 생전에 스티브 잡스 Steve Jobs는 그냥 전쟁이 아니라 "핵전쟁도 불사하겠다."라며 구글과의 성전聖戰을 다짐한 바도 있다. 이래서 모든 힘을 다 끌어모아 경쟁을 쏟아부어야만 하는 것이다.

그리고 경쟁에는 영원한 1등도, 영원한 꼴찌도 존재하지 않는다. 노키아는 지난 20여 년간 '휴대폰의 제왕'으로 군림하였지만 지금은 이름조차 기억에서 지워질 정도로 몰락했다. 애플은 2000년대 초반만 하더라도 시가총액으로 삼성 계열사 한 곳만도 못한 회사였다. 그러나 아이팟, 아이튠스, 아이폰, 아이패드가 연거푸 공전의 히트를 치면서 세계 1위로 우뚝 솟아올랐다. 2014년 브라질 월드컵에서는 전 대회 우승국인 세계 최강 스페인이 16강에도 못 들어가는 수모를 당하였는가 하면, 홈그라운드의 이점까지 가진 '영원한 우승후보' 브라질은 독일에게 7대 1의 어이없는 스코어로 대패하고 당연히 이길 줄 알았던 3, 4위전에서조차 3대 0으로 대패하였다. 이렇게 1등이 꼴찌로, 꼴찌가 1등으로 뒤바뀌는 역동성은 경쟁이 가지는 매력적인 속성이기도 하다.

영원히 지속된다는 것은 경쟁이 가지는 또 다른 속성이다. '올림픽의 백미百媚'인 100미터 달리기는 100미터만 달리면 끝나고, 마라톤은 42.195킬로를 달리면 끝나고, 각종 구기 역시 정해진 시간이 지나면 모든 것이 종료되는 것처럼 보인다. 그러나 그렇지 않다. 그 선수의 경기가 일회성으로 끝나지 않기 때문이다. 인생에 있어서의 모든 경쟁도 마찬가지이다. 거의 대부분 생이 마감될 때까지 계속된다. 주어지는 기회를 포기하지만 않으면 말이다.

경쟁승리의 유형을 살펴보면 크게 세 가지로 나눌 수 있다. 그중 하나는 남과의 경쟁에서 이기는 것이다. 경쟁 상대보다 성과 창출의 정도에서 우세를 보이는 것인데, 성과를 더 많게, 더 질 높게, 더 빠르게 얻어내는 것이다. 높은 경쟁률을 뚫고 합격하는 것, 남보다 먼저 진급하는 것, 하다못해 버스에서 가장 좋은 자리를 먼저 차지하는 것도 포함된다. 상대와 격돌하여 이기는 것은 이외에도 각종 스포츠 경기, 게임 등이 있다.

상대를 말로 설득하거나 제압하여 자신의 요구사항을 관철시키는 것 역시 경쟁승리의 한 유형이다. 영업사원이 고객의 마음을 움직여 물건을 판매에 성공한 경우, 상사에게 건의사항을 이야기하여 허락을 얻어내는 경우, 자신에게 유리한 방향으로 협상의 결과를 이끌어낸 경우는 물론, 맞장 토론에서 상대를 더 이상 말을 못하게 만든 경우까지도 여기에 해당된다. 넓게 보면 나를 이기는 것도 경쟁승리의 한 유형이다. 자신을 전보다 좋게 바꾸는 것이 여기에 해당된다. 변화를 승부로 보는 것은 변화시키는 과정에서 자신의 내면에서 솟아나올 수 있는 변화저항을 극복하는 일이 결코 만만치 않기 때문이다.

인생은 원래 공평하지 못하다

원하든 그렇지 않든 경쟁은 필연적으로 발생된다. "인간의 자연 상태에서는 만인에 대한 만인의 투쟁이 이루어진다."라는 철학자 토마스 홉스Thomas Hobbes의 말과 "인간은 단순히 부자가 되기를 원하는 것이 아니라 남보다 부유해지기를 원한다."라는 경제학자 존 스튜어트 밀의 말은 승리의 전제조건인 경쟁의 필연성을 그대로 합리화시켜 주고 있다. 이들의 말처럼 경쟁은 인간의 본능이다.

능력구비 유무와는 상관없이 사람들은 누구나 승리하기를 바라고 있다. 그런데 승리라는 것이 강열하게 염원만 한다고 되는 것은 분명 아니다. 승리는 효과적인 경쟁 과정을 통할 때 비로소 담보될 수 있다. 그렇기 때문에 경쟁은 그 누구에게도 피할 수 없는 현실이 되고 있는 것이다.

모임에서 새로운 사람을 만나면 반갑다며 인사하고 웃는데, 그런 형식적인 절차는 순간에 끝난다. 곧바로 이어서 나이를 묻고, 학력을 묻고, 직장을 묻고, 직급을 물어가면서 서열을 정리하며 경쟁을 준비한다. 이 상황에서 능력이나 위상이 비등비등하여 별 차이 없으면 이내 권력관계가 형성되면서 경쟁은 시작된다. 경쟁은 형제간, 부모자식간이라고 예외를 두지 않는다.

경쟁을 하고 살아야 하는 것도 숙명적인 현실이지만 열심히 경쟁을 한다고 모두가 승리하지 못하는 것 역시 엄연한 경쟁의 현실이다. 경쟁의 결과에는 반드시 우열이 있다. 꼴찌들의 리그에도 우열이 있고 수재들만 모인 곳에도 우열은 있게 마련이다. 여기서 '우優'에 있는 사람 대부분은 '열劣'에 있는 사람이 부러워하는 위치에서 부와 명예를 톡톡히 누리며 살아가게 된다.

물론 패자부활전이 없는 것은 아니다. 어느 정도의 재도전의 기회는 패자 누구에게나 주어진다. 그렇지만 그 기회는 처음 경쟁에 돌입했을 때와는 비교가 안 될 정도로 적게 주어진다. 이러한 '마지막 찬스'를 붙잡은 사람은 그나마 회생하지만 그렇지 못한 사람은 냉정한 자본주의 방식을 대놓고 불평할지도 모른다. 승자와 패자가 느끼는 감정의 격차를 최대한 줄여야 하는 것이 아름다운 자본주의의 과제이지만 아직은 과제일 뿐 그 누구도 뚜렷한 답을 내놓지 못하고 있다. 마이크로소프트 창업자 빌 게이츠Bill Gates도 답을 찾지 못하면서 "인생이란 원래 공평하지 못하다. 그런 현실에 대해 불평할 생각 말고 그냥 그대로 받아들여라."라고 충고할 뿐이다.

행복 메이커

"인간의 문제에 영향을 주는 모든 인간의 힘 중에서 경쟁의 힘보다 더 큰 것은 없다."
- 헨리 클레이(미국의 정치가) -

성장과 행복은 경쟁을 먹고 산다

경쟁을 흔쾌히 받아들이며 살아가는 사람은 거의 없다. 매일 아침 눈을 뜨면 앞만 보고 달려가기도 벅찬 세상이 눈앞에 전개되는데 남과 경쟁까지 해가며 산다는 것이 무척이나 고단한 일이기 때문이다. 그렇지만 경쟁을 수용하고 살지 않으면 안 될 이유가 너무나 많다.

인간의 여러 욕구 중 가장 강렬한 욕구인 승리 욕구를 충족시키기 위해서는 경쟁을 통하여야 한다. 남보다 빠른 승진, 각종 경기에서의 상대방 격파, 남녀 삼각관계에서의 사랑 쟁취, 선거에서의 당선 등을 비롯한 수많은 비교우위 점령이 승리 욕구를 충족시켜 준다. 경쟁이 없고서는 이러한 승리감을 결코 만끽할 수 없다. 그 래서 경쟁 상대가 곤경에 빠졌을 때 겉으로는 위로하면서도 속으 로는 쾌재를 부르는 이율배반적인 행동도 서슴지 않는 것이다.

성장은 경쟁을 먹고 산다. 전보다 나아지려면 경쟁을 해야 한다 는 얘기다. 학교에서 학생들의 성적을 향상시키고 직장에서 구성 원들의 능력을 향상시켜 전보다 더 많은 성과를 내게 만들려면 경 쟁의 트레이드 마크인 등수를 매기면 된다. 만일 학교에서 경쟁논 리를 제거하고 공부 잘하는 학생이나 못하는 학생이나 모두 90점 을 준다면 누가 열심히 공부하겠는가? 올림픽에서 수여하는 메달 에 색깔 차이가 없는데도 신기록이 쏟아질까? 대기업에서 임원이 되려면 보통 100대 1의 경쟁률을 뚫어야 하는데, 그 경쟁률을 2 대 1로 확 끌어내려 경쟁 분위기를 약화시키면 그 임원들의 역량 이 부장일 때하고 과연 차이가 있을까?

복지를 우리보다 더 중시하는 독일과 프랑스 같은 나라들도 대 학 평준화를 시도했다가 국가경쟁력 순위와 노벨상 수상자 배출 에서 크게 뒤진다는 사실을 깨닫고 이를 철회하고 있는 판국이다. 경쟁은 게으름을 피우지 않고 최선을 다하게 만들어 개인과 조직 을 성장시킬 수 있는 최고의 자극제이기 때문이다. 그래서 경쟁은 남용되고 과잉되지 않는다는 전제하에서 보면 우리의 삶에서 필 수적인 것이다.

경쟁은 성장, 성과, 성공을 거쳐 궁극적으로 커다란 행복을 안 겨다준다. 이것은 바로 경쟁을 열심히 해야 하는 가장 큰 이유가 된다. 높은 명예, 많은 돈, 상대적 우위, 종교생활, 봉사활동, 취미활동 등 사람을 행복하게 해주는 요소는 실로 다양하다. 이중에서 어떤 요소가 사람으로 하여금 가장 큰 행복을 느끼게 만들어줄까? 특수계층에서 일하는 극소수 사람의 경우가 아닌 보통 사람이라면 이 질문의 답으로 지목하는 요소는 말할 것도 없이 높은 명예, 많은 돈, 그리고 상대적 우위가 압도적일 것이다. 이 세 가지 모두 경쟁이 만들어주는 산물이다.

설령 경쟁에서 패배한다 해도 얻을 것은 있다. 패배는 설욕을 하겠다는 각오와 그 각오를 이룰 수 있게 해주는 또 다른 배움의 원천이다. 매년 벌어지는 축구 K리그에는 1등뿐만 아니라 꼴등도 탄생한다. 그런데 꼴등했던 팀이 반란을 일으켜 이듬해 최상위권 팀으로 진입하기도 한다. 이것이 우연일까? 그렇지 않다. 꼴찌가 중간도 아니고 상위로 간다는 것은 패배를 거울삼아 피나는 노력을 기울여 새로운 노하우를 배우고 또 배웠기 때문이다. 1990년대 미국 프로야구계의 전설적인 인물 크리스티 매튜슨^{Christy Mathewson}은 "승리하면 조금 배울 수 있고 패배하면 모든 것을 배울 수 있다."라고 하였는데, 그의 말에서 배움을 배가시켜주는 패배의 위력이 그대로 묻어난다. 그래서 경쟁은 승패와 상관없이 경쟁은 나름의 가치를 가지고 있는 것이다.

경쟁이 필요한 이유는 이것들만이 아니다. 적당한 경쟁시스템은 승리와 패배를 떠나서 개인과 조직에 건전한 긴장감을 제공해주어 건강하고 활력 있게 만들어준다. 직장을 다니다 정년퇴직한 선배들을 퇴직 후 일정기간이 지나서 만나보게 되는 경우가 종종 있다. 지긋지긋한 경쟁 스트레스에서 벗어나 살고 있으니 찌들었던 얼굴도 펴지고 신수가 더 훤해졌을 것을 기대하고 그들을 만난다. 그런데 생각과는 정반대의 광경에 놀라는 경우가 한두 번이 아니다. 오히려 그나마 검은색을 볼 수 있었던 머리가 온통 흰색으로 뒤덮여 있는 선배가 있는가 하면, 통통했던 살도 홀쭉하게 빠져 시골 노인 같은 모습으로 모임에 무기력하게 나타나는 선배도 있다. 웬걸, 고생거리는 별로 없고 너무 편해서 탈이라고 하는 그들의 말에 다시 한 번 놀란다.

그렇다면 이들의 갑작스런 노쇠의 원인을 어디서 찾아야 할까? 이렇게 되는 데는 경쟁하고 살 때 늘 몸에 달고 다녔던 건전한 긴장감이 대폭 줄어들어든 것이 가장 큰 원인이라고 의학 전문가들은 이구동성으로 말한다. 필자도 같은 생각이다. 혼자 편하게 자란 금붕어가 메기와 함께 자란 금붕어보다 일정 기간 이후의 발육 상태에서 훨씬 더 못하게 되는 이유도 바로 이 긴장감 부재에 있는 것이다.

경쟁을 찬미하는 사람들

치열한 경쟁을 뚫고 승리의 월계관을 차지한 명사들과 전문가들은 경쟁의 필요성과 위력을 직간접적으로 역설하고 있다. 서울대학교 행정대학원의 최병선 교수는 "누구나 본능적으로 경쟁은 싫어하겠지만 경쟁이 없으면 경쟁력도 없다. 경쟁이 없었다면 김연아, 최경주 같은 선수가 나올 수도 없었을 것이다."라고 경쟁의 필요성을 강조하면서 "FTA시대를 맞고 있는 작금의 상황에서는 '몰랐던 것을 찾아내주는' 경쟁의 미덕을 받아들이는 긍정적인 사고가 필요하다."라고 조언한다.

미국의 경제학자이자 경쟁 분야의 세계적 전문가인 토드 부크홀츠 박사는 국내의 한 신문사와의 인터뷰에서 "우리는 경쟁 때문에 더 오래, 더 건강하게 살고 있다. 인류의 수명은 지난 200년간 2배 가까이 늘었다. 19세기 초 미국의 기대수명은 47세였으나 지금은 80세이다."라고 말한 바 있다. 건강하게 오래 사는 것은 분명 행복 중의 행복이다. 그래서 필자는 오늘도 즐거이 경쟁을 벌이고 있으며, 또한 경쟁은 위대하다고 이야기하는 것이다.

기업 총수들 역시 경쟁의 중요성을 힘주어 이야기하고 있다. 2011년 11월, 우리나라를 방문한 에릭 슈밋Eric Schmidt 구글 회장은 언론과의 인터뷰에서 조그만 액자가 들어있는 한 장의 사진을 소개하였는데, 이 액자에는 "이기는 것이 전부는 아니지만, 이기기를 원하는 것은 중요하다."라는 문구가 들어있었다. 이 문구는 다름 아닌 2007년 포스코가 설정한 기업 비전 중의 하나로 밝혀졌다. 슈밋 회장은 대체 무엇을 말하고 싶어서 이 사진을 한국 기자들에게 보여주었을까? 그는 액자에까지 담아놓고 늘 되새기는 경쟁 승리의 갈망이 있었기에 오늘날 우리나라가 세계적인 회사를 만들어낼 수 있었다는 사실과 경쟁이 이처럼 중요하다는 것을 강조하고 싶었던 것이었다.

우리나라에도 들어와 있는 세계 1위의 창고형 할인점 코스트코의 CEO 크레이그 젤리넥Craig Jelinek도 다음의 말로 경쟁을 찬미한 바 있다. "경쟁이 없었더라면 우리가 지금처럼 성장하지 못했을 것이다. 경쟁은 고객을 위한 최고의 가치를 만들어내는 지름길이다. 예컨대 한국에선 신세계와 롯데가 쉽지 않은 경쟁자이다. 그러나 그들이 있어 우리가 존재한다."

기업에서 능력주의를 기반으로 하는 연봉 급여제도는 빠르게 확대되고 있는 반면에 평등주의를 기반으로 하는 호봉 급여제도는 사라져가고 있다. 연봉제는 경쟁원리가 작동하여 개인의 능력을 향상시켜주고 성과를 높여주기 때문이다. 현대중공업은 우리나라 10대 계열사 중 유일하게 과장급 이상 관리자까지의 호봉제를 지금껏 실시해오고 있는 회사이다. 그런데 2014년 9월에 사장으로 취임한 권오갑 사장은 최근 연봉제 도입을 전격 선언하였다. '어닝쇼크'까지 내면서 위기에 몰린 회사의 부활을 위해서는 역시 경쟁만 한 것이 없다고 판단하고 경쟁카드를 던진 것이다.

경쟁을 승리에 이용하는 조직들

이렇게 경쟁이 해볼 만한 충분한 가치가 있다 보니 오늘을 사는 모든 사람들은 경쟁이 필요하고 중요하다는 말을 귀에 못이 박히도록 들으며 살아간다. 경쟁을 칭송하는 이러한 말들이 결코 빈말이 아니라는 것은 경쟁을 통해 그 위력을 몸소 느낀 우리 자신의 직접적인 경험이나 다른 사람들이 이룬 수많은 성공사례를 통해 그대로 입증된다.

스웨덴에는 스웨덴의 간판기업인 볼보와 에릭슨을 주가총액에서 그들을 추월하고 현재 스톡홀름 증시 시가총액 1위에 등극한 패션기업 H&M Hennes & Mauritz이 있다. 이 회사는 지난 5년간 연평균 매출액에서 세계 패스트 패션업계 1위에 군림하고 있고, 연평균 영업이익률은 세계 최강으로 꼽히는 애플을 넘어섰다. 도대체 어떻게 해서 이런 승리를 거머쥐고 있는 것일까?

H&M의 경영철학은 '경쟁과 공존'으로 요약된다. 수많은 성공요인이 있을 테지만 무엇이 이 회사의 핵심 성공요인인지를 금방 알아차리게 해주는 경영철학이다. 역시 경쟁이다. 경쟁의 한 예로 매니저, 점장, 나아가 CEO까지 그들은 자신이 없어도 자리를 대신할 수 있는 후계자 2~3명을 반드시 육성해야 한다. 후계자로 육성된 사람들은 자신의 상사와 경쟁하여 언제라도 상사의 자리를 차지할 수 있다. 부하에게 자리를 빼앗긴 상사는 가기 싫어도 다른 부서로 가야 한다. 부하 입장에서는 해볼 만한 경쟁이 될 수가 있겠지만 자칫 잘못하면 자리를 빼앗기게 되는 상사에게는 보통의 경쟁이 아니라 피 말리는 경쟁이 될 수밖에 없다.

동료와의 경쟁도 당연히 존재한다. 일반적인 경쟁은 물론 '하극상'의 자리쟁탈전까지 제도적으로 벌어지는 이러한 상하좌우 간의 360도 경쟁이 회사 직원의 능력을 획기적으로 향상시키고, 고도로 육성된 직원의 업무력은 H&M을 오늘날 세계 최고의 기업으로 빛나게 만들고 있는 것이다. 이 H&M은 한국에 상륙하여 지금 토종 패션기업들을 바짝 긴장시키고 있다.

오늘날 중국이 군사력은 물론 경제 부문에서도 미국에 이어 '세계의 넘버 투'가 된 것도 바로 중국이 개혁과 개방을 통해 도입한 경쟁의 덕이다. 중국 유수의 기업 레노버나 화웨이는 우수한 외국 기술력과 경쟁하기 위해 끊임없이 혁신하고 기술 개발을 게을리 하지 않고 있다. 샤오미는 그 존재 자체가 애플과 경쟁하기 위해서 만들어진 기업이다. 제조업뿐만이 아니라 인터넷 기업도 마찬가지다. 중국의 트위터와 카카오톡격인 웨이보나 위챗은 트위터와 페이스북과의 경쟁을 통해 급속도로 성장하고 있다.

2014년 미국 포춘지가 선정, 발표한 500대 글로벌 기업에는 중국기업이 무려 100개나 포함되었다. 이것은 역대 최고 수준이다. 경쟁의 영향력이 얼마나 큰지를 중국의 발전을 통해서도 여실히 알 수가 있다.

눈썹이 휘날리는 레이스

"삶은 공평하지 않다. 그 사실에 익숙해져라."

- 빌 게이츠(미국의 마이크로소프트 창업자) -

'레드 오션'을 살아가다

경쟁은 피할 수 없는 우리 삶의 동반자이다. 무인도나 초야에 묻혀 홀로 살아간다면 모르겠지만 그렇지 않은 보통 사람들에게는 경쟁이 엄연한 현실인 것이다. 기업, 공공기관 등의 조직도 서로 경쟁하기는 마찬가지이다. 어째든 개인 간의 경쟁이든 조직 간의 경쟁이든 경쟁이란 것은 사람에게 운명적 존재임이 틀림없다.

여러 조직 중에서도 기업조직에서의 개인 간 경쟁이 가장 강한 불꽃을 튀긴다. 공공기관이라면 경영에 필요한 자금을 대부분 국가로부터 지원받지만 기업은 영업 등의 수익활동을 통해 오로지 스스로 벌어야만 하기 때문이다. 즉 기업은 성과 창출을 위해 놓고 목숨 걸고 싸워야만 하는 구조이다. 그러다 보니 개인들은 자신의 발전을 위해 알아서 경쟁하기도 하지만 기술적으로 짜진 기업조직의 경쟁시스템에 의해 부지불식간에 경쟁 국면에 빨려 들어가기도 한다.

기업에 입사한 사람들은 궁극적인 자신의 목표가 적당한 시점에 회사를 나가서 사업체를 가진 어엿한 오너 회장이 되는 것일지 몰라도, 일단 직장에 있는 동안에 갖는 목표는 경영층, 즉 고위 임원이 되는 것이다. 그런데 유감스럽게도 대기업에서 임원이 되려면 보통 100대 1의 경쟁률을 뚫어야 하는 것은 기본이다. 하늘에 별 따기는 아닐지라도 매우 어렵다. 그러다 보니 신입사원이나 초급사원 시절에는 죽마고우竹馬故友처럼 허물없이 친하게 지내다가도 본격적인 경쟁레이스가 펼쳐지면 동기에게 말 못할 1급 비밀이 생겨나고 경쟁 상대에 대한 질투심으로 잠 못 이루기도 한다. 그러다가 자신 아니면 동기가 진급되어야 하는 상황이라도 발생되면 그렇게 친할 수 없었던 동기는 급기야 '적'으로 돌변하게 된다.

필자가 다니는 현대자동차에서는 전국에 있는 400여 명에 달하는 지점장들이 반기에 두 번 한곳에 모여 지난 반기에 탁월한 업적을 올린 소수의 지점장에 대해 포상을 실시한다. 수상자가 호명될 때마다 단연히 우레와 같은 축하의 박수가 터진다. 그런데 박수치는 지점장들의 모습들을 슬며시 훑어보면 대부분 열렬한 축하의 박수는 보내주지만 웃음까지 보내주는 지점장은 별로 없다. 얼굴은 차라리 곧 전장에 투입될 병사의 표정이다. 강력한 경쟁자의 탄생이 결코 반가운 일이 아니고, 박수만 쳐주는 나 자신이 초라하게 느껴지기 때문이다. 이것은 아름답든 추하든 그와는 상관없이 누구도 부인할 수 없는 경쟁의 현실인 것이다. 나의 불행이 상대에게 행복으로 여겨지지 않았으면 하고 바라지만 어쩌면 이것은 욕심일지도 모른다.

이러한 상황 속에서 경쟁이 몸에 배다 보니 경쟁내용이 업무 외적으로까지 확대되는 경우가 다반사이다. 매일 마주보는 동료지간이다 보니 평소 자주 사적인 대화를 나누는 등 겉으로 보기에는 관계가 좋아 보인다. 그런데 이 두 사람 사이에 묘한 기류가 감지된다. 그중 한 사람은 소위 'SKY대'에 진학한 딸 자랑을 어떤 대화에든 슬쩍 집어넣어서 알리기 바쁘고, 또 다른 한 사람은 겉으로는 축하 인사를 건네면서도 약이 잔뜩 올라 있는 표정을 숨기느라 애를 쓴다. 그리고는 이에 대응할 만한 자신의 자랑거리는 뭐가 없는지 찾기에 골몰한다. 만일 발견이라도 되면 이들 간의 경쟁라운드는 가열되며 회차가 거듭되게 된다.

총성 없는 전쟁

IT업계의 양대 산맥인 삼성전자와 애플의 1위 싸움은 언제나 흥미진진하다. 총소리만 들리지 않을 뿐 경쟁을 넘어 가히 전쟁 수준이다. 스티브 잡스 생전에 휴대폰 판매에서 애플이 삼성을 앞서다가 잡스 사후 2년 동안 삼성전자가 애플을 뒤로하고 힘차게 질주해왔다. 이 질주 과정에서 애플이 불을 붙이면서 시작된 양사의 특허 소송 전 역시 뜨겁다. 지금은 다시 애플이 사상 최고치의 주가에 근접하면서 2014년 2분기 영업이익이 7조 2,000억 원으로 전년 동기 대비 24% 하락한 '어닝쇼크'를 기록한 삼성의 애간장을 태우고 있다. 나아가 휴대폰 시장에서 펼쳐지는 삼성과 애플의 2파전에 노키아를 인수한 구글과 저가로 무장한 중국 업체들이 뛰어들면서 지금 경쟁의 양상은 예측불허의 상황으로 빠져들고 있다. 화려한 승리도 승리지만 생존을 위해서라도 경쟁이 처절하게 벌어지고 있는 것이다.

국내 커피시장을 확보하려는 커피전문점들 간에 벌어지는 경쟁도 점입가경이다. 커피시장이 점점 커지고 있는 상황에서 커피전문점이 차지하는 비중은 아직 40% 정도밖에 안 되다 보니 경쟁이 치열한 것은 어쩌면 당연하다. 그런데 커피전문점 전선은 2파전 3파전이 아니다. 외국 브랜드인 스타벅스와 국산 토종브랜드인 홀리스 등 10여 개의 전문점들이 난립하여 춘추전국시대를 연상케 하고 있다. 가격, 맛, 인테리어, 분위기, 영업시간 등 여러 부분에서 나름의 주특기를 선보이며 시장점유율을 올리려고 안간힘을 쓰고 있다. 이처럼 영리를 추구하는 업체들의 경쟁은 흥미를 주기도 하지만 때론 애처롭다.

조직의 발전은 결국 조직구성원들에 의해서 견인된다. 그래서 조직발전에 직결되는 구성원들의 승부를 위한 경쟁심은 조직발전에 매우 중요하다. 이 경쟁심은 누가 뭐라 안 해도 자신의 목적 달성을 위해 상당 부분 구성원 스스로 알아서 발휘한다. 그렇지만 개인이 수행한 일의 성과와 상관없이 급여와 복지후생의 상당

부분을 구성원들에게 보장해주어야 하는 직장이라는 조직에서는 '인간의 선천적인 자율성'을 지나치게 믿는 것은 위험한 일이다. 사람의 마음속에는 사회적 책임의식과 함께 '공짜 점심'을 먹고자 하는 욕구가 공존하기 때문이다.

겨루게 만들기 위한 자극

이런 점들을 고려하여 기업과 같은 영리를 추구하는 조직은 오래전부터 경쟁시스템을 도입하여 운용하고 있다. 이제는 이러한 경쟁시스템 도입이 그동안 소극적이었던 공공기관을 비롯해서 사회 곳곳으로 확산되고 있는 상황이다. 국방부의 경우를 보면 정부기관으로서는 매우 파격적이다. 선의의 경쟁을 유도함으로써 성과 중심의 업무수행 체계를 활성화하기 위해 최상위 등급자와 최하위 등급자 간의 차이가 최고 50배가 나는 '차등 성과급 제도'를 이미 운영 중에 있다. 엄청난 사회적 비용을 감수해가면서까지 공공기관 개혁 차원으로 2013년에 정부는 수서 발 KTX 자회사가 만들었는데, 이것은 공공기관 간 경쟁체제 구축의 신호탄이 되었다.

사회·문화 분야도 경쟁의 '치외법권 지역'에서 벗어난 지 오래다. 몇 년 전부터 방송사에서는 예능, 청춘 프로그램에 예전에 볼 수 없었던 메가톤급 경쟁방식을 도입하여 참가자의 승부 욕구를 자극함으로써 그 재미를 톡톡히 봤거나 지금도 보고 있다. 〈나는 가수다〉, 〈K팝스타〉, 〈위대한 탄생〉, 〈짝〉 등의 프로그램이 바로 그것이다. 이 출연자들은 순수하게 자신의 실력을 뽐내는 것은 두 번째고 우선 경쟁자에게 이기거나, 아니면 지지 않으려고 부들부들 떨다시피 하면서 경연한다. 보는 사람에게는 스릴 넘치는 광경이지만 경쟁하는 당사자는 혹독한 상황 속에서 사실 피가 마를 지경이다. 그러나 가수 박정현, 김범수 등은 〈나는 가수다〉를 통해 무명에서 일약 스타 뮤지션 반열에 올랐고, 그 외의 많은 참가자들도 음원 판매 차트에서 상위권을 기록하는 등 현재 유명세를 떨치고 있다. '경쟁효과'의 덕을 보고 있는 것이다.

이처럼 개인은 경쟁에 심취해있고 조직은 경쟁을 다양한 방법으로 성과 향상에 활용하고 있다. 그러나 한편에서는 한두 번 패배한 경쟁으로 자신감을 잃는다든지, 패배에 대한 분풀이로 다른 사람들의 경쟁 분위기까지 흐리는 사람이 있다. 그리고 자신과 자신이 몸담고 있는 조직의 이익에 함몰되어 경쟁자의 경쟁의지를 약화시킬 요량으로 경쟁의 효과를 폄하하거나 여론을 호도하는 경우도 왕왕 있다. 그러다 보니 선의의 경쟁을 벌이며 열심히 살아가는 사람들이 대문만 나서면 버스 정류장부터 시작해 줄을 서야 하는데도 '행복은 성적순이 아니다'라는 하는 감언甘言에 위안을 얻거나, '경쟁 없는 사회를 만들 수 있다'는 허언虛言에 솔깃하는 불상사가 일어나게 되는 것이다. 정말이지 감언과 허언으로 건전한 경쟁 분위기를 흐리는 사람들은 자신만의 이익밖에 모르게 되면 자신도 남도 선의의 경쟁이 가져다주는 달콤한 결실을 결코 맛볼 수가 없고, 자칫 잘못하면 공도동망共倒同亡할 수도 있다는 사실을 깊게 인식해야 한다.

일체유심조一切唯心造

승리를 갈구하게 만드는 것들

인생의 여정에는 건너가야 할 경쟁의 다리가 여지없이 놓여있다. 더구나 성공으로 향하는 길에 있는 경쟁의 다리에는 통과를 저지하려는 병력이 이중삼중으로 깔려있다. 싫든 좋든 해야 할 경쟁이 이처럼 어렵다 보니 경쟁 돌입 전에 여러 생각이 교차하게 마련이다. 그중 대표적인 것이 노력한 만큼 승리가능성은 있을까 하는 의문이다. 경쟁 국면에 돌입되면 가지고 있는 경쟁 능력이 발휘될 것인지? 경쟁을 통해 새로운 경쟁 능력이 개발될 것인지? 최선을 다하면 연전연승도 가능할 것인지? 경쟁 당사자에게는 이러한 것들은 당연히 궁금한 사항들이다.

이에 대한 답은 간단하다. 경쟁 능력은 쉽게 개발되고 발휘될 수 있는 무한한 가능성을 근본적으로 가지고 있다는 것이다. 우선 인간의 태생에서 그 답을 찾을 수가 있다. 남자가 한 번 사정을 하면 3억 마리나 되는 정자가 동시에 어디론가 달려가는데, 그곳은 수많은 정자 중에서 오로지 한 마리만 엄선하여 수용하는 난자라는 결승점이다. 로또 당첨보다도 더 어려운 경쟁과정을 거쳐 승리의 월계관을 쓴 정자 한 마리와 난자 한 마리가 만나면서 비로소 인간은 태어난다. 이렇게 인간은 태생부터 혹독한 경쟁과정을 거쳤다. 이로 인해 사람들의 잠재의식 속에는 '경쟁은 선택이 아닌 필수'라는 글자가 각인되어 있고, 그리하여 자신도 모르게 경쟁을 당연시하며 살아간다. 이러한 경쟁에 대한 긍정적 수용태도가 경쟁력 발휘의 기반으로 작용하는 것이다.

그리고 인간의 생존욕구도 경쟁 능력 발휘의 가능성을 긍정적으로 설명해주고 있다. 인류의 초기로 거슬러 올라가면 삶의 주된 목적인 생존이었다. 생존하기 위해 먹을거리를 찾아야 했고, 맹수, 추위 등의 자연환경은 물론 이웃 부족과도 싸워야 했다. 여기서 찾고 이겨야 당대의 생존과 더불어 후손을 위한 씨를 뿌릴 수가 있었다. 이러한 인간의 투쟁 역사는 방식만을 약간씩 달리하며 지금까지 면연하게 이어지고 있고, 이때 만들어진 생존 욕구는 부지불식간에 경쟁 능력을 발휘하게 만드는 데 핵심적인 요인으로 작용하고 있는 것이다.

인간의 질주 본능 역시 경쟁 능력 발휘와 밀접하게 관련된다.

몽골의 수도 울란바토르 북쪽 100km 지점에 우리나라 제주도만한 거대한 호수가 있다. 이 지역의 겨울은 매우 추운데, 가장 추울 때는 호수에 80cm 이상의 두꺼운 얼음이 깔린다. 호수 위쪽에 사는 사람들은 울란바토르를 갈 때 보통은 호수를 돌아서 가지만 이렇게 얼음이 얼 때는 얼음 위로 질러가서 차로 3일 걸릴 거리를 불과 2시간 만에 주파한다. 그런데 문제는 언제나 도사리고 있는 얼음 붕괴사고 위험이다. 몇 명 정도야 얼음의 두께가 커버해주지만 사람들이 집단으로 차를 몰아 질주할 때는 얼음이 언제 깨질지 모른다. 실제로 적지 않은 사람들이 겨울이 끝날 즈음 호수 주변에서 시신으로 발견된다. 그런데도 대부분의 주민들은 지금도 이러한 위험에도 아랑곳하지 않고 얼음만 얼면 얼음 위를 그대로 달린다고 하니 정말로 대단한 질주 본능이 아닐 수 없다.

이러한 질주 본능이 몽골 사람들에게만 있을까? 사실 우리나라 사람도 '질주' 하면 타의 추종을 불허한다. 대다수의 사람들이 모든 일은 오늘 안에 끝내야 된다는 강박관념 속에서 살다시피 한다. 유럽 관광을 가서도 거의 매일 짐을 싸는 한이 있더라도 질주하듯 많은 나라를 돌아야 비로소 양이 차고 밑천을 뽑았다고 만족해한다. 우리나라에서 바쁘지 않은 사람을 만난다는 것은 사실상 불가능하다. 남녀노소를 불문하고 우리 국민 모두는 매일 한 시간에 수백 리 정도는 가야 직성이 풀리는 질주 본능의 소유자들이다. 이러한 질주 본능도 경쟁을 승리로 이끄는 데 있어서 매우 중요한 역할을 하는 게 사실이다.

역시 승리 욕구만 한 것은 없다

성공적인 경쟁을 위해 태생적 환경, 생존 욕구, 질주 본능도 물론 중요하지만 그 경쟁을 승리로 귀결시키는 데 있어서 가장 크게 기여하는 것은 바로 승리 욕구이다. 승리 욕구는 경쟁하는 상대보다 앞서고, 승부를 가리는 싸움에서 이기고자 하는 욕구이다. 저명한 미국의 경제학자 조지프 슘페터Joseph A. Schumpeter는 그가 제시한 '창조적 파괴'의 논리를 바로 이 승리 욕구로 설명하였다. 인간이 가지고 있는 잘살려는 욕심과 승리감이 머리를 싸매고 밤새워 일하게 만들며, 궁극적으로 기존의 1등을 무너뜨리고 또 다른 1등을 만든다는 것이다.

최근 취업포털 잡코리아가 이직계획이 있는 20~30대 직장인 407명을 대상으로 '이직을 결심하게 된 이유'에 대해 설문조사를 실시한 결과, '자신이 입사 동기 또는 동료보다 낮은 연봉을 받고 있을 때'라는 답변이 조직의 비전 부재, 상사와의 갈등, 직장의 고용안정성 등의 답변보다 훨씬 더 높게 나오면서 단연 1위를 차지하였다. 경쟁 상대와의 비교가 어렵게 들어간 회사까지도 팽개치게 만드는 것이다. 직장인의 경쟁승리 욕구가 작용하는 곳은 급여, 진급 등 직장인들이 가장 중요하게 생각하는 부분에만 집중되지 않는다. 하다못해 주량까지 남에게 지기 싫어 부풀려 대답하기 일쑤이니 말이다.

베스트셀러 『뇌 욕망의 비밀을 풀다』 저자이자 뇌 과학과 경제학을 접목한 신경마케팅 분야의 독보적인 학자로 인정받는 독일의 한스 게오르크 호이젤Hans-Georg Hausel 박사는 '지배시스템'이라는 말을 통해서 사람의 승리 본능을 설명한다. 그에 의하면 뇌 속에는 인간 삶을 지배하는 세 가지 감정시스템 중 하나인 '지배시스템'이 있는데, 이것은 경쟁자를 축출해 자신이 보다 우월한 존재로 부각되고 싶어 하는 감정이다.

삼성전자가 원래부터 한국 재계 1위 기업이 아니었다. 1990년대만 하더라도 2위 정도에 머물러 있었다. 그러나 1995년 '역사는 1등만 기억한다.'는 기업 광고를 내보내는 등 1등으로 향한 승리 욕구를 불태우기 시작하였다. 이러한 '1등주의' 승리 욕구는 삼성전자 직원들의 DNA로 자리 잡았고, 그리하여 결국 지금은 한국 1위를 넘어 세계 1위의 위상을 뽐내고 있다. 이러한 것들을 종합적으로 고려해볼 때 승리 욕구가 인간이 가지는 욕구 중 가장 강렬한 욕구임에는 틀림이 없는 것 같다.

이처럼 인간이 가지고 있는 경쟁에 대한 긍정적 수용성과 태생적 환경, 질주 본능, 생존 욕구, 승리 욕구 등의 본능적 요소들은 인간이 경쟁 능력을 개발하고, 개발된 그 능력을 잘 발휘하여 승리로 연결시킬 수 있는 무한한 가능성이 있음을 시사해주고 있다. 이러한 경쟁 DNA는 출동명령을 가다리는 5분 대기조처럼 대기모드를 취하고 있기 때문에 살짝만 자극을 가해도 반사적으로 분출하게 되어있다. 이러한 경쟁 DNA에 물과 거름을 주면서 지속적으로 개발하면 보다 훌륭한 양질의 경쟁 DNA로 거듭날 것이다.

과유불급過猶不及

경쟁 욕구가 승리를 위해 중요한 요소라 해도 이것이 적당한 상태로 통제가 되지 못하면 크고 작은 문제를 야기하게 된다. 선의의 경쟁으로 Win-Win해야 할 직장 동료 간의 경쟁이 과열되어 Lose-Lose가 된다면 이거야말로 큰 문제가 아니겠는가?

그러나 안타깝게도 자신을 성장시켜 상대를 앞서야 하는 것이 지극히 당연함에도 불구하고 상대를 끌어내려 자신을 올리는 사람들이 있는 게 사실이다. 그리고 사물을 온통 경쟁 논리로 바라봄으로써 감성으로 촉촉하고 화기애애해야 할 분위기를 차갑게 냉각시키는 사람도 있다. 창조를 통해 성장을 이끌어야 하는데 오로지 경쟁 상대를 벤치마킹하는 데만 열을 올려 성장이 정체된 상태에서 난타전만 벌이는 사람 역시 과잉경쟁 메이커로서 존재하고 있다. 이러한 사람들은 선의의 경쟁 분위기를 망치게 하는 주역으로서 결코 도움이 되지 않는다.

승리를 지나치게 갈구하면 자신이 자신의 목을 조르는 우를 범할 수가 있다. 어느 양계장에 수리부엉이 한 마리가 침입하였는데, 불과 한 시간 만에 800마리 중 600마리가 죽었다. 출구 쪽에 죽은 닭이 산더미처럼 쌓여있었다. 닭을 누가 죽인 걸까? 다른 닭들보다 먼저 빠져나가려고 발버둥 치다가 결국은 같이 압사당한 것이었다. 치열한 경쟁 상황에서 이기는 것이 극치의 쾌감을 가져다준다 해도 부도덕한 경쟁, 무모한 경쟁, 독이 되는 경쟁, 비열한 경쟁만큼은 절대로 하지 말아야 한다. 이러한 경쟁은 같이 힘을 모아도 시원치 않은 판국에 공생共生이 아니라 공망共亡을 가져올 뿐이다.

빛나는 명예와 고소득

"그 어떤 대가와 고난을 무릅쓰고라도 승리를 얻어야 한다. 승리하지 못하면 아무도 살아남을 수 없기 때문이다."

- 윈스턴 처칠(전 영국 수상) -

1등만 기억하는 야속한 세상

승리, 쾌승, 압승, 우승……. 생각만 해도 가슴 두근거리게 만드는 단어들이다. 오늘도 이기는 쾌감을 맛보기 위해 수많은 사람들이 아침부터 경쟁에 돌입한다. 출근길 광화문, 종로, 강남 사거리 등에는 직장인들이 전장에 나가는 사람의 표정을 한 채 좌우를 둘러볼 겨를도 없이 달려가듯 걸음을 재촉한다. 사실 이것저것 따지고 보면 이들의 머릿속에서 맴돌고 있는 생각의 대부분은 결국 직장 내 동료와의 경쟁, 다른 팀과의 경쟁, 경쟁사와의 경쟁, 자신과의 경쟁 등에서 승리하는 것과 맞닿아있다. 대충 앞서는 승리가 아니라 단독 선두, 즉 1등을 차지하는 것이다.

단독우승이든 공동우승이든 모두가 염원하는 승리는 나름의 속성을 가지고 있다. 우선 많은 경우에서 '승자독식 현상'을 유발시킨다는 것이다. 70년대를 풍미했던 보컬그룹 아바가 부른 〈Winner Takes It All〉이라는 노래가 있다. 노래의 가사에는 삼각관계의 연애경쟁에서 패하고 상심하여 모든 것을 다 빼앗겼다고 혼자 넋두리하면서 그것이 세상의 이치라고 자조하는 내용이 담겨있다. 승자는 여자는 물론 승리의 쾌감을 얻고 더 나아가 결혼까지도 얻지만, 패자는 패하는 순간 여자와 관련된 모든 것을 한꺼번에 잃게 된다는 것이다. 고구마 줄기를 당겨서 여러 개의 크고 작은 고구마와 함께 줄기, 잎사귀 등을 한꺼번에 얻는 것과 다를 바 없다.

판매현장에서는 목표달성률, 신장률, 생산성, 고객만족지수, 시장점유율 등과 같은 일정 기간별로 달성해야 할 지표들이 있다. 그런데 이것들은 단어 이름은 각기 다르지만 같이 연동되어 움직이는 속성이 있다. 즉 목표달성률 한 가지가 높으면 이변이 없는 한 신장률, 생산성, 고객만족지수, 시장점유율이 모두가 높게 나타나게 된다. 그래서 목표달성이 1등이면 나머지 지표들도 대부분 1등이다. 여기서도 '승자독식 현상'이 발생되는 것을 알 수 있다.

사람들이 주로 승자만 기억한다는 것도 승리가 가지고 있는 주요한 속성 중의 하나이다. 1969년 7월, 미국 우주선 아폴로 11호를 타고 인류 역사상 최초로 달에 발을 디딘 사람이 있다. 그의 이름은 닐 암스트롱Neil A. Armstrong인데, 이 사람을 모르는 사람은 거의 없을 것이다. 그런데 그날 그에 이어 두 번째로 달을 밟은 사람은 이와는 반대로 아는 사람이 거의 없다. NO. 2인 애드윈 올드린Edwin E. Aldrin은 서운하겠지만 사람은 주로 NO. 1만 기억하는 걸 어떡하겠는가?

마찬가지로 올림픽 100미터 달리기에서 금메달을 목에 건 선수는 오랫동안 기억되지만 0.1초의 간발의 차이로 은메달을 딴 선수는 사실 곧바로 잊힌다. 언젠가 개그콘서트라는 TV 프로그램에서 어느 개그맨이 외친 "1등만 기억하는 더러운 세상!"이라는 불만 가득 찬 대사가 떠오른다.

패자의 운명은 승자에 의해 좌우된다는 말이 비록 아름답지는 못하지만 이것은 당사자가 경쟁에 돌입하기 전에 반드시 알아두어야 할 패배가 가지는 속성이다. 만일 두 명의 입사 동기가 자리 하나를 놓고 경쟁을 벌였는데, 그중 한 명은 승리하여 높은 직책으로 영전하고 나머지 한 명의 동기는 승진도 못한 채 그 동기가 장長으로 있는 부서로 배치받았다고 하자. 그렇게 되면 경쟁에서 패배한 동기의 직장 내 미래는 동일 부서에 있는 한 상당 부분 승리한 동기에 의해서 좌우될 것은 뻔하다. 이러한 현실이 냉혹하게 느껴지겠지만 자리는 한정되어 있고 차지하려고 하는 자는 부지기수인 작금의 상황에서는 어쩔 수 없는 노릇이다.

승자만이 누릴 수 있는 다양한 혜택들

승리는 승자에게 많은 혜택을 선사한다. 직장 내에서 승리하면 남들은 입사 20년째 차장이나 달고 있는 동안에 승자는 이사나 상무를 달 수 있다. 설령 임원이 되어 부장보다 고용은 불안정해지고 일거리가 대폭 늘어난다 해도 남보다 빠른 진급은 만년 차장이 누리지 못하는 자신감과 자긍심을 가져다준다. 그뿐만 아니라 직장 내에서 폭넓고 차원 높은 인적관계 경험과 직무 경험을 통하여 또 다른 승리역량을 키울 수가 있다. 그리하여 경쟁을 벌였던 기존 경쟁 상대들과의 격차를 더욱더 벌리게 되면 그들의 항전 의지가 급속히 수그러들면서 향후 경쟁해야 할 상대의 수는 줄어들게 된다. 이렇게 되면 승리가능성은 당연히 높아질 것이다.

그리고 승리는 금전적인 혜택을 풍성하게 가져다준다. 직장 간의 급여의 격차가 존재하지만 직장 내에서도 당연히 직급 간에 급여의 격차가 존재한다. 직장의 인적자원관리 방향에 따라 그 격차는 더 벌어질 수 있다. 특히 직원과 임원의 급여 차이가 상상을 초월하는 기업도 있다. 이러한 금전적 혜택은 직장 내 경쟁에서 승리할 때 가장 크게 얻어진다. 내로라하는 대기업에서 근무하다가도 작은 기업의 고소득을 향해서 이내 직장을 바꾸는 샐러리맨이 점증하는 것을 보면 금전은 자본주의 사회에서 명예 못지않은, 때로는 그 이상의 가치를 지니고 있는 것이 분명해 보인다. 승리는 바로 이러한 금전적 혜택을 담보해줄 수 있는 강력한 힘을 가지고 있다.

승리의 또 다른 혜택은 다음 승리와 더 큰 승리에 보다 쉽게 접근할 수 있는 기회를 제공해준다는 것이다. 전 대회 우승팀은 다음 대회 본선에 '무혈입성'할 수 있다는 것, 승리하면 할수록 경쟁자 수가 점점 줄어든다는 것만 보아도 이의 가능성을 쉽게 짐작할 수 있다. 직장이나 사회에서 따뜻한 경쟁을 위해 패자부활전 제도를 만들어 놓긴 했지만 패자부활전을 통해 패자가 기사회생하여 이미 승리한 자의 또 다른 기회를 이들이 중간에서 인터셉트하는 일은 사실 그렇게 많지 않다.

승리할 때 만들어지는 자신감과 자아실현감은 빼놓을 수 없는 승리의 결실이다. '할 수 있다'라는 자신감은 크고 작은 승리들이 반복적으로 이루어질 때 비로소 극대화된다. 이렇게 해서 만들어진 자신감은 지칠 줄 모르는 또 다른 에너지를 생성하며, 이 에너지는 다음 승리에 결정적으로 기여한다. 미국의 심리학자 애이브럼 매슬로우Abraham H. Maslow는 인간에게는 다섯 가지의 단계별 욕구가 있다고 하면서 최상위 욕구는 자아실현 욕구라 하였다. 경쟁에서의 승리가 그가 말한 인간의 자아실현 욕구를 모두 충족시키기에는 물론 부족하겠지만, 그래도 1%의 관문을 뚫고 진급한 사람들이, 그리고 천문학적인 금액의 프로젝트를 수주한 사람들이 승리감에 도취되어 흐르는 기쁨의 눈물을 훔치며 함성을 지르는 것을 보면, 승리는 승자로 하여금 자아실현감을 만끽하게 만드는 핵심적인 요인 중의 하나임에 틀림없다.

승리를 위한 경쟁이 어렵다는 것은 주지의 사실이다. 그렇다 보니 경쟁 때문에 사회가 삭막해지고 삶이 피폐해진다는 말도 나오는데, 물론 이해가 가는 지적이다. 그러나 아무리 봐도 테레사 수녀 같은 봉사와 희생의 삶을 살고, 사회와 떨어져서 운둔의 삶을 살아가고 있다면 모르지만 그렇지 않다면야 경쟁은 남는 장사이고 승리는 더 남는 장사인데, 구더기 무서워서 장 못 담글 수는 없는 노릇 아닌가? 경쟁전문가인 토드 부크홀츠 박사는 그의 저서 『우리는 왜 도전과 경쟁을 즐기는가』에서 다음과 같은 말을 한다. "경쟁이 우리를 부추긴 결과, 우리 삶은 나아지며 행복을 성취할 기회도 그만큼 많아진다." 경쟁으로 빚어진 승리는 궁극적으로 행복을 만들어준다는 얘기다. 승리가 있기에 존재하는 빛나는 명예, 고소득, 풍부한 기회, 넘치는 자신감과 자아실현감, 건강 등은 진정 행복이 아니고 무엇이겠는가?

로마로 통하는
여러 가지 길

"승리를 원한다면 모든 것을 다 걸어야 한다."

- 나폴레옹 보나파르트 -

이 세상에 공짜 점심은 없다

아침마다 무거운 몸을 일으켜 세워 욕실로 향하는 길이 아직도 이 세상에 가장 멀고 험난한 길이라고 생각하는 직장인을 포함한 보통 사람들 모두는 너 나 할 것 없이 남과의 경쟁에서 이기고 싶어 한다. 그것도 통쾌하게, 짜릿하게 이기고자 한다. 승리를 갈망하게 하는 데는 인간의 승리 욕구는 물론이고 경쟁을 유도하는 조직의 환경도 한몫을 한다. 그런데 한판으로 승리하든 반판으로 승리하든 승리에는 반드시 전제조건이 따라붙는다. 이 전제조건을 충족시키는 사람만이 승리할 수 있고, 그에 따라 발생되는 정신적, 물질적 풍요를 향유할 수 있다. 경쟁에서 '공짜 점심'은 없는 것이다.

그 전제조건은 우선 경쟁이란 인생여정에서 동행할 수밖에 없는 것이라는 사실을 긍정적으로 수용할 수 있어야 한다는 것이다. 그러기 위해서는 언제라도 경쟁 상황에 봉착되면 피하지 않고 흔쾌히 일전을 치루겠다는 그런 마음가짐을 가져야 한다.

그리고 경쟁을 두려워해서는 안 된다는 것이다. 적지 않은 사람들이 사회나 직장에서 경쟁에 지레 겁먹고 경쟁 초반부터 나가떨어지거나 중도 포기하고 쉬운 길만 찾는데, 이를 보면 매우 안타깝다. 승부의 세계에서 나약은 금물이다. 승패는 끝나기 전까지 아무도 알 수 없는 법인데 "싸우다가 스트레스 받아 그나마 남아 있는 머리털 다 빠지는 것 아냐?", "내 능력 가지고 되겠어?" 하며 미리부터 겁을 먹는다면 그 경쟁은 하나 마나이다.

또한 승리 마인드를 가져야 한다는 것이다. 일단 경쟁 국면에 돌입하면 이기는 것에 몸과 마음을 포커싱해야 한다. 아무리 하찮은 경쟁이라 하더라도 반드시 이기겠다는 각오와 때로는 배수의 진을 치고 경쟁하는 강고한 마음가짐이 필요하다. 몇 년 전 TV 서바이벌 프로그램인 〈나는 가수다〉에서 그의 능력과는 달리 허망하게 탈락했던 가수 김건모가 후회하며 한 말이 생각난다. "다들 열심히 준비해왔더라. 결국 나만 그냥 예능이라고 생각했던 거였다." 자신의 능력만을 믿고 필승의 각오를 덜 다진 결과였던 것이다. 이기겠다는 마음 없이는 결코 연승이 보장되지 않는다. 이기려 하는 것이 인간의 본능이라 해서 "내 승리 욕구가 알아서 잘 싸위주겠지.” 하며 여유부리다가는 경쟁 상대에게 한 방에 훅 갈 수가 있다.

이길 수 있는 다양한 노하우를 체득하고 경쟁 능력을 지속적으로 개발하는 것은 경쟁승리를 위한 또 다른 핵심적 전제조건이다. 물론 우리는 늘 경쟁하면 살아가기 때문에 이 과정에서 알게 모르게 얻어지는 승리 노하우가 적지 않다. 그러나 자신의 경험만으로는 충분치 않다. 경험에서 얻은 노하우는 물론 그 노하우를 바탕으로 새로이 개발한 자신만의 차별화된 노하우가 필요하다. 그 외에 연전연승하는 사람이 갈고닦은 노하우까지 확보할 수 있다면 이거야말로 금상첨화이다.

진정한 경쟁

이와 같은 전제조건들이 충족되어야 비로소 승리의 여신이 자신을 향해 웃음 짓는다. 그런데 남을 이기는 것도 물론 중요하지만 그에 못지않게 중요한 것은 승패와 관계없이 자신의 실력을 드높이는 것이다. 좌고우면하지 않고 앞만 보며 최고를 향해 달려가는 것이다. 많은 사람들은 이것을 ‘진정한 경쟁’이라고 부르기도 한다. 현실을 조금 벗어나서 본다면 이 말은 당연히 맞는 말이다. 르네상스 시대의 찬란했던 작품들은 승패와 상관없이 그 분야에, 그 장르에 최고가 되겠다는 예술가들이 벌인 경쟁의 산물이기도 하다.

설령 승부를 가려야 하는 경쟁이라 하더라도 승부의 결과가 가치 있게 빛날 수 있도록 배려를 주고받는 아름다운 경쟁을 펼쳐야한다. 다시 말해 이기는 것도 중요하지만 상대를 짓밟아 이겨서는안 된다는 것이다. 상대가 졌다 하더라도 나의 승리에 기여한 공이 있다는 것을 인정하면서 향후의 패자부활전에 기분 좋게 나갈수 있도록 배려해주어야 한다. 1998년 미국 메이저리그 야구경기에서 마크 맥과이어Mark McGwire와 새미 소사Sammy Sosa가 그해 홈런왕 자리를 놓고 격돌하였다. 물고 물리는 숨 막히는 접전이 막을 내리는 순간 승리의 여신은 맥과이어의 손을 들어주었다. 기자회견에 나온 맥과이어는 홈런 레이스에서 소사를 이기고 대기록을 세울 수 있었던 비결을 묻는 기자들의 질문에 이렇게 답하였다. "저 혼자서 이루어 낸 기록이 아닙니다. 소사 선수와 함께 만든 기록입니다." 이 얼마나 아름다운 말인가?

정말이지 하지 말아야 할 경쟁도 많다. 승부를 인위적으로 왜곡하려는 비열하고 부도덕한 경쟁, 수단과 방법을 안 가리는 무모한경쟁, 그나마 가지고 있는 힘까지도 고갈시키는 소모적인 경쟁, 사소한 것에도 목숨을 거는 듯한 살벌한 경쟁, 경쟁의 시너지 효과가 발생이 안 되는 무의미한 경쟁 등은 선의로 벌어지는 경쟁의장場에서 철저하게 추방되어야 한다. 이러한 경쟁들이 존재하는한 '경쟁 없이도 누구나 행복할 수 있는 자본주의 건설'이라는 도무지 가능치도 않은 캐치프레이즈하에 유익한 경쟁까지도 폄하하려 드는 사람들이 언제든 나타날 수 있다.

　개인이 이긴다는 것은 '둘 이상의 주체가 같이 공유할 수 없는 한정된 목표를 경쟁을 통하여 차지하는 것'이라는 정의하에 그 종류가 매우 다양하다. 순위 싸움에서 이기는 것, 시장을 더 차지하는 것, 스포츠 경기에서 이기는 것, 게임에서 이기는 것, 격투기에서 이기는 것 등이 그것이다. 이 중 일상생활의 장면에서 벌어지는 승부에 포커싱해서 다시 살펴보면 상대보다 물질적 성과물을 더 얻는 것, 상대보다 정신적 성과물을 더 얻는 것, 상대보다 기회를 더 얻는 것, 상대를 설득하여 희망사항을 관철시키는 것(협상, 토론, 영업 등), 나를 이기는 것(변화, 목표달성) 등이 이기는 유형이다.

　질과 양이나 시공간적 요소까지 고려하여 굳이 더 찾아본다면 이기는 유형은 이외에도 수없이 많은 것이다. 그러나 이 책은 여러 가지 이기는 것 중에서 상대보다 성과물을 더 얻는 것, 상대보다 기회를 더 얻는 것, 상대를 설득하여 희망사항을 관철시키는 것, 나를 극복하는 것에 주목한다. 그래서 상대가 사람인 경쟁에서 이기는 방법만을 집중적으로 다루고 그 이상의 경쟁유형은 여기서 고려하지 않는다. 즉 이 책은 성과, 기회, 설득 등을 놓고 남과 한판 승부를 벌이는 장면에서 경쟁 상대를 이길 수 있고, 자기 자신과 경쟁하여 이길 수 있는 가장 효과적인 스킬들을 집중적으로 제시한다.

　이러한 스킬들은 필자가 성과의 정도와 비교우위를 목숨처럼 중시하는 글로벌 대기업의 최일선 업무 현장에서 연승을 거두며 경쟁을 장기간 몸소 경험한 과정과 성공으로 안내하는 경쟁역량에 관해 학문적으로 심층 연구하는 과정에서 체득하고 습득한 것들이다. 따라서 이 책의 내용을 숙지한 후 그것을 경쟁 상황에서 잘 활용하면 독자는 치열한 경쟁의 세계에서 승리의 쾌감을 보다 크게, 보다 자주, 보다 빨리 느끼리라 확신한다.

Great

Competition

| Part 02 |

경쟁을 승리로 이끄는 정신역량

The Mental Competence For Victory

승부근성은 끝까지 싸우고자 하는 기백인 투혼, 자신의 능력에 대한 긍정적 믿음인 자신감, 승리에 대한 열망인 승부욕 등이 똘똘 뭉쳐져서 형성된 것이다. 이것은 상대와 승부를 겨루어 이기게 해주거나 자신의 분야에서 최고로 만들어주는 기질이다. 이 승부근성은 사람의 마음속에 한 번 자리 잡으면 쉽게 없어지지도 않는다.

즐기고 사랑하라

"중국인들은 경쟁을 즐기며 산다."

이 말은 최근 미국의 여론조사 전문기관인 퓨 리서치센터Pew Research Center

가 진행한 조사에서 설문에 응한 미국 사람 절반 이상이 답한 말이다. 그러

면서도 이 조사에 참가한 대부분의 미국 사람들은 경제 부분에 있어서 미

국을 향한 중국의 빠른 추격을 심각하게 걱정하였다. 실제로 중국의 성장률

은 현재 연 7%를 넘지만 미국은 2~3%를 기록하고 있다. 미국 경제 규모

는 여전히 중국을 능가하지만 성장속도 면에서는 중국이 미국을 압도하고

있는 것이다. 이렇게 'Now 세계 최강'인 미국 사람들을 걱정하게 만들면서

'Future 세계 최강'을 꿈꾸는 중국의 동력은 과연 어디서 나올까? 퓨 리서치

센터의 설문조사에서 미국인이 지적한 '경쟁을 즐기는 중국인'에서 그 답을 상당 부분 구할 수 있지 않을까?

그렇다. 중국은 개혁 개방의 기치를 내걸고 경제시스템에 시장주의 방식을 도입한 지 오래다. 무경쟁 속에서의 배급을 당연시하고 그것을 즐겼던 중국인이 사장경제의 필수품인 경쟁을 맞이하기는 매우 힘들었을 것이다. 그런데 경쟁의 단맛을 본 중국인은 지금 경쟁의 가치를 흔쾌히 인정하고, 나아가 그것을 즐기는 일도 마다하지 않고 있다. 여러 가지를 고려했을 때 중국이 지금 세계 최고 수준의 경제성장률을 과시하며 빠르게 성장하고 있는 것과 중국인이 경쟁을 즐기는 것과의 긍정적인 상관성을 부정할 수 있는 사람은 아마 아무도 없을 것이다.

즐기는 자를 당해낼 자가 있을까

데일 카네기Dale Carnegie가 한 말 중 이런 말이 있다. "하지 않으면 안 될 바에야 유쾌하게 하자." 경쟁도 인생을 살면서 하지 않으면 안 될 것 중의 하나임에 틀림없다. 그래서 카네기의 말이 맞다면 피할 수 없는 이 경쟁을 모든 사람은 당연히 유쾌하게 즐겨야 하고 즐길 줄 알아야 한다.

경쟁을 긍정적으로 인정하는 것만으로도 승리에 성큼 다가설 수 있다. 왜냐하면 대부분의 사람들이 경쟁하는 것 자체를 귀찮아하고 싫어하기 때문이다. 나와 동일한 경쟁선상에 있는 사람도 마찬가지이다. 이런 상황에서 경쟁을 인정하는 것을 넘어 그것을 즐긴다면 그 승부는 어떠한 결과를 가져올까? 말할 것도 없이 그 승부는 우승 아니면 준우승이고, 금메달 아니면 은메달이다. 프로의 세계에서는 그냥 남을 앞서가는 것으로는 별 의미가 없다. 통쾌한 승리가 있어야 한다. 그렇기 때문에 경쟁을 즐김으로써 경쟁 효율을 극대화시키는 것이 무엇보다 필요한 것이다.

야구선수 마크 맥과이어Mark Mcgwire를 모르는 사람은 별로 없을 것이다. 그는 1990년대 미국 프로야구계의 대표적인 홈런왕이다. 그의 전공은 야구이다. 그런데 그는 그렉 노먼Gregory J. Norman 등 당시 세계적인 골퍼들이 참가한 2013 ADT 스킬스 챌린지 골프대회에서 참가선수 중 가장 많은 9만 2,500달러의 상금을 따내고 드라이브샷을 319야드나 날려 장타 부문 1위를 차지했으며, 벙커샷, 트러블샷, 퍼팅, 칩샷 부문도 2위를 하는 등 정상급 프로 골프선수나 다름없는 기량을 뽐냈다. 경기를 끝내면서 그는 "난 운동선수이며 언제나 경쟁을 즐긴다. 승리는 기분 좋은 것이다."라는 말을 했다. 그의 말은 경쟁을 즐기면 야구든 골프든 어느 경쟁 상황에서도 승리를 거머쥘 수 있는 말이나 별반 다름이 없다.

친선 게임과는 좀 다르다

과거 가난했던 시절의 운동선수들은 "여기서 지면 나는 끝장이다. 승리만이 살길이다."라는 각오로 경쟁에 임하였다. 그러다 보니 1등으로 골인했을 때는 좋아서 우는 게 아니라 그동안 고생한 것에 대한 설움에 복받쳐 울었다. "라면만 먹고 달렸다."라는 말로 유명한 1986년 아시안게임 육상 3관왕 임춘애가 그랬다. 그러나 지금은 과거와는 다르다. 2014년 러시아 소치 동계올림픽 스피드 스케이팅 여자 500m에서 우승으로 결승점을 통과한 이상화는 환하게 웃으며 태극기를 든 채 링크를 돌았다. 연기演技 같은 경기를 막 마친 김연아의 표정은 밝기만 했다. 물론 이기기 위해 그간 숱한 고생을 거듭했을 테지만 이들의 표정에서는 즐김의 마지막 순간을 감격하는 표정 그 자체였다. 이들의 승리는 즐기듯 훈련과 경쟁에 임한 빛나는 결과임에 틀림없었다.

이렇게 경쟁을 즐기는 것이 승리를 위한 전제조건이 되고 있다. 그럼에도 불구하고 즐기기는커녕 오히려 경쟁을 피하려고만 하는 사람들이 도처에 있다. 심지어 스타트 라인에서 레이스를 준비하는 사람들까지 자신과 같은 경쟁의 구경꾼으로 끌어들이는, 소위 '물귀신 작전'을 펼치는 사람까지 있다. 이들 중 상당수는 자신의 무능력은 생각지도 않고 주변 환경을 탓하거나 시장주의의 문제점만 꼬집는다. 그러고는 실력이 비등한 남들이 자신을 이기기라도 하면 반칙을 했다고 근거도 없이 마구 흔들어댄다.

문제는 이런 사람들이 경쟁 없이도 살 수 있는 특별한 위치에 있는 것도 아니라는 것이다. 특히 기업 같은 조직은 승리 욕구를 충족시키기 위한 선두경쟁에 고용유지를 위한 생존경쟁까지 더해져 다른 조직보다 구성원 간의 경쟁이 무척이나 치열하다. 그렇기 때문에 누구 할 것 없이 경쟁을 이고 지내다시피 해야 한다. 상황이 이러한데도 '나는 열외'라는 착각과 함께 '친선 게임'이나 즐기고 삶에 필요한 진정한 경쟁은 즐기지 않는다면 그 사람의 경쟁 결과가 씁쓸할 것임은 불을 보듯 뻔하다.

연승 가도를 달리는 사람들이라 해서 그들이 애초부터 경쟁을 좋아했던 것은 아니다. 그들도 처음에는 경쟁의 괴로움으로 고통 속에서 수많은 날들을 보냈다. 그러다가 피할 수 없는 경쟁의 현실에 부딪혀 그것을 인정하게 되고, 긍정적인 수용 덕에 경쟁의 과정에서 작은 승리를 여러 번 맛보게 되고, 그 승리의 반복으로 응축된 강력한 파워로 대승을 거두게 되면서 경쟁을 즐기고 급기야는 경쟁을 애인처럼 사랑까지 하게 된 것이다.

삼성카드 CEO인 원기찬 사장은 2014년 9월 광주광역시 치평동에 있는 김대중 컨벤션센터에서 열린 삼성의 토크콘서트 '열정락樂'에서 자신이 CEO가 될 수 있었던 이유를 다음의 한마디로 함축하였다. "일을 억지로 하던 사람에서 일을 즐기는 사람으로 나 스스로를 변화시켰기 때문이다." 결국 즐기며 일하고 즐기면서 동료들과 경쟁을 벌인 끝에 오늘날 모든 샐러리맨들이 꿈꾸는 바로 그 자리에 올랐다는 얘기다.

포용하고 사랑하라

경쟁을 제대로 즐기려면 우선 경쟁을 긍정적으로 그리고 능동적으로 수용할 줄 알아야 한다. 경쟁이 삶의 강력한 에너자이저라고 생각하면서 말이다. 경쟁이 머지않아 가져다줄 정신적, 물질적 풍요에 대한 생각을 자주하면 경쟁에 대한 마음가짐이 자기도 모르게 긍정적으로 바뀌게 된다. 경쟁에서 승리했던 기억들을 수시로 떠올리는 것도 자신으로 하여금 경쟁을 긍정적으로 바라보게 하는 데 도움이 된다. 반면 부정적이고 피동적인 생각은 금물이다. "경쟁 때문에 세상이 피폐해진다.", "목구멍이 포도청이라 어쩔 수 없이……." 하며 부정적이고 피동적인 마인드로 경쟁을 생각하면 그 경쟁이 잘될 리 만무하다. 이것이 지나치면 자칫 경쟁 상대와 인간적 갈등에 빠져 그나마 괜찮았던 관계마저 회복불능 상태로 훼손될 수가 있다. 밥도 억지로 먹으면 체하는 것과 동일한 원리이다. 부정적이 되지 않기 위해서는 경쟁을 늘 긍정적으로 생각하면서 경쟁을 정치적으로 반대하는 인기영합적 평등주의자들을 멀리해야 한다.

그리고 경쟁을 안 하게 되면 자신에게 불이익이 발생될 수 있다는 사실은 직시하면서 살아야 한다. 마흔도 되기 전에 "이 나이에 경쟁은 무슨 경쟁? 나는 스트레스 덜 받고 얇지만 길게 살리라." 했던 지금의 오십대 만년 과장이나 차장이 그의 생각대로 지금 직장에서 스트레스 덜 받고 지내고 있을까? 천만에, 대부분 그렇지 않다. 남들은 고액의 인센티브에 환호할 때 그렇지 못해 스트레스 받고, 동기들은 진급할 때 떨어져서 스트레스 받고, 고용유지를 위해 노심초사하며 살아간다. 경쟁을 회피함으로써 받는 업보業報인 것이다.

또한 승리의 기억들을 잘 관리해야 한다. 이미 사람들은 일상생활에서 크고 작은 승리를 거두면서 살아가고 있다. 그런데도 승리의 기억이 없다면 아마도 작은 승리를 별거 아니라고 무시했거나 경쟁을 즐기는 데 결정적으로 필요한 승리감을 축적해놓는 일을 평소에 소홀히 했기 때문일 가능성이 높다. 그래서 경쟁의 즐김은

승리감을 먹고 자란다는 사실을 깊게 인식하고 소소한 승리라도
기억 속에 차곡차곡 축적하는 습관을 들여야 한다.

생산적인 냉冷과 온溫

"당신이 경쟁심이 강한 사람이라면 그 성향은 결코 변하지 않을 것이다. 당신은 결코 멈추지 않고 늘 뒤를 돌아보며 경계를 늦추지 않을 것이다."

- 매직 존슨(미국의 농구선수) -

춘추시대 때 패권에 욕심이 있었던 송나라 양공에게는 송나라 대신 초나라를 맹주로 삼으려고 혈안이 되어있는 정나라가 눈에 가시 같았다. 그래서 직접 병사를 이끌고 정나라를 치러 나섰다. 그런데 초나라의 성왕이 군대가 빈약한 정나라를 도와주기 위해 많은 군사를 파병해주는 바람에 진퇴양난이었다. 결국 기회를 다음으로 미루고 야음을 틈타 철수할 수밖에 없었다. 그런데 웬걸, 이번에는 초나라가 이를 보고 송나라를 치러 뒤에서 멀지 않은 곳의 강을 건너오고 있었다. 이 모습을 모고 송나라의 책사인 공손고가 양공에게 초나라가 강을 건너기 전에 돌아서 공격을 가하자고 진언하였다. 이에 양공은 "강을 다 건너지 못했는데 공격하면 어찌 '인의'가 있는 군대라고 할 수 있겠는가?" 하면서 앞으로 그냥 이동하라고 하였다. 그러는 사이 초나라 병사들은 이미 강을 건너 진용을 갖추기 시작하였다. 이때 공손고는 초나라가 전투준비를 하는 틈을 타서 공격을 하면 승리할 수 있다면서 공격할 것을 다시 한 번 양공에게 진언하였다. 그러나 양공은 눈을 부릅뜨고 "아직 진용도 갖추지 못한 적을 치는 것이 '인의'란 말인가?"라고 외치면서 화를 버럭 냈다. 이러는 가운데 초나라는 물밀듯이 송나라를 공격하였고 결국 송나라는 대패하고 양공은 도망쳐서 간신히 살았다. 양공은 '인의' 타령만 하다가 수많은 병사를 죽이고 나라를 쇠망의 길로 들어서게 만들었던 것이다. 이것은 잘 알려진 송양지인宋襄之仁 고사의 이야기이다.

생산적인 냉정과 온정

그 어느 때보다 개인의 이익추구 경향이 심화되다 보니 세상 인심이 빡빡하기만 한다. 이런 때일수록 약자에게 온정을 더욱더 베풀어야 하는 것은 지극히 당연하다. 그러나 송양지인의 고사처럼 1등이냐 2등이냐를 다투거나 생과 사가 갈리는 경쟁에서 인의仁義만 내세웠다가는 잘했다는 소리는 듣는 것은커녕 오히려 큰 화를 당할 수가 있다. 그래서 온정을 견지하면서도 냉정한 마인드를 놓치지 않는 것은 승부의 세계에서 승리를 꿈꾸는 자가 가져야 할 필수적인 자세이다.

경쟁의 상황에서 필요한 냉정이란 이기고자 하는 욕심, 경쟁의 과정과 결과에 대해 시시비비를 가리는 마음, 이기든 지든 승부를 가리고자 하는 의지 등의 결합체이다. 이러한 요소들에 의해 만들어지는 냉정한 마음은 생산적인 냉정으로써 가치 있는 승부를 가능케 해준다. 다시 말해 경쟁에 불을 지펴 경쟁자들이 이끌어내는 성과의 질과 양을 높여주고, 승자든 패자든 성장시켜주고, 약자를 자극하여 자생력을 키워주고, 패자로 하여금 재도전의 의지를 불태우게 만든다. 그래서 경쟁의 장면에서는 생산적인 냉정함을 갖는 것이 매우 중요한 것이다.

경쟁 도중에 약자에게 배려하고, 경쟁의 결과로 발생되는 패자에게 재기할 수 있도록 해주는 등의 온정의 손길 역시 냉정함 못지않게 중요하다. 따뜻한 경쟁을 지향하는 '자본주의 3.0시대'에서는 더더욱 그러하다. 약자와 패자의 경쟁력이 높아져 승자의 건전한 라이벌이 되면 '라이벌 효과'에 의해 승자의 실력은 더욱더 향상될 수 있는데, 이 또한 온정이 필요한 이유이다. 그렇기 때문에 승리를 위해서는 냉冷과 온溫 양면을 겸비해야 하는 것이다.

다 준다고 좋아하지 않는다

그러나 이러한 온정도 여력이 있을 때, 그리고 적절한 시점에 베풀어야 시너지 효과를 발휘하여 승자, 패자 함께 Win-Win할 수 있지 그렇지 않으면 베풀어준 사람까지 쇠락할 수 있다. "국민이 원하면 다 줘라." 이 말은 1981년에 집권한 그리스 총리 안드레아스 파판드레우Andreas Papandreou가 총리에 취임하면서 내각에 내린 지시이다. 내각은 총리의 지시를 거의 완벽하게 수행하였다. '해줄 수 있는 능력이 있느냐 없느냐'와는 상관없이 분배와 복지에 국가 재원을 쏟아부었다.

그동안 분에 넘치게 제공했던 복지 규모를 점차 줄여가야 하는데 화끈한 복지세례를 한번 맛을 본 그리스 국민들의 높아진 복지 기대심리는 줄지 않고 있다. 그래서 복지를 줄이기는커녕 오히려 늘릴 수밖에 없는 상황이다. 이러한 악순환이 거듭되면서 지금 그리스 국민의 체질은 복지의존체질로 변했고, 능력도 안된 상태에서 무작정 도와준 국가도 81년 이후 30여 년 만에 국가 부채가 다섯 배로 폭증하면서 국가부도선상을 헤매고 있다. 당초 국가가 냉정하지 못한 채 포퓰리즘적 온정주의 사고에 빠져서 오늘날 국민도 국가도 모두 괴롭게 된 것이다.

자기 자신 하나도 주체를 하지 못하면서 포퓰리즘적으로 관대한 사람들이 의외로 많다. 이런 사람들은 온정도 여유가 있을 때 베풀어야 그 빛이 제대로 발할 수 있다는 사실을 알아야 한다. 만일 자신의 이익에 냉정치 못해서 자초한 궁핍 때문에 'Give'한 것을 생활이 근근하여 서둘러 'Take'하려다가는 좋았던 인간관계마저 날려버리게 된다.

인간이 언제나 합리적이고 냉정하게 생활하기란 사실 쉽지가 않다. 빈틈없어야 할 경쟁 상황에서조차 그렇다. 인간은 감정적이고 충동적인 상태에서 결정하고 행동할 가능성이 크기 때문이다. 이성이 판단을 지배하기는커녕 인간은 비합리적이고 상식 밖의 결정을 하는 성향이 농후하다고 한 노벨경제학 수상자이자 미국 프린스턴대학교 명예교수인 대니얼 카너먼Daniel Kahneman의 말이 이를 지지해주고 있다. 인간은 이성적일 것 같지만 상당한 경우 이성보다는 감성에 따라 행동한다는 것이다. 그렇기 때문에 각박한 경쟁구도 속에서 희비의 쌍곡선을 그려가며 살아가는 사람들은 의식적으로 냉정함을 견지하고, 그 냉정을 통해 만든 여유를 가지고 경쟁자에 대한 온정을 생각해야 한다.

합리적 이성을 견지하라

생산적인 냉정을 유지하고 강화하는 것이 중요한데, 이를 위해서는 우선 이기심을 가져야 한다. 일반적으로 이기심은 부정적인 단어로만 생각하기 쉬운데, 이것은 부분적인 생각이다. 이기심은 인간의 기본적인 본능이자 승부를 위한 도전에 불을 댕기는 불쏘시개 역할을 하는 것으로써 매우 중요하다. 이익에 집착하는 이기주의가 나쁜 것이지 이기심은 나쁘지 않을뿐더러 경쟁에서 냉정하게 만드는 주요한 요인이다.

그리고 이기지 못하면 몰락할지도 모른다는 절박감을 가져야 한다. 주지하다시피 세상에 영원한 1등도 영원한 꼴찌도 없다. 순위는 언제라도 뒤바뀔 수 있다. 만약 순위가 바닥으로 전락될 때는 생존까지도 위협받을 수 있다. 1896년 찰스 다우가 처음 '다우존스 산업평균 주가지수'를 산정할 때 편입했던 12개 종목 중 지금까지 남아있는 것은 제너럴 일렉트릭 하나뿐이고, 지난 20여 년간 세계 '휴대전화 제왕'으로 군림해 온 노키아는 맥없이 몰락했다. 상황이 이러한데 냉정을 강화시키지 않을 수가 있겠는가?

또한 의미 없는 '친선 게임'일랑 하지 말아야 한다. 골프, 테니스, 바둑 등의 경기가 친목을 도모하고자 할 목적으로 자주 벌어지곤 한다. 그런데 적지 않은 사람들은 자신을 제외한 참가자들이 물밑에서 이기기 위해 칼을 갈고 있는지도 모르고 농담이나 해 가면서 친선에만 골몰한다. 이 중에는 부족한 실력이 탄로날까봐 두려워서 내기 없는 친선을 외치거나 내키지도 않는 양보를 억지로 하는 사람도 있다. 문제는 이러한 아마추어리즘이 '한번 탈락은 영원한 탈락'이 되는 본선에서의 능력에 결정적으로 영향을 주는 생산적인 냉정을 알게 모르게 약화시킨다는 것이다. 불꽃 튀는 승부의 장면에 친선이라는 나약한 개념을 개입시켜서는 안 된다.

그 외에도 도가 지나친 냉정이 부를 문제도 수시로 생각해야 한다. 냉정이 지나치다가는 친구 잃고 건강까지도 잃을 수 있다는 생각을 하게 되면 상대를 배려하고자 하는 온정이 마음속에 싹트게 될 것이다. 승리하는 냉정에다가 배려하는 온정까지 겸비한 사람으로 비춰질 때 비로소 패자도 승자에 승복하고 승자를 위해 할 일이 무엇인가 찾아보지 않겠는가?

· **Major Skill** ·

● 적당한 이기심 보유
● 지면 몰락할지도 모른다는 절박감 인식
● 의미 없는 '친선 게임' 자제
● 지나친 냉정이 부를 문제 인식

재고 자시고 할 것 없다

"불가능해 보이는 것을 목표로 세우고, 과감히 뛰어들어라. 모든 성공은 자신감과
열정에서 비롯된다."
- 잭 웰치(미국의 제너럴 일렉트릭 前 CEO) -

밀크셰이크 기계를 파는 영업사원이었던 그는 맥도널드 형제가 운영하는
식당에서 밀크셰이크 기계를 한꺼번에 8대나 주문하자 호기심이 발동하여
그 식당을 찾아가보았다. 그는 맥도널드 형제가 만든 새로운 패스트푸드를
만드는 방식에 매료되어 그들에게 공동 창업을 제안한다. 그들의 첫 반응은
매우 부정적이었으나 밀고 당기는 지루한 협상 끝에 프랜차이즈 가맹점 판
매권을 따내는 데 성공하였다. 당시 그의 나이는 53세로서 모험하기에는 상
당히 부담스런 나이였지만 안정적인 직장을 과감히 버리고 프랜차이즈 판
매를 위해 미국 전역을 뛰어다녔다. 그러나 당초의 기대와는 딴판으로 벌이
는 엉망이었다. 이 와중에 조강지처와 이혼까지 하는 고통도 겪었다. 노쇠

한 체력도 그의 발길을 붙잡았다. 그럼에도 불구하고 그는 프랜차이즈 사업을 포기하지 않고 끝까지 밀어붙였다. 그러기를 6년, 천신만고 끝에 그는 미국 전역에 200개의 프랜차이즈 점포를 오픈하였다. 그리고 전 재산을 쏟아부어 맥도날드 상표를 사들여 마침내 주인이 되었다. 이후 사업이 일취월장하여 10년 만에 700개의 점포가 만들어졌다. 이 사람은 과연 누구일까? 바로 '맥도널드 제국' 창업자 레이 크록Ray Kroc이다. 맥도널드는 현재 전 세계 120개국에 3만 3,000개가 넘는 매장에서 하루 7,000만 명이 넘는 고객을 맞는 세계 1위의 프랜차이즈로 성장하였고, 기업 브랜드 가치는 애플, IBM, 구글에 이어 세계 4위에 올라있다. 레이 크록의 도전정신은 맥도널드의 역사와 함께 오늘날까지 이어지면서 꿈을 가진 젊은이들을 간단없이 충동질하고 있다.

도전과 열정의 결정체

인간은 기본적으로 익숙한 지대, 안전지대 머물고 싶어 하는 욕구를 가지고 있다. 그래서 어느 정도의 단계에 이르면 거기에 만족하고 그만 멈추려 한다. 안빈낙도安貧樂道, 단사표음簞食瓢飮의 유혹에 빠지게 되는 것이다. 그러나 사람은 이러한 안전 욕구와 대칭 관계에 있는 도전 욕구도 가지고 있다. 도전은 모든 인간 행위의 핵심이며 주된 동기이다. 그래서 사람들은 앞에 장애물이 있으면 이를 어떻게든 제거하고, 기록을 지속적으로 경신해나가고, 아무리 높은 산이라도 오르고 또 오르는 것이다.

세상의 불확실성은 사람으로 하여금 도전하지 않으면 안 되게 만들고 있다. 새로운 일들은 대개 모호하기 일쑤이다. 그리고 나의 경쟁자들이 대체 지금 뭘 하는지, 어디쯤 가고 있는지, 그들과 싸우면 과연 승산이 있을지 등이 명확치 않다. 그렇다고 뒷짐 지고 있을 수도 없다. 그래서 승률이 어느 정도만 돼도 재고 자시고 할 것 없이 과감하게 베팅을 날려야 한다. 세계적인 '현장형' 경영학자로 꼽히는 필 로젠츠바이크Phill Rosenzweig 스위스 국제경영개발원IMD 교수는 "일반적인 결정에서는 합리적 사고로 충분하지만 선례가 없는 전략적 결정을 할 때는 과감한 도전정신이 중요하다."라고 하였는데, 그의 말은 불확실한 상황에서는 도전정신이 각별하게 필요하다는 것을 강하게 지지해주고 있다.

남들이 가지 않는 길에 도전하여 성공하면 빛나는 명예, 고수익, 다양한 기회 등의 대가가 만만치 않다는 점도 도전정신의 필요성을 일깨워준다. 봉사와 배려를 주업主業으로 삼고 있는 극히 일부분의 사람들을 제외한 대부분의 사람들은 파이를 더 많이 얻기 위해 치열하게 하루하루를 살아가고 있다. 그런데 이러한 격전의 '레드 오션' 상황에서 화끈한 도전도 없이 푸짐한 파이를 기대한다면 그것은 손을 대지 않고 코를 풀려는 행위와 별반 다를 바가 없다. 바라는 것을 누릴 수 있는 '블루 오션'에 들어가기 위해서는 반드시 틀에 박힌 사고를 버리고 생산적 희생을 감수하는 전에 없었던 도전정신을 발휘해야만 한다.

오로지 가시적인 성과를 올리기 위해서만 도전이 필요한 것은 물론 아니다. 남들은 안빈낙도와 단사표음을 즐길 때 도전정신을 펼쳐 보인다는 것은 승부의 성패를 떠나 그 자체만으로도 아름다운 일이 아닐 수 없다. 직장에서 상사가 부하를 평가할 때 도전에 따른 성과물과 함께 도전정신 자체도 평가를 위한 중요한 잣대로 삼고 있다.

'사고' 치며 사는 사람들

도전을 강렬하게 주문한 애플 창업자 스티브 잡스가 생전에 한 연설이 아직도 귓전을 울린다. 그는 2005년 미국 스탠포드대학교 졸업식에서 젊은이들에게 "늘 갈망하고 늘 무모하게 도전하라!" 라고 외쳤다. 세계 최대 인터넷 기업 구글의 CEO이자 공동 창업자인 래리 페이지Larry Page는 도전을 위해 아예 미치라고까지 한다. 미국의 IT전문지 「와이어드」와의 인터뷰에서 한 그의 말이다. "만일 지금 당신이 미친 짓을 안 하고 있다면 당신은 일을 잘못하고 있는 것이다." 애플, 구글 등이 치열한 경쟁 속에서 어떻게 해서 여전히 세계 최고를 누리고 있는지 그 이유를 알 법하지 않은가?

요즘 언론을 뜨겁게 달구는 중국의 최대의 전자상거래업체 알리바바그룹의 창업자 마윈馬元은 또 어떤가? 그는 2003년 인터넷 쇼핑몰 타오바오를 세워 당시 세계 최강의 이베이를 중국시장에서 아웃시키고 중원을 평정한 뒤 중국 최고의 갑부가 되었다. 그런데 그의 도전은 이것으로 양이 차질 않았다. 2014년 알리바바의 CEO 자리를 과감히 내놓고, 중국 대륙을 24시간 배송체제로 묶겠다는 야심찬 목표로 차이냐오네트워크 과기유한공사를 설립하여 물류업계에 새로운 도전장을 내민 것이다. 그의 도전 마인드로 볼 때 '젊은 마윈'이 머지않아 또 다른 '사고'를 칠 것이 분명해 보인다.

최근 대한상공회의소가 국내 매출액 상위 100대 기업의 인재상을 분석해 낸 보고서에 따르면, 도전정신을 첫 번째로 꼽은 기업이 88개사로 가장 많았다. 그 다음에는 주인의식, 전문성, 창의성, 도덕성 순으로 나타났다. 이 조사 결과는 도전정신이 얼마나 중요한가를 그대로 보여주고 있다. 특히 주목할 것은 이러한 덕목들에 매겨지는 중요도의 변동 상황이다. 5년 전 조사에서 도전정신은 세 번째였는데 지금은 으뜸 덕목이다. 이것은 경쟁이 그 어느 때보다도 치열한 작금의 상황에서 기업이나 직장인 개인이나 살아남거나 혹은 정상으로 가기 위해서는 도전정신만큼 중요한 것이 없다는 것을 말해주는 것이다.

그럼에도 불구하고 직장을 구하거나 직장을 다니는 상당수의 사람들이 안전지대만 기웃거리는 안타까운 모습을 보이고 있다. 그리고 승리와 패배에 대한 불확실성이 극대화된 작금의 상황에서 근거 없는 낙관주의에 사로잡혀있는 사람도 적지 않다. 이런 사람들은 승리를 만끽하게 해주는 직장치고 풍파 없는 평탄한 곳에 조직구성원들을 그냥 그대로 모셔두는 곳은 한 곳도 없다는 사실을 알아야 한다.

이순신 장군이 병영을 불살라 배수지진背水之陣한 뒤 열두 척의 배로 수백 척의 왜선을 부수겠다는 도전정신이 없었더라면 일개 장군으로밖에 남지 못했을 것이다. 칭기즈칸 역시 도전정신이 없었다면 몽고제국 건설은 고사하고 평범한 목동으로 살았을지도 모른다. 도전하지 않는 자는 도전의 고단함 뒤에 숨겨져 있는 짜릿한 성취를 결코 맛볼 수 없다. 그래서 멋진 한판승을 위해서는 도전정신을 키워야 하는 것이다.

도전을 생활화시켜라

도전정신을 키우기 위해서는 우선 도전하면 반드시 이루질 것이라는 강한 믿음을 가져야 한다. 현대그룹의 창업자 정주영 회장이 쌀가게를 운영하던 젊은 시절에 어떤 대궐 같은 집에 쌀 배달을 갔다가 '나도 나중에 반드시 저런 집에서 살아야지!' 하면서 각오를 다졌다. 그 집은 당시 우리나라 최대기업 화신백화점 창업주 박흥식 사장의 집이었다. 그 후 그는 도전에 도전을 거듭하는 과정에서 결국 그 집을 얻게 되었다. 이 집이 바로 정주영 회장의 청운동 자택이다. 말도 안 되는 경기 같았지만 결국 토끼가 이긴 「토끼와 거북이」의 우화는 어떠한가? 도전에 대해 믿음을 가질 수 있는 근거는 헤아릴 수 없이 많다.

그리고 일상의 일에서 도전을 반복하여 그것을 습관화해야 한다. 작더라도 도전에 성공하면 자신감이 생기면서 그 자신감은 새로운 도전거리를 찾게 만든다. 이것이 반복되면서 도전정신은 만들어지고 강화된다. 사상 처음으로 수영 보조기구를 사용하지 않고 대서양을 헤엄쳐 건넜던 미국의 브누아 르꽁트Benoit Leconte가 횡단에 성공한 직후 "더 이상 미친 짓을 하지 않겠다."라고 말했었다. 그랬던 그가 은퇴 선언을 뒤집고 2012년 태평양 횡단 도전장을 들고 나왔다. 그렇게 한 이유를 묻는 기자들의 질문에 그는 "하나의 산을 오르면 쾌감을 느껴 또 다른 산을 찾아 나서는 것과 다를 바 없다."라고 대답했다. 이처럼 습관화된 도전정신이 또 다른 도전을 끊임없이 부추기는 것이다.

또한 도전정신을 키우려면 항상 문제의식을 가져야 한다. 우리에게 이로움을 주는 세상의 모든 것들은 문제의식의 산물이다. "걸어 다니며 편하게 통화할 수는 없는 것일까?" 하는 문제의식은 도전을 부추겼고, 그 결과 휴대폰이 만들어졌다. 자동차, 비행기, 배, 엘리베이터 모두 마찬가지이다. 특별한 의식도 없는데 현실에서 행복이 나올 거라고 생각한다면 그것은 오산이다. 그렇지만 문제와 불만으로 이 세상을 바라보게 되면 더 큰 행복을 만들어줄 수 있는 도전정신이 무럭무럭 자라면서 남다른 행복이 찾아올 것이다.

• Major Skill •

- 도전의 위력에 대한 신뢰
- 도전의 습관화
- 문제의식 보유

승리 욕구는
불타고 있는가

"승리는 언제나 싸움에서 물러나지 않는 자에게 돌아간다."

- 나폴레온 힐(前 미국대통령 고문관)-

1951년 미국 일리노이주 파크릿지의 주택가. 네 살인 어린 여자아이가 앞 집 애한테 맞았다며 울면서 집으로 돌아왔다. 새집으로 이사한 후 벌써 두 번째 일어난 일이었다. 그 동네에서 오래 산 앞집 아이가 새로 이사 온 아 이에게 부리는 텃세 때문이었다. 그런데 아이의 어머니는 울고 서있는 딸 의 등을 밖으로 떠밀면서 소리쳤다. "네가 두려워하지 않는다는 사실을 보 여주어야 해. 그 아이가 너를 다시 괴롭힌다면 그대로 맞받아쳐!" 어머니의 말을 들은 아이는 용기백배해서 복수를 다짐하면서 때린 아이에게로 달려 갔다. 어머니는 통쾌하게 카운터펀치를 날린 후 의기양양 돌아오는 딸을 커 튼 뒤에서 바라보며 회심의 미소를 지었다. 2차전을 승리로 이끌고 무모도 당당히 개선한 이 여자아이는 과연 누구일까? 그녀는 바로 미국의 제 42대 빌 클린턴Bill Clinton 대통령의 부인이자 미국 국무장관을 역임한 힐러리 로뎀 Hillary Rotham이고, 이때 막후에 서서 딸아이에게 이겨야 한다는 승부근성을 심어준 어머니는 도로시 로뎀Dorothy Rotham 여사였다. 세월이 지나면서 더욱 강화된 힐러리의 승부근성은 그녀가 지금 상원의원을 거쳐 45대 미국 대통령의 자리를 향해 질주하는 데 크게 기여하고 있다.

승자들이 보이는 첫 번째 특성

승부근성은 끝까지 싸우고자 하는 기백인 투혼, 자신의 능력에 대한 긍정적 믿음인 자신감, 승리에 대한 열망인 승부욕 등이 똘똘 뭉쳐져서 형성된 것이다. 이것은 상대와 승부를 겨루어 이기게 해주거나 자신의 분야에서 최고로 만들어주는 기질이다. 이 승부근성은 사람의 마음속에 한번 자리 잡으면 쉽게 없어지지도 않는다. 한때 미국 NBA 농구리그를 주름잡았던 매직 존슨Magic Johnson 은 승부근성의 특성을 이렇게 말한다. "만약 당신이 경쟁심이 강한 사람이라면 그 성향은 결코 변하지 않을 것이며, 늘 뒤를 보며 경계태세를 유지할 것이다."

승부근성은 승리에 대단히 긴요한 정신역량이다. 미국의 경제학자인 피터 번스타인Peter Bernstein이 포브스가 선정한 부호 1,302명을 대상으로 성공요인을 조사하였는데, 가장 핵심적인 성공요인은 승부욕, 경쟁심, 행운, 타이밍 등 네 가지라는 점이 확인되었다. 승부욕과 경쟁심이 승부근성과 직결된다는 점을 고려할 때

경쟁승리를 위해 승부근성이 얼마나 중요한지를 이 연구는 그대로 말해주고 있는 것이다. 사실 부와 명예가 남다른 승부근성도 없이 주어질 리는 만무하다.

그리고 승부근성은 높은 수준의 성과를 창출하고 개인과 조직이 발전하는데 혁혁하게 기여한다. 일단 일을 하게 되면 당연히 성과는 발생한다. 그렇지만 성과의 양과 질은 어떻게 일을 했느냐에 따라서 현격한 차이를 가져온다. 경쟁에서 승부근성이 발휘되게 만들면 승자 패자 모두에게 그냥 일을 했을 때보다 훨씬 더 큰 성과물이 주어진다.

이기는 것이 때론 전부이다

자신의 분야에서 탁월한 성과를 거두는 사람들은 남다르게 승부근성이 강하고, 이기는 것을 중요한 가치로 여긴다. 한국이 낳은 세계 스포츠클라이밍계의 1인자 김자인은 1m 53㎝의 작은 키로 암벽 위를 사뿐사뿐 날아다니다시피 한다. 그래서 그녀의 별명은 '암벽 위의 발레리나'이다. 그녀는 키가 워낙 작다 보니 위험천만한 암벽에서 점프를 하고, 발이 작아야 힘을 모으기 쉽다 하여 일부러 초등학생이나 신을 법한 205㎜짜리 신발을 신어 발을 쪼그라트리고, 사고로 오른쪽 무릎 십자인대의 80% 정도가 끊어져 무릎을 거의 못 쓰게 되자 다른 부위를 무릎처럼 활성화시켜 차질 없이 등반을 계속하고 있다. 지독한 승부근성 없이는 도저히 생각할 수 없는 것들을 그녀는 하고 있고, 이러한 악바리 승부근성은 그녀를 지금 세계 1등으로 만들고 있는 것이다.

세계 최연소로 현역 시절 메이저대회를 모두 우승하는 '커리어 그랜드슬램' 달성의 위업을 이룩하고 아직도 세계 메이저 대회의 강자로 군림하는 '테니스 천재' 마리아 샤라포바^{Maria Sharapova}, 그녀의 무기는 188㎝의 훤칠한 키와 예쁘장한 얼굴이 아니다. 승부근성과 노력이 바로 그녀를 빛나게 만드는 핵심 무기이다. 시합 때 그녀의 입에서 품어져 나오는 괴성은 그녀의 승부근성에 대해서 더 이상 할 말을 잃게 만든다.

잘나가는 회사들은 직원들의 승부근성에 대해서 매우 높은 관심을 보인다. 지금은 고인이지만 세계 철강업계를 선두에서 이끄는 포스코 창업의 주역인 박태준 회장은 회장 재직 시 자신이 만든 '무엇이든 첫째가 되자'는 슬로건을 여기저기서 외쳐댔다. 2007년에 포스코가 설정한 기업 비전인 '이기는 것이 전부는 아니지만, 이기기를 원하는 것은 중요하다.' 역시 승부근성을 키우는 슬로건이다. 직원들에게 승부근성을 키워주기 위한 포스코의 노력이 여러 곳에서 묻어나고 있다.

우리나라의 승부근성 하면 이미 세계적이다. 몇 년 전 미국 GE의 핵심 임원 45명이 해외지역 교육의 일환으로 우리나라에 온 적이 있다. 이때 임원들이 가장 큰 관심을 가지고 배운 것이 바로 승부근성이었다고 한다. 그들에게 한국 사람이 가지고 있는 이기고야 말겠다는 악바리 같은 승부기질이 필요했던 게 틀림없다.

우리는 누구 할 것 없이 경쟁에 익숙해져 있다. 초등학교, 중학교, 고등학교, 대학교 모두 다른 학생과 성적으로 경쟁해왔다. 어떻게 하면 1등을 할 수 있을까가 주된 관심사이다. 직장에 들어와서도 알게 모르게 경쟁은 계속된다. 그렇기 때문에 승부근성 발휘의 기반은 든든하게 구축되어 있다고 볼 수 있다. 따라서 여기에 약간의 이기는 스킬만 가미된다면 그것은 금상첨화가 될 것이다.

이긴 뒤를 상상하라

승부근성을 키우려면 우선 승리를 항상 염원해야 한다. 이겼을 때 내게 주어질 혜택, 즉 부러움에 겨워 쳐다보는 주위 사람들의 시선, 보다 성장된 나의 능력, 풍성한 성취물, 가득 충전된 자신감 등을 상상하며 어떤 일을 하든 늘 승리를 염두에 두고 사는 것이다. 박태준 회장이 "무엇이든 첫째가 되자."라고 외쳐댄 것이나 포스코가 "이기는 것이 전부는 아니지만, 이기기를 원하는 것은 중요하다."는 말을 기업 비전으로 만들어 선포한 것 등은 직원들로 하여금 승리를 염원하게 만드는 데 톡톡한 기여하였으리라.

그리고 능력이 백중세를 보이는 막상막하인 사람끼리 경쟁을 해야 한다. 그것도 집단끼리가 아니라 일대일로 말이다. 그래야 강한 승부욕을 끄집어낼 수가 있다. 상대가 만만해서 압박감을 느끼지 못하면 잠재력을 끌어올릴 내적인 힘을 자극하지 못한다. 반대로 상대의 실력이 월등하면 포기하고 싶어진다. 그래서 진정한 승부욕은 막상막하의 상대를 만났을 때 생겨나는 것이다.

또한 승부에 적절한 내기를 도입하여야 한다. 누가 이기더라도 시합을 한다는 것 자체는 승부근성 함양에 도움이 되지만 친선을 도모한다는 미명하에 설렁설렁하는 시합은 승부욕을 키우는 데 아무런 도움이 되지 못한다. 계속 그러다가는 오히려 있던 승부욕마저 고갈시킬 수도 있다. 그러나 적당하게 내기를 하면 인간 본연의 승리 욕구가 작동하여 승부근성이 자극되게 된다. '뚝심의 승부사'로 잘 알려진 세계적인 골퍼 대런 클라크Darren Clarke는 승부근성이 몸에 배도록 어린 두 아들과 골프를 칠 때조차도 작지만 반드시 내기를 건다고 한다.

· Major Skill ·

● 승리 염원

● 막상막하인 상대와 경쟁

● 적절한 내기 도입

길고 짧은 것은
대봐야 안다

"최후의 승리는 출발선의 비약이 아니다. 결승점에 이르기까지의 인내와 노력이
다."
- 존 워너메이커(미국 최초의 백화점 설립자) -

그는 지독한 가난으로 대학을 갈 수 없어 등록금 없는 사관학교에 입학하였
다. 당초 원했던 해군사관학교는 시험에는 합격하였지만 나이가 많다는 이
유로 입교를 거절당하고 가까스로 육군사관학교에 들어갔다. 졸업 때는 164
명 동기 중 61등이었지만 이후 성실하게 근무하여 동기생 중에서 가장 빨리
소령을 달았다. 그러나 동기생들은 이미 대령 또는 별을 달고 있을 때 그는
18년간 소령에 머물러 초라하게 살아야 했다. 47세가 돼서야 가까스로 중령
을 달았지만 그는 그가 처한 상황에 굴하지 않고 인내심을 가지고 끈기 있
고 성실하게 근무하였다. 당시 육군참모총장이던 조지 마셜George C. Marshall
장군은 이를 눈여겨보다가 그를 발탁하였다. 이후 그에게는 행운이 몰려들

기 시작하였다. 1942년 한 해에 소장과 중장을 달았고, 다음 해인 1943년에 대장을, 그 다음 해인 1944년에 원수를, 1953년에는 급기야 대통령까지 되었다. 누구일까? 그는 바로 34대 미국대통령 드와이트 아이젠하워Dwight D. Eisenhower이다. 경쟁에서 이기는데 필요한 능력도 많지만 이중 인내심과 끈기가 얼마나 중요한지를 아이젠하워가 여실히 증명해주고 있다.

최후의 승자를 결정하는 요인

속전속결로 승부를 낼 수 있는 경쟁에서 비롯되는 성과는 대부분 소소하다. 반면에 큰 성과는 오래 걸리는 지구전에서 발생되는 경우가 많다. 이러한 지구전이 벌어졌을 때 승리를 담보하는 결정적인 정신역량이 바로 인내와 끈기이다. 그래서 경쟁을 이고 사는 사람들에게는 인내와 끈기가 더 없이 중요한 덕목이 되고 있는 것이다.

급여생활자인 직장인은 거의 대부분 지구전을 벌이는 사람들이다. 극히 일부의 선택받은 사람들을 제외하고는 10년, 20년의 장기전을 거쳐서 차장, 부장이 되고 임원이 된다. 그렇기 때문에 남보다 더 빠르고 높게 올라가기를 원하는 직장인에게 인내와 끈기는 필수적이다. 사실 한 직장 내에 있는 직장인들은 동일한 입사전형을 통과해서 들어온 실력이 비등비등한 사람들이기 때문에 무엇보다 인내, 끈기 같은 지구력이 승부를 결정짓는다 해도 과언이 아니다.

또 승부가 '연장전 골든골'에서, 또는 '9회 말 투 스트라이크 쓰리 볼' 상황에서 결정되는 경우가 있는 것을 보면 끝까지 버티게 해주는 동력인 지구력은 주요 능력임에 틀림없다. 이와 관련된 단적인 예를 2014년 지방선거가 보여주었다. 네 후보가 격돌하였는데 선거 10일 전의 이들에 대한 여론조사 지지율은 A 후보 25.6%, B 후보 16.4%, C 후보 9.0%, D 후보 6.6%였다. 이 정도 상황이라면 어차피 안 될 처지인 D 후보가 C 후보나 밀어주고 자신은 후보사퇴를 하지 않겠냐는 말도 나왔다. 그러나 그는 완주하였다. 그런데 뚜껑을 열어 보니 오히려 D 후보가 1등이었다. 이변의 이유야 어째든 D 후보가 인내심을 버린 채 중도 포기했더라면 이런 승리의 기쁨을 누릴 수 있었을까?

'잡초형 인재'를 좋아한다

최근 취업포털 잡코리아가 사원 수 100명 이상 기업 255개를 대상으로 어떤 신입사원 유형을 뽑고 싶은가를 조사한 결과, 여러 응답 중에서 '끈기 있는 잡초형 인재'가 18.4%로 성실성, 창의성, 순발력, 충성심 등을 제치고 가장 높게 나왔다. 지금 겉으로는 거창하게 들리는 창의력, 정보력, 혁신력 등을 모두들 외치고 있지만 속으로는 경쟁에서 끝까지 살아남아 선전할 수 있는 지구력이 있는 인재, 다시 말해 기본적인 정신역량에 충실한 인재를 우선적으로 선호하는 것이다. 이러한 현상은 중견직원, 간부직원의 경우라도 크게 달라지지 않는다.

인내와 끈기가 중요하다는 말은 명사들의 입에서도 여지없이

들린다. 세계은행의 수장인 김용 총재는 2013년 한국의 한 언론과의 인터뷰에서 성공의 세 가지 핵심요소는 열정Passion, 목표Purpose 그리고 끈기Persistence 라면서 이런 말을 했다. "사람의 지능은 평생 변하고 끈기는 노력 여하에 따라서 드라마틱하게 변한다. 세 가지 P 중에서 끈기가 어려우면서도 가장 가치 있는 것이다."

물론 개인이나 조직의 상황에 따라 끈기 있는 지구력이 요구될 때가 있고, 지구력보다는 그때그때의 상황을 잘 요리하며 민첩하게 대응할 수 있는 독특한 순발력이 더 요구될 때가 있다. 즉 멈추지 않는 활동력으로 중원을 누비며 공격의 기회를 만들어내는 '박지성의 능력'이 필요하기도 하고, 때로는 독창적인 움직임으로 순간순간 상대를 현혹하는 '박주영의 능력'이 필요한 것이다. 중요한 것은 지구력도 이기에 해주는 몇 안 되는 핵심역량 중의 하나라는 것이다.

2005년 총리가 된 후 지금까지 세 번씩이나 연임하면서 자상하고 다정한 '무티(Mutti-엄마) 리더십'을 발휘하여 독일로 하여금 유럽제국을 호령할 수 있게 만든 사람이 있다. 앙겔라 메르켈Angela Merkel 총리이다. '왕관을 쓰지 않은 여왕'이라 불릴 만큼 막강한 영향력을 가졌음에도 불구하고 그녀는 협상 테이블에서 상대에게 겁을 주는 경우가 거의 없다. 그 대신 끈기를 가지고 기다려 상대가 제풀에 지쳐 손을 들게 만든다. 그리하여 궁극적으로 상대를 이긴다.

『아웃라이어』, 『티핑포인트』 등의 베스트셀러로 유명한 말콤 그래이드웰Malcolm Gladwell이 성공을 위해 필요하다고 제시하는 1만

시간을 초과하는 인내심으로 결국 그 어려운 사법고시를 패스한 사람이 있다. 1997년 슈퍼모델 출신 이진영 씨다. 그녀는 2000년 도 서울 신림동 고시촌에서 장장 14년간이나 사법시험 준비를 해 온 끝에 2014년 비교적 늦은 나이인 38세로 '장원급제'를 했다. 만일 승리를 이끈 최우선적인 요인이 인내심이라고 한다면 이에 이의를 제기하는 사람이 있을까?

마음에 평형수를 채워라

이처럼 중요한 인내심과 끈기를 함양하기 위해서는 우선 '인내의 종착점은 곧 승리'라는 믿음을 강하게 가져야 한다. 어떤 일을 하든지 간에 지구력으로 일하는 사람이 중간중간의 '전투'에서는 모르겠지만 '전쟁'에서 실패하는 경우는 거의 없다. 나폴레옹 보나파르트Napoleon Bonaparte도 "최후의 승리는 인내하는 사람에게 돌아간다."라고 하였다. 결국 인내하기만 하면 십중팔구는 승리의 기쁨을 누릴 수 있다는 얘기다. 이러한 근거를 바탕으로 인내와 끈기의 위력을 믿을 때 비로소 인내심은 한층 고양되고 끈기는 더욱 강해지게 된다.

그리고 긴 레이스에 지쳐 중도 포기하고 싶어질 때마다 그것의 후폭풍을 심각하게 생각해야 한다. 도중에 포기하면 엄청난 '기회손실'이 발생될 수 있다. 이것은 애초부터 그 경쟁에 뛰어들지 않았더라면 그 대신 다른 일을 해서 큰 수익을 올릴 수도 있는데 그렇게 하지 못해 손해를 보게 된다는 것이다. 이뿐만이 아니다. 조직구성원일 경우에는 자신이 포기함으로써 조직의 대규모 프로젝트가 일거에 망가질 수도 있다. 그래서 언제나 파급 악영향을 염두에 두고 살아야 한다.

또한 흥분은 금물이다. 지나친 흥분은 평상심을 깨뜨려 지구력을 약화시키는 주범이다. 2014 브라질 월드컵에서는 브라질의 '삼바 축구'가 아니라 멕시코의 '끈기 축구'가 화제가 되었다. 멕시코 팀은 유독 오심에 시달렸다. 카메룬과의 개막전과 크로아티아와의 최종전에서 심판은 상대팀의 핸들링은 눈감아주는 반면, 멕시코에게 오프사이드를 남발하고 페널티킥 기회까지도 날려버렸다. 다혈질의 남미 선수 특성상 한바탕 난리법석이 났을 상황이었는데도 멕시코 팀은 흥분을 최대한 자제하였다. 흥분을 이용하려 했던 상대팀이 오히려 안달하였다. 결국 멕시코는 조별 리그를 통과하고 본선 진출에 성공하였다. 참고 흥분하지 않은 덕분에 끈기를 유지할 수 있었고 결국 승리할 수 있었던 것이다.

· Major Skill ·

● 최후 승리에 대한 강한 신뢰
● 중도 포기 뒤의 후폭풍 인식
● 흥분 억제

인생 최고의 경쟁력

"승리할 것이라고 생각하면 승리할 수 있다. 자신감이야말로 승리의 조건이다."

- 헤이즐리 J. 크로포드(트리니다드 토바고의 올림픽 육상 금메달리스트) -

제너럴 일렉트릭GE을 이끌던 2002년 4월, 잭 웰치Jack Welch는 모나코의 몬테카를로 글로벌 경영포럼에서 전 세계 40여 개국의 400여 기업 임원들을 대상으로 한 강연에서 다음과 같은 말을 한다. "적당한 자신감이야말로 승리의 가장 중요한 기준이다. 자신감 있는 사람들은 모든 아이디어와 변화에 개방적인 태도를 가지고 있고, 자신의 의견에 도전받는 것을 두려워하지 않는다. 그들은 아이디어를 더욱 풍성하게 만드는 지적인 싸움을 즐긴다. 바로 그러한 사람들이 개방적이면서 끊임없이 뭔가를 배우는 조직문화를 만들어낸다." 자신감이 얼마나 중요한가를 전 세계 기업 지도자들에게 역설한 것이다. 그는 1981년 GE의 최연소 회장에 올라 취임 당시 130억 달러였던 회사 시가총액을 20년 만에 무려 37배가 넘는 4,500억 달러 규모로 변모시켰다. 회장 취임 후 5년 동안 10만 명을 해고하여 '중성자탄 잭'이란 악명도 얻었지만 살벌한 구조조정을 견뎌낸 GE의 31만 직원들은 그가 심어준 자신감을 발휘하며 오늘날 번영의 과실을 만끽하고 있다.

자신감은 젊게 하고 두려움은 늙게 한다

자신감Self-efficacy이란 어떤 일이라도 충분히 잘해낼 수 있다는 자기 자신에 대한 확신을 뜻한다. 자신감은 자신을 존귀하게 여기는 자아존중감, 자신이 능력이 있다고 믿게 하는 자아효능감, 우월감을 느끼는 자긍심 등 세 가지가 그것을 구성하는 핵심요소인데, 이 세 가지가 균형 있게 작동하게 되면 자신감은 비로소 극대화된다.

자신감은 사람의 마인드와 행동을 바꾸어 어려움에 봉착했을 때 이를 쉽게 극복할 수 있게 해주고, 하는 일을 효과적으로 수행할 수 있는 동력을 제공해준다. 아울러 경쟁의 장場에서는 승리로 안내해주는 핵심적인 정신역량으로 작용한다. 자신감이 있으면 마음이 용수철처럼 살아있겠지만, 만일 없다면 마음이 쪼그라져서 두더지가 쌓아 올린 흙더미조차도 태산처럼 보이게 된다. 그래서 자신감은 오늘날 승리 욕구에 불타는 사람들의 승리를 위해 더없이 필요한 무기인 것이다.

모 대학교에서 교수들이 자신감의 위력을 확인해보기 위해서 학생을 대상으로 이런 실험하였다. 한 교수는 첫 수업 시작 전에

"내 강의는 세계 최고의 강의이니 잘 들으세요." 하며 자신을 자신만만하게 소개하였다. 또 다른 교수는 "아는 것이 별로 없어서 도움이 될지 모르겠다. 아무튼 잘 부탁한다."라며 자신을 아주 겸손하게 소개하였다. 결과는 자신만만했던 교수에 대한 존경심이 겸손했던 교수보다 더 높았고, 시험 성적도 양호하게 나왔다. 이것이 자신감의 지닌 파워이다.

2차 세계대전과 한국전의 영웅 더글러스 맥아더Douglas MacArthur 장군은 육군사관학교에서 생도들에게 "자신감만큼 젊어집니다. 여러분의 심장에는 기록실이 있습니다. 그 방이 자신감을 가지고 희망, 격려, 용기의 메시지를 받아들이는 한 여러분은 젊습니다."라는 말을 남겼다. 마이크로 소프트MS 창업자 빌 게이츠도 자신감을 예찬한다. "나는 매일 나에게 두 가지 말을 반복한다. 그 하나는 '왠지 오늘은 나에게 큰 행운이 생길 것 같다'이고, 다른 하나는 '나는 무엇이든 할 수 있다'라는 것입니다." 이 말은 세계 제일의 부자가 된 비결을 묻는 한 기자의 질문에 그가 답한 말이다.

한국이 낳은 세계적인 소프라노 조수미는 언제 보아도 연약한 여성의 이미지를 보인다. 그러나 무대 위에서 폭발하는 그녀의 카리스마는 청중을 압도하고도 남는다. 그녀는 평소 "절대 약한 모습을 보이지 말자. 항상 도도하고 자신만만하자."라는 말을 수첩에 적어 놓고 이를 실천했다고 한다. 그녀 역시 자신감에서 승리의 답을 찾고 있는 것이다.

개발도상국 콤플렉스

이렇게 경쟁승리의 열쇠를 자신감이 쥐고 있는 상황인데 적지 않은 직장인들이 해보기도 전에 실패할지 모른다는 두려움 때문에 승리를 위해 일전을 벌여야 할 때에 움츠리고 살아간다. 특히 우리나라 사람들이 가지고 있는 '개발도상국 콤플렉스'도 자신감을 억제하는 한 요인으로 작용하고 있다. 2012년에 미국의 외교 전문지 포린폴리시는 '한국은 이미 신흥강국이 아닌 선진국 대열에 합류했고, 향후 5년 내 1인당 소득(구매력 평가기준)이 일본을 넘어설 것'이라고 전망했다. 그리고 우리나라는 세계 7개국밖에 없는 '20-50 클럽국가(1인당 소득 2만 달러와 인구 5,000만 명을 동시에 충족하는 국가)'가 된 지도 오래다. 6개국뿐인 '30-50 클럽국가' 진입도 임박했다. 짧은 산업화의 역사에 비추어볼 때 우리나라는 참으로 대단한 나라임에 틀림없다. 그런데도 상당수의 사람들은 이 콤플렉스에 걸려서 자신감을 발휘하지 못하고 있는 것이다.

그러나 자신감을 가지고 있는 사람은 반드시 이길 수 있을 것이라는 확신을 가지고 자신의 모든 에너지를 승부에 집중한다. 그리고 자신감이 고갈되지 않도록 충전을 위한 노력을 지속한다. 이런 상황에서 누구의 팔이 먼저 올라갈 것인가는 보나 안 보나 뻔하다

물론 자신감이 언제나 승리의 에너지원이 되는 것은 아니다. 비즈니스 심리학 분야의 세계적인 권위자인 토머스 샤모로-프레무직 런던대학교 교수는 "자신감이 높은 사람은 현실을 왜곡해서 보기 때문에 자신에게 없는 능력이 있다고 믿는 '능력 환상'에 빠질 수 있다."라며 지나친 자신감의 위험성을 경고한다. 과유불급이

란 말이 자신감이라 해서 예외가 아님을 말해주고 있는 것이다.

승리감을 축적하라

자신감을 얻기 위해서는 우선 승리감을 반복적으로 맛보아야 한다. 미국 하버드대학교 경영대학원의 로자베스 모스 캔터 Rosabeth Moss Kenter 교수는 그의 저서 『자신감』에서 "실패와 성공은 성향이고 방향이며 경로이다. 자신감은 연승 중에 굳어지며 승리의 전통을 만든다."라고 하였다. 이 말은 한번 승리를 하게 되면 자신감이 생겨서 또 다른 더 큰 승리가 만들어진다는 것이다. 그래서 소소한 것이라도 상관없으니 일상에서 자주 승리감을 맛보아야 한다. 이때는 가능한 이길 수 있는 분야나 경쟁자를 선정하고 승부를 걸어야 한다. 자신의 주력이 아닌 분야나 버거운 상대를 경쟁자로 삼았다가 반복해서 지는 날이면 있는 자신감 축적은커녕 있던 자신감마저 날려버릴 수가 있기 때문이다.

그리고 자신의 강점을 알아야 한다. 자신감이 부족한 사람은 자신의 강점을 확신하지 못하기 때문이다. 어느 날 얼굴의 부위들이 자기 자랑을 하던 중 눈, 코, 입이 동시에 눈썹을 쳐다보면서 한마디 하였다. "야, 넌 뭐하냐? 하는 일도 없이 그 위에 붙어있고 말이야!" 그러자 눈썹 왈, "야, 그런 소리 하지 마라. 내가 만일 아래에 붙어있다고 생각해봐라. 얼굴 꼴이 뭐가 되겠냐?" 굼벵이도 기는 재주가 있는 것처럼 차별화된 강점은 누구에게나 있게 마련이다. 평소에 차별화된 자신만의 강점을 알고 있으면 위의 눈썹처럼 자신감을 얼마든지 느낄 수 있다.

또한 자신의 능력을 늘 긍정적으로 암시해야 한다. 영국의 정신 분석학자 존 하트필드John Hatfield는 악력계를 사용해서 암시가 완력에 미치는 영향을 세 사람을 통해서 실험해 보았다. 보통 상태에서 세게 쥐었을 때 그들의 평균 악력은 101파운드였는데 '당신은 강하다'는 암시를 준 후 재어 보았더니 평균 악력이 무려 142파운드에 달했다. 이것이 바로 암시의 힘이다. 만일 타인이 아니라 자신이 직접 암시를 했다면 이보다 훨씬 더 큰 악력이 나왔을 것이다. "경기장에 나설 때마다 내가 이 경기장에서 최고의 선수라고 다짐한다. 자신감을 가지기 위해 어떤 스타 선수보다 내가 뛰어나다고 스스로 암시를 건다."라고 한 영국 프리미어리그를 누볐던 '산소 탱크' 박지성 선수의 말이 기억난다.

· **Major Skill** ·

● 승리감 축적

● 자신의 강점 인지

● 자신의 능력에 대한 긍정적 암시

다소곳이 대들어라

"나는 항상 10등인 것처럼 행동한다. 내가 넘버원이 될 수 있는 이유는 바로 거기에 있다. 1등이라고 생각하는 순간 이미 10등이 되어버릴지 모르는 일이다."

- 오프라 윈프리(미국의 방송인) -

1860년대에 프랑스는 유럽의 최강국이었다. 1851년 쿠데타를 통해 집권한 황제 나폴레옹 3세는 능력과 식견이 턱없이 부족하고 강압적이었지만 운은 따랐다. 국내 정치는 안정되고 산업은 발전을 거듭하였다. 경쟁국과의 전쟁에서 연전연승을 거두었다. 이러한 가운데 프랑스에는 자만과 오만이 독버섯 자라듯 소리 없이 싹트고 있었다. 이럴 즈음 지금의 독일인 이웃나라 프로이센에서는 오토 폰 비스마르크Otto von Bismarck 총리, 헬무트 폰 몰트케Helmuth von Moltke 장군 등 걸출한 리더들이 등장했다. 그리고 군을 강력하게 재정비하고 프랑스와 일전을 벌일 때만 기다리고 있었다. 때마침 프랑스는 사소한 일을 빌미로 하여 선전포고를 날렸다. 그런데 당시 프랑스는 주변국의 동향을 전혀 모른 채 자만심만이 최고조에 달한 상황에서 전쟁을 선포한 것이었다. 이렇게 프랑스가 우쭐대고 있을 때 프로이센의 40만 대군은 질풍노도와 같이 프랑스로 달려 들어갔다. 프랑스는 격렬하게 항전하였지만 결국 개전 45일 만에 프로이센에게 무릎을 꿇었다. 이 전쟁으로 인하여 프랑스는 유럽 대륙의 주도권을 독일에게 넘겨주었고, 오늘날까지도 독일의 벽을 넘지 못하고 있다. 이것은 자만이 불러온 패배가 얼마나 뼈아픈가를 일깨워주는 대표적인 사례가 아닐 수 없다.

나의 빈틈을 노리는 적의 칼

인간은 속성상 승리 욕구가 강한 만큼이나 승리에 도취되거나 그 승리를 만든 자신의 힘을 과신하여 자만에 빠지기 쉬운 동물이다. 특히 자기중심적 사고가 지나치고 우월의식이 강한 사람일수록 교만해지거나 자만에 빠지기 쉽다. 그래서 별거 아닌 일이 성사돼도 거드름을 떨면서 무용담을 장황하게 늘어놓는다. 그런데 문제는 한 경쟁의 승리에서 만들어진 자신감이 지나쳐서 자만으로 변질되게 되면 또 다른 경쟁에서의 패배 가능성은 매우 높아진다는 것이다.

자만하지 않고 자신의 실력에 늘 겸손해야 할 이유가 적지 않다. 자만하게 되면 현실을 필연적으로 왜곡해서 보게 되는데, 이것은 자만을 경계해야 하는 중요한 이유 중의 하나이다. 내 실력의 좌표를 똑바로 알고 주변 돌아가는 상황을 정확하게 알아야 이기는 경쟁을 벌일 수 있을 것이다. 그런데 만일 자신을 과대평가한 상태에서 싸움을 벌인다면 과연 승산이 있을까? 비즈니스 심리학의 권위자인 영국 런던대학교의 토머스 샤모로−프레무직 교수는 높은 자신감이 아니라 '소박한 자신감'을 유지하라고 주문한다. 자신감이 높으면 없는 능력을 있다고 믿는 '능력 환상'에 빠질 수 있기 때문이라는 것이다.

경쟁 상황에서는 자만이 문제야기의 차원을 넘어 위기를 초래할 수 있다는 점이 자만을 조심해야 할 또 다른 이유이다. 문제는 보통의 노력으로도 대부분 해결이 가능하지만 위기는 그렇지 않다. 위기는 치명성을 가지고 있다. 일단 경쟁 국면에 들어서면 누구나 상대를 물리치기 위해 능력을 최고도로 끌어올리게 되는데, 이때 자만하면 상대의 한 방으로도 나가떨어질 수가 있다.

삼성전자는 1993년 독일 프랑크푸르트에서 주요 경영진 불러놓고 신경영을 선언하였다. 이 자리에서 이건희 회장은 "마누라와 자식 빼놓고는 다 바꾸자."라는 당부를 한다. 그 후 삼성전자가 세계 전자업계의 정점에 다다랐을 즈음인 2013년, 신경영 선언 20주년 기념식에서 그는 다시 이런 말을 하였다. "개인과 조직, 기업을 둘러싼 모든 벽이 사라지고 발상 하나로 세상이 바뀌는 시대가 됐다. 앞으로 우리는 1등의 위기, 자만의 위기와 힘겨운 싸움을 해야 한다." 공든 탑을 무너뜨리지 않으려면 겸손하라는 얘기였다.

경쟁자 중 패자, 특히 나에게 패한 패자는 나와의 재기전에서 만회하기 위해 와신상담하며 비장의 무기를 준비한다. 이 비장의 무기는 자만으로 벌어진 틈을 호시탐탐 노린다. 그러니 이러한 상황에서 승리의 샴페인 잔을 마냥 들고 있을 수 있겠는가?

'무적함대'도 교만하면 적이 있다

사회에서나 직장에서나 연전연승을 거두는 사람에게는 분명 다른 점이 있다. 이들에게서 발견되는 특별한 공통점은 바로 자신의 실력을 과신하지 않는다는 점이다. 지금의 실력이 결코 영원할 수 없다는 점을 잘 알기 때문이다.

이런 얘기가 있다. 세 여행자가 아침에 집을 나서는데 한 명은 우산을, 한 명은 지팡이를 챙겼는데 다른 한 명은 아무것도 챙기지 않았다. 그런데 저녁에 돌아와서 보니 우산과 지팡이를 준비해 간 두 사람은 오히려 비에 흠뻑 젖거나 다리를 다쳤는데, 아무것도 준비 안 한 사람은 무사했다. 의아해서 아무렇지도 않은 이에게 그 이유를 물어보니 그는 이렇게 대답했다. "나는 비가 올 때 비를 피해서 걸었고, 위험한 길에서는 조심해서 걸었다. 그랬더니 아무렇지도 않았다. 당신들이 무사치 못한 것은 필경 당신들이 가진 것을 과신했기 때문일 것이다." 자만하지 않은 세 번째 사람의 경고가 정말이지 실감난다.

자만을 경계한 채 꾸준히 실력을 키우며 승전 가도를 달리고 있는 기업인 중에 빼놓을 수 없는 사람이 있다. 매출액으로는 현재 중국 민영기업 중 1위를 달리는 레노버그룹의 창업자이자 '중국의 빌 게이츠'라고 불리는 류촨즈柳傳志이다. 그는 성실과 겸손의 상징적인 인물로 평가받고 있다. 우리말의 '뛰는 놈 위에 나는 놈 있다.'와 다를 바 없는 중국 속담인 '천외유천天外有天'이란 단어를 그는 가슴속에 새기고 다니는데, 이는 사람에게는 자만의 DNA가 늘 흐르고 있다는 것을 전제하고 자만치 않도록 스스로를 일깨우기 위함이라고 한다.

2014년 브라질 월드컵은 자만이 얼마나 어처구니없는 사건을 일으킬 수 있는지를 깨닫게 해주었다. 스페인 축구가 브라질과 더불어 세계 최강이라는 것은 누구라도 잘 안다. 2008 유럽축구 선수권대회, 2010 남아공 월드컵, 2012 유로컵 우승이 이를 말해준다. 이런 '무적함대' 스페인이 예선에서 탈락하는 이변이 발생하였다. 전문가들은 이변의 원인으로 스페인이 정교한 패스플레이가 기반이 되는 '티키타카 전법'으로 그간 승승장구했는데, 이 전법은 자기네들만이 최고라는 자만심에 빠져 이를 봉쇄할 수 있는 경쟁 팀의 전략 파악에 소홀한 점을 들었다. 자만이 '영원한 우승후보'를 몰락시킨 것이었다.

이러한 사례들을 보았을 때 '천상천하 유아독존'의 신 같은 존재라면 모르겠지만 평범한 사람들이 어렵게 이룩한 승리의 기쁨을 오랫동안 누리기 위해서는 역시 항상 자신의 실력에 겸손하고 자만을 멀리해야한다는 사실이 너무나도 당연해진다. 그러나 겸손할 거리도 없는 사람이 겸손을 떤다면 그것은 우스운 일일 수밖에 없을 것이다. 실력 있는 자만이 겸손할 자격을 가지게 된다는 냉엄한 현실을 알아야 한다.

늘 실력의 현주소를 확인해라

자만에 빠지는 것을 방지하기 위해서는 우선 자신이 가지고 있는 능력 중 최신 가용可用능력의 현주소를 늘 파악하고 있어야 한다. 작금의 상황은 급변하기 때문에 어떤 능력이든 간에 최신이기 어렵다. 그래서 능력을 제대로 알지 못하면 현재 상황에 대응할 수 없는 철 지난 능력을 가지고 포만감을 느끼거나 자만에 빠질 수가 있다. 그러나 능력의 실상을 정확히 알면 부족한 능력을 채우려 노력하는 과정을 통해서 자만을 최소화시킬 수가 있다.

그리고 들려오는 평판에 귀를 기울여야 한다. 내가 나의 실력을 객관적으로 평가하기란 쉽지 않다. 사람들은 속성상 보통 자신의 실력을 과대평가하기 때문이다. 그래서 남이 내리는 나의 실력에 대한 객관적인 평가인 평판을 주시해야 하는 것이다. 이것을 소홀히 하면 실력도 없는데 겸손을 떨게 되는 웃지 못할 촌극이 벌어질 수도 있다.

또한 자신의 능력에 대한 전략적인 겸손도 필요하다. 직접적인 경쟁 상대끼리는 대응책을 마련하기 위해서 늘 상대의 일거수일투족을 주시한다. 이때 상대의 전력이 약하다고 판단하면 역逆으로 상대가 자만하지만, 반대로 강하다고 판단하면 경계를 강화하고 호시탐탐 상대를 노린다. 이런 빌미를 주면 자칫 연약한 상대에게까지 패하는 불상사가 일어날 수 있다. 그래서 자신의 오리지널 파워를 슬쩍 감추어놓는 전략적인 겸손이 필요한 것이다.

· Major Skill ·

● 능력의 현주소에 대한 지속적인 파악

● 자신에 대한 평판 주시

● 전략적 겸손 유지

패배는 승리를 구축構築한다

"인생은 패배했을 때 끝나는 것이 아니라 포기했을 때 끝나는 것이다."

- 리처드 닉슨(미국의 37대 대통령) -

수영을 처음 시작한 다섯 살 때 그는 천식 환자였다. 천식을 고치고자 시작한 수영이었지만 소년 체전에서 뛰어난 실력을 펼쳐 중학교 3학년 때 2004년 아테네 올림픽에 최연소 국가대표에 발탁된다. 열다섯의 나이에는 무리가 있었는지 출발 전의 숨 막히는 중압감을 이겨내지 못하고 예령소리에 그만 물속으로 빨려 들어갔다. 죽어라 준비했지만 실격되면서 그의 메달을 향한 꿈은 물소리와 함께 사라졌다. 그는 좌절의 슬픔으로 경기 후 화장실에서 남몰래 2시간 동안을 울었다. 그러나 그 후부터는 그는 좌절을 잊고 '아테네의 복수'만을 생각하였다. 이 무서운 10대는 보통 성인 수영선수들의 하루 연습 상한선이 4시간 반을 넘어서 6시간 반을 연습하였고, 하루 수영

거리가 무려 2만 미터가 넘었다. 이러기를 2년, 마침내 승리의 여신은 그를 불렀다. 2006년 범태평양 수영대회에서 한국인 최초의 세계대회 메달인 금메달 2개를 획득해 한국 수영사를 새로 썼고, 2007년 세계수영선수권 자유형 400m에서 아시아수영사상 최초로 금메달을 차지하였고, 드디어 2008년 베이징 올림픽 자유형 400m에서 한국 올림픽 수영 사상 최초로 금메달을 목에 걸었다. 4년 전 아테네에서의 좌절을 딛고 일어나 화려한 승리를 거머쥔 것이다. 허무하게 맛본 좌절에 굴하지 않고 1등을 그리며 치열하게 달린 값진 결과였다. 지금도 세계 랭킹 1위를 향한 그의 질주는 계속되고 있다. 그는 바로 한국이 낳은 세계적인 수영선수 '마린보이' 박태환이다.

승부는 코너링에서 갈린다

경쟁이 끝난 후 간혹 찾아오는 불청객이 있다. 그것은 바로 패배, 실패, 기대 미달 등으로 인한 좌절감이다. 좌절감은 재도전의 의지를 약화시켜 패자부활을 어렵게 만들고 나아가서는 재기불능 상태로까지 몰고 간다. 왜냐하면 좌절감은 승리감보다 훨씬 오랫동안 몸 안에 머무는 특성을 가지고 있기 때문이다.

그러나 좌절감을 떨쳐버리는 과정에서 만들어지는 좌절극복 DNA는 다음 경쟁을 우승으로 안내해주는 최상급의 보약이 될 수 있다. 이때의 투지에는 그전의 패배에서 만들어진 '이기지 못하면 내가 죽는다'는 사생결단의 의지가 포함되기 때문이다. 그래서 좌절이 제대로만 극복된다면 좌절감을 느끼게 해주는 고난 상황은 더없이 유익하다.

미국 하버드대학교에서 72년에 걸쳐 실시한 성인의 성장에 관한 세계 최장기 종단 연구 결과가 이를 단적으로 증명해주고 있다. 이 연구는 하버드대학교 학생, 서민 남성, 재능이 뛰어난 여성 등을 대상으로 하였다. 그 결과 '행복이란 사람의 힘으로 통제 가능한 7가지 변수를 50대 이전에 얼마나 갖추느냐에 달렸다'라는 결론이 제시되었다. 그중의 첫 번째 변수가 바로 고난에 대처하는 자세였다. 다시 말해 좌절 상황을 슬기롭게 빠져나올 수 있게 해주는 개인의 좌절 극복능력이 성과 창출과 경쟁에서의 승리를 통해 행복을 가장 크게 담보해준다는 것이다. 그렇기 때문에 입사 동기는 특진으로 저만큼 앞서가는 상황에서의 진급 탈락, C와 D로 깔리는 인사고과, 경쟁사의 공략으로 인한 안방시장의 붕괴 등 처절한 고난과 좌절 경험을 통해 좌절 극복능력을 키우지 않고 편안한 여건하에서 연전연승하기를 바라는 것은 어불성설이다.

달리기나 스케이팅 경주를 보자. 평탄한 직선에서 승부가 갈리는 경우는 거의 없다. 승부는 대부분 어려운 국면인 코너링에서 결판난다. 인생도 마찬가지이다. 어려운 국면을 슬기롭게 대처할 수 있는 능력을 가진 자에게 승리의 여신은 미소 짓게 마련이다. 최상급의 승리는 바로 어려움을 겪는 과정에서 만들어지는 것이다. 1900년대 미국 메이저 리그의 전설적인 투수 크리스티 매튜슨Christy Mathewson은 "승리하면 조금 배울 수 있고 패배하면 모든 것을 배울 수 있다."라는 말로, 전前 영국 수상 윈스턴 처칠Winston Churchill은 "위험에 부딪혔을 때 절대로 도망치지 마라. 그러면 오히려 위험은 두 배로 늘어난다. 그러나 결연히 맞서면 위험은 절반으로 줄어든다.”라는 말로 승리를 원한다면 고난을 통해서 자신을 단련하라고 주문한 바 있다.

연전연승의 원천

미국 조지메이슨 대학교의 정유선 교수는 뇌성마비로 인한 극심한 언어, 지체장애를 당당히 극복하고 한국인으로서는 최초로 미국의 교수 반열에 올라있는 사람이다. 그것도 모자라 2012년에는 학생들이 추천하고 교수들이 최종심사하는 ‘최고 교수상’까지 받았다. 영국 케임브리지대학교의 석좌교수인 스티븐 호킹Stephen Hawking 박사처럼 보조기구를 이용해야만 비로소 강의할 수 있지만 지금 그녀는 즐겁게 일하고 있다. 좌절을 극복하고 우뚝 선 인간 승리의 표상이라 아니할 수 없다.

이러한 사람이 있는 반면에 당장의 편안함만을 추구하며 살아가는 사람들도 의외로 많다. 특히 직장이라는 보호벽 안에서 살아가는 직장인들에게서 이러한 경향이 좀 더 뚜렷하게 나타난다. 이들은 2,200년 제국의 로마가 영고성쇠榮枯盛衰 없이 하루아침에 이루어지지 않았다는 사실, 이순신 장군이 전라좌수사가 되어 세계 해전사에 찬란하게 빛나는 23전 23승을 거두기 이전에 원균의 모략으로 14년간을 변방에서 말단으로 떠돌았다는 사실, 그리고 IT계의 전설 스티브 잡스가 성공 이전에 회사에서의 해고, 가난한 집으로의 입양, 굶주림 등의 고난으로 점철되었던 시절이 있었다는 사실을 모르는 사람들임에 틀림없다.

물론 좌절 경험은 괴로운 일이다. 옆의 동료가 진급으로 또는 목표달성으로 환호할 때 나는 그렇지 못하다면 여기서 느끼는 상대적 박탈감은 견디기 힘든 고통이다. 그러나 다행인 것은 이러한 고통들이 승리역량을 키워주는 산삼 같은 보약이 될 수 있다는 사실이다. 만일 힘들다고 주저앉는다면 승리를 기대하며 그간 불철주야 달려왔던 여정은 승리를 맞이하지 못한 채 허무하게 멈춰질 수밖에 없다.

그렇지만 그 순간을 잘만 극복하면 이후의 연전연승을 보장해줄 수 있는 양질의 좌절 극복 역량이 만들어질 것은 자명하다. '로봇의 레오나르도 다빈치'로 불리는 미국 UCLA 대학교 기계항공공학과의 홍원서 교수도 "실패한 뒤 포기하면 끝이지만 실패를 분석하고 배우면 성공으로 올라가는 계단이 된다."라며 이기고 싶으면 포기하지 말고 극복하라고 강조한다.

'이 또한 지나가리라'를 되뇌어라

좌절극복능력을 키우기 위해서는 우선 고난을 긍정적으로 수용하여야 한다. 치열하게 경쟁이 펼쳐지고 다양한 사건들로 점철되는 오늘날의 상황에서 패배는 '병가의 상사'라고 생각하고, 패배를 최후 승리를 위한 든든한 디딤돌로 생각하는 것이다. 1만 번의 실패 끝에 겨우 한 번 성공한 에디슨은 이런 말을 남겼다. "나는 1만 번 실패한 게 아니라 전구가 작동하지 않는 1만 가지의 방법을 알아냈을 뿐이다." 무엇이 그를 역사적인 인물로 만들었는지를 알 수 있을 것이다. 그러나 합리적인 낙관주의가 아닌 근거 없는 낙관주의에 젖는 일은 금물이다. 이것은 좌절에 빠지면 극복하게 만들기는커녕 더 빠지게 만들 뿐이다.

그리고 고난을 자기 동기부여의 원천으로 이용해야 한다. 고난이 닥치면 그것을 역으로 이용할 방법은 없는지 모색하고, 고난을 겪고 나면 반드시 그것이 주는 교훈점을 찾아내는 것이다. 강풍이 몰아치면 보통의 새들은 그것을 피하려고 하지만 독수리는 날갯짓을 멈추고 오히려 강풍을 이용하여 더 높이 하늘을 난다고 한다. 마찬가지로 잘나가는 사람들은 실패를 겪고 나면 그 실패 속에서 깨달은 교훈으로 실패의 반복을 차단하고, 나아가서 더 큰 승리까지 거머쥔다.

또한 역전에 대한 믿음을 공고히 해야 한다. 초패왕 항우는 사방에서 고향 노래가 들려오는 사면초가四面楚歌의 상황에 놓이자 유방에게 포위된 줄 알고 자결하여 결국 천하를 유방에게 넘겨주었다. 이에 당나라 시인 두목杜牧은 제오강정題烏江亭이라는 시에서 굴하지 않고 나아갔으면捲土重來 최후의 승자가 되었을 항우의 섣부른 자결을 한탄하였다. 영원한 패배는 없는 것이고 기회는 얼마든지 있다. 이것을 믿느냐 안 믿느냐에 따라 승부는 갈리게 되어 있는 것이다.

· Major Skill ·

- 고난에 대한 긍정적 수용
- 고난을 자기동기부여의 원천으로 활용
- 역전逆戰에 대한 강한 믿음

'**Gloval Only One**'을 향하여

미국의 경제전문지 포브스가 선정한 '세계에서 가장 영향력 있는 여성' 7위

(2010년), '세계에서 가장 영향력 있는 뮤지션' 1위(2013년)에 오른 바 있는 가

수 레이디 가가Lady Gaga, 그녀는 2012년 뉴질랜드의 수도 오클랜드에서 열

린 ㄹㅇ더 본 디스 웨이 볼' 공연 도중 뇌진탕을 입는 사고를 당했다. 여자

백댄서가 그녀의 머리 위에 금속봉을 떨어뜨린 것이다. 그러나 순간 당황은

하였지만 잠시 머리를 문지른 뒤 공연을 이어갔다. "끝까지 여러분과 함께

하겠다."라고 말한 뒤 남은 16곡을 모두 부르며 공연을 차질 없이 마무리했

다. 공연 직후 그녀는 곧바로 병원에 실려 갔다. 같은 해 10월 이와 유사한

일이 공연 중 또 일어났다. 스페인 바르셀로나의 한 공연장에서 공연 도중

세 번이나 구토를 했지만 그녀의 노래와 춤은 멈추지 않고 이어졌고, 결국 아무 차질 없이 공연을 끝냈다. 공연을 마친 후 그녀의 트위터에는 "스페인, 오늘 참 힘들었다. 난 오늘밤을 결코 잊지 못할 것이다. 영원히 사랑해 바로셀로나."라는 글이 올라와 있었다. 뇌진탕, 계속되는 구토 등은 공연을 더 이상 할 수 없게 만드는 결정적인 장애물임에 틀림없다. 그러나 가가의 투혼에 넘치는 프로의식 앞에서는 이것들의 방해가 통하지 않았다.

책임의식 위에서 피어나는 최고도의 전문성

프로의식은 자신의 일을 불타는 열정과 강한 책임감, 그리고 고도의 전문성을 가지고 수행하여 일의 성과를 극대화시키고, 그 성과를 통하여 자신에게는 물론 상대 또는 불특정 다수에게 이익을 안겨주는 정신적 특성과 태도이다. 프로의식은 경쟁을 성공적으로 이끄는 데 필요한 여러 가지 정신적인 역량들 중에서 타인의 이익에 가장 크게 관심을 가지는 정신역량이기도 하다.

프로의식은 자신을 어떤 일이라도 책임지고 최선을 다하는 사람으로 주변인들에게 인식시켜주어 그들로부터 신뢰를 받게 만들어준다. 여기에 전문성까지 더해지면 신뢰의 정도는 배가된다. 레이디 가가가 뇌진탕에 걸려가면서까지 공연을 이어갔을 때 이를 지켜보던 관객들은 어떤 반응을 보였을까? 누구도 흉내 낼 수 없는 그녀만의 열정과 투철한 책임감에 손을 흔들고 발을 구르며 열광했을 관객이 눈에 선하다.

그리고 프로의식은 사회적 배려와도 직결된다. 프로의식이 높은 사람들은 타인의 이익이 훼손되지 않도록 보살펴주는 것은 물론 나아가 이익을 만들어주는 데도 적극적이다. 결국 프로의식은 타인으로부터 신뢰를 넘어 존경까지 받게 만들어준다. "팬들이 감동을 받는 플레이를 해야 한다. 나는 운동장에 오면 어떤 플레이를 하면 팬들의 심금을 울릴까만 생각했다." '야구 신동'으로 불리던 이종범 선수가 2012년 은퇴식을 하면서 기자들의 인터뷰에서 한 말이다. 자신의 팬이든 아니든 그것과는 상관없이 관중에 대해 깊이 배려하는 그의 말에서 한 시대를 풍미한 프로선수로서의 프로의식이 물씬 묻어난다.

프로의식 안에 포함된 책임의식, 전문성, 배려정신 등에 의해 얻어진 타인의 신뢰와 존경심이 일에 대한 자신의 열정과 성취 욕구와 만날 때 비로소 프로의식의 위력은 절정에 다다르게 된다. 그토록 원했던 우승, 진급, 높은 연봉, 협상 승리 등 개인의 정신적, 물질적 성과 창출이 최고도로 이루어지게 되는 것이다. 프로의식의 위력이 이러한데도 승리를 갈구하는 사람들이 프로의식 함양을 소홀히 할 수 있을까?

너도 살고 나도 살자

그래서 그런지 지금 직장에는 프로의식으로 단단히 무장된 프로들이 적지 않다. 이들이 하는 생각과 행동, 그리고 이들이 만드는 성과의 질과 양은 다른 사람과는 분명 다르다. 이들은 남들이 책임을 회피할 때 과감히 책임을 지고, 남들이 불을 쬐고 있을 때

불을 지피고, 남들이 하루를 24시간으로 쓸 때 25시간 이상을 쓰고, 남들은 말로만 할 때 행동으로 보여주고, 남들은 너 죽고 나 죽자고 할 때 너도 살고 나도 살자 하고, 남들은 놀 줄을 모를 때 최고로 놀고, 남들은 'One of Them'에 머무를 때 'Only One'을 지향한다. 필자의 회사에서 수억 원의 연봉을 매년 거머쥐고 있는 한 '영업 달인'의 말을 들어보자. "화장실 가는 시간이 아까워 물을 적게 마시고 중요한 '볼일'은 회사 출근 전 집에서 본다. 주중엔 술을 마시지 않고, 다음날 컨디션이 나빠질까봐 반드시 밤 11시 이전에는 잠자리에 든다."

반면에 대부분의 업무목표가 조직으로부터 부여받은 목표일 뿐 자신이 독자적으로 세운 목표는 없고, 온종일 휴대전화를 손에 달고 있다 보니 실제로 일하는 시간은 남들의 반밖에 안 되고, 퇴근 시간도 되기 전에 약속 잡느라 분주한 직장인들이 적지 않다. 아마추어리즘에 푹 빠져있는 것이다. 여기서 여러 발 더 나간 직장인들도 있다. 있지도 않은 '공짜 점심'이나 찾아 헤매고, 자신이 해야 할 일을 무책임으로 펑크 내서 팀원 전체의 이익을 날리고, 후배한테는 꼼짝 못하면서 상사의 말에는 사사건건 반대를 위한 반대를 일삼는 사람들이다.

매사 강하게 열망하라

프로의식은 자신의 금전적, 비금전적 이익을 최대화시켜줌은 물론 남의 이익까지 돌봐주는 아름다운 덕목이다. 이러한 프로의식을 최고도로 높이기 위해서는 우선 최고를 향한 강한 열망을 가져야 한다. 최고, 최초, 금메달, 신기록 등은 프로의식 발휘의 강력한 동기유발 요인이다. 프로의식은 "밥 먹고 살면 됐지 뭐.", "중간은 가니까 됐지 뭐." 하는 소극적인 마인드 속에서는 도저히 나오질 않는다. 1970년대 중반 당시 가정에서 편히 쓸 수 있는 PC를 전 세계에 보급하고자 했던 빌 게이츠의 비전은 어리석은 도전일 뿐이었다. 가격이 워낙 비싸 가정에서 컴퓨터를 사용한다는 것은 상상할 수 없었기 때문이었다. 그러나 무모해 보였던 그의 비전은 IBM에 MS-DOS를 공급하면서 결국 이뤄졌다. 강한 열망이 그의 프로의식에 불을 댕겼고, 프로의식 속에 있는 자리 잡고 있던 성취 욕구와 사회적 책임감이 강하게 반응함으로써 그는 역사상 최초로 컴퓨터를 대중화시킨 사람이 될 수 있었다.

그리고 프로의식 발휘를 통해 얻을 수 있는 즐거운 일을 늘 상상하면 살아야 한다. 그중 대표적인 하나는 높은 소득과 빛나는 명예이다. 이것은 성취 본능을 가지고 있는 인간에게 있어서 매우 강력한 에너지이다. 미국 백만장자 75%의 최고의 관심사가 향후 5년 내에 재산을 불리는 일이라고 답한 백만장자 자산운용 컨설팅회사인 SEI인베스트먼트의 최근 조사 결과를 봐도 그렇다. 부와 명예에 대한 관심도를 의식적으로 높이게 되면 약한 프로의식이 강해짐은 물론 잠자고 있는 프로의식까지도 깨어나게 된다.

또한 매사 정정당당하게 승부를 걸며 살아야 한다. 프로의식을 떠받들고 있는 절반의 덕목은 책임감, 올바른 직업의식, 사명감, 사회적 배려, 정당한 이익추구 등 삶의 정도正道와 관련된다. 이런 것들은 정정당당하게 승부를 거는 것을 습관화하고 살아갈 때 비로소 얻을 수 있는 덕목들이다. 경쟁이 격렬하여 편법에 유혹당하기 십상인 상황에서 살고 있지만 프로의식이 잘 발휘되면 궁극적으로는 지금보다 더 큰 이익을 얻을 수가 있다는 데야 이것을 못할 이유는 없다.

• **Major Skill** •

● 최고를 향한 강한 열망 보유

● 프로의식 발휘 시 벌어질 즐거운 일 상상

● 매사 정정당당하게 경쟁

해가 지지 않는
100년 제국

"만약 모든 게임을 생사의 문제로 만들어버리면 문제가 생길 것이다. 우선 당신은 많이 죽게 될 것이다."
- 딘 스미스(미국의 농구감독) -

중국 청나라의 제4대 황제였던 강희제康熙帝, 그는 어린 나이에 즉위하는 바람에 즉위 8년이 돼서야 친정을 시작할 수 있었다. 그러나 섭정을 했던 보정대신輔政大臣 중 오배鰲拜가 사사건건 간섭하여 그와의 갈등이 계속되었다. 오배는 자신의 세력을 믿고 평소 조정의 중대사를 결정하였고, 조금이라도 기분이 나쁠 때는 강희제에게 대들기 일쑤였다. 이를 보다 못한 강희제의 충신들이 오배 제거를 위해 나섰지만 강희제는 이를 만류하였다. 그러다가 자칫 잘못하면 황권도 유지 못할 수 있다는 것을 그는 잘 알고 있었기 때문이었다. 오배가 오랫동안 부친인 순치제順治帝를 모셨고, 농민군을 토벌하는 등 공을 세운 것도 제거 명분의 걸림돌이었다. 이후 몇 번의 기회가 다시 찾아왔음에도 불구하고 강희제는 그를 실수 없이 제거할 수 있는 결정적인 때만을 기다렸다. 드디어 절호의 기회가 찾아왔다. 고명대신이었던 소극살합蘇克薩哈을 죽이는 등 오배의 만행이 극에 달하던 강희 8년 어느 날, 강희제는 그동안 별도로 육성한 무사들을 동원하여 궁궐에서 오배를 체포하고 그의 일당들까지도 모조리 제거하였다. 여러 번에 걸쳐서 목숨까지 위태로운 지경에 처했었지만 중장기적인 마인드를 가지고 지혜롭게 대처한 강희제의 최종 승리였다. 1661년부터 1722년까지 재위한 강희제는 지금 중국 역사상 가장 오랜 기간 동안 재위한 황제로 기록되고 있다.

당장에 집착하면 최후 승리를 그르친다

미래는 불확실하고, 성과를 당장 내놓으라 하고, '황금'보다 '지금'이 더 중요하다고 난리치는 세상이다 보니 그 누구 할 것 없이 당장의 성과, 당장의 승리에 포커스를 맞추어 살아가는 것이 사실이다. 이렇다 해도 환경에 부응하기 위한 노력이기에 이를 탓하기는 어렵다. 그러나 당장의 승리에 지나치게 집착하는 눈앞의 산발적 국지전은 물론 전면전 수행과정에서까지 많은 문제들을 야기한다.

당장의 승리에 집착하게 되면 분명 서두르게 된다. 서두르게 되면 일을 올바르게 수행하기 어려워지고 불필요한 시행착오가 필연적으로 발생한다. 평상심이 깨지면서 그렇게 되는 것이다. 최상의 기량을 가진 사람도 평상심이 흔들리면 십중팔구 평소의 실력조차도 발휘하기 어렵다. 컵라면에 물 붓고 3분을 못 참아 계속

젓가락을 뒤적거리면 결코 제대로 익은 라면을 먹을 수 없는 것이다. 1996년 마스터스 골프대회 1라운드에서 당대 최고의 골프선수 그렉 노먼Gregory J. Norman은 9언더파를 몰아치며 다른 선수들을 압도했다. 그러나 닉 팔도Nick Faldo가 추격해오자 서두르기 시작하였다. 이후 그는 급격하게 무너지면서 노먼은 결국 아마추어 스코어인 78타를 치며 팔도에게 우승컵을 넘겨주고 말았다. 서두르면 되는 일이 없게 되는 것이다.

그리고 당장의 승리에 지나치게 집착하다 보면 인간관계가 헝클어지게 마련이다. 아무리 선의로 한다 해도 경쟁이 가지고 있는 '제로섬 게임' 속성 때문에 자칫 잘못하면 경쟁당사자 간의 관계가 언제라도 손상될 수 있다. 그렇기 때문에 당사자가 당장의 승리에 집착되어 있는 상황이라면 그간 좋았던 관계마저도 자칫 파국으로 치달을 가능성이 얼마든지 있게 되는 것이다. 그러나 우리가 사회에서 하는 경쟁은 누구하나가 죽는 사생결단의 경쟁은 아니다. 내가 승자가 되어도 패자인 상대에게 경쟁한 보람을 주어야 하고, 내가 지금 진다 해도 언젠가는 부활해야 하는, 다시 말해 양자 원원Win-Win해야 하는 경쟁이다. 따라서 경쟁하는 동안 '당장'과 '승리'에 집착하여 인간적인 유대관계에 균열이 생기게 만든다면 큰 문제가 아닐 수 없다.

물론 단기지향적인 사고가 무조건 무익無益하다는 것은 아니다. 그것은 선택과 집중을 통해서 승리에 크게 기여하기도 한다. 문제는 단기에 치중하다 보면 탁월한 승리에까지는 이르지 못할 수가 있다는 것에 있다. 탁월한 승리의 전제조건인 창조와 혁신 DNA

가 단기보다는 중장기적인 사고와 행동의 토양에서 더 잘 자라기 때문이다.

허둥지둥 사는 사람들

영국이란 나라는 승부의 역사에서 전광석화와 같은 승리를 거두어 본 일이 거의 없다. 비스마르크 정권의 독일처럼 프랑스 같은 강국을 파죽지세破竹之勢로 밀고 들어가 적국의 수도에서 자기네 나라 황제즉위식을 올렸던 것 같은 화려한 승리기록도 없다. 세계 1, 2차 대전 시에는 전쟁 초반 독일에 밀리다가 미국의 참전으로 가까스로 전세를 뒤집었다. 영국은 대개의 경우 초반에는 수세에 몰리다가도 종국에 가서는 승리를 거머쥐곤 하였다. 이러한 승리를 통해 영국은 '해가 지지 않는 100년 제국'을 아낌없이 누렸다.

이처럼 영국이 최후의 승자가 될 수 있었던 배경은 무엇일까? 역사학자들은 무엇보다도 느리긴 하지만 일희일비하지 않고 매사 신중하게 대처하며 미래를 내다보는 민족성을 꼽는다. 영국의 근대사는 단기보다는 중장기적인 마인드로 무장하여 승부를 겨룰 때 비로소 더 큰 승리를 거둘 수 있다는 것을 교훈으로 알려주고 있다. 비록 영국이 경제적으로는 미국, 독일 등에 밀려 있고, 한국, 중국 등 떠오르는 나라에게 눈길을 빼앗기고 있지만 세계에서 다섯 개 나라밖에 없는 유엔 안전보장회의 상임이사국으로 존재하는 엄연한 강대국잉다.

우리나라 사람들은 모든 일이 오늘 안에 이루어져야 된다는 강박관념 속에서 살고 있는 듯하다. "요즘 어떻게 지내냐?"라고 물어보면 직장인, 수험생은 말할 것도 없고 가정주부까지도 바빠서 정신이 없다고들 한다. 마치 전 국민들이 초단기 프로젝트에 몰입되어 있는 듯하다. 완급을 조절하며 잘하고 있는 건지, 불필요하게 서둘러서 알을 망치고 있는 것은 아닌지 한번 심도 있게 생각해봐야 할 판이다.

이런 생활을 하다 보니 직장에서도 단기성과에 모든 것을 걸다시피 하는 단기전이 수시로 발생되게 된다. 대부분 자신의 조급증 때문이지만, 이외에 당장 성과를 가져오라고 온몸으로 재촉하는 직장 상사, 조금만 잘못해도 마파람에 게 눈 감추듯 등을 돌리는 고객 등이 그 원인을 제공하기도 한다.

그러나 직장에서 잘나가는 '10%'들은 단기지향적인 마인드는 당장은 모르겠지만 최후의 일전에서는 그 활용가치가 한참 떨어진다는 것을 잘 안다. 그래서 화급을 다투는 경우를 제외하고는 중장기적인 마인드를 가지고 경쟁에 임한다. 그리고 그들은 단기적 다이나믹에다가 소신, 신중함, 원대함이 스며들어있는 중장기적인 마인드를 적절히 배합하여 활용함으로써 승률을 지속적으로 높여 나간다.

중후장대重厚長大한 마인드를 가져라

승리에 대한 조급증에 빠지지 않으려면 우선 중장기적인 마인드를 마음속에 단단히 착근시켜야 한다. 이 중장기적인 마인드는 언젠가 치룰 일전을 대비하여 사전에 차곡차곡 준비한다면 먼 훗날이라도 승리할 수 있고, 때로는 기대 이상의 대승까지도 거둘 수 있다는 믿음과 여유를 가질 때 비로소 형성된다. 우리 문학에서 역사적인 대작으로 인정받고 있는 박경리 선생의『토지』는 선생이 1969년에 집필을 시작하여 무려 25년 만인 1994년 8월 15일에 비로소 완성하였다. 2013년에 1950년 이후 63년 만에 한 시즌 메이저리그 3연승이라는 대기록을 수립한 골프선수 박인비는 서두르지 않고 무서우리만큼 차분하게 경기를 운영하는 선수로 유명하다. 그래서 그녀는 '침묵의 살인자'라는 별명을 가지고 있다. 중국에 모소죽孟宗竹이라는 대나무 희귀종이 있는데, 그 대나무는 4년간 3㎝도 채 자라지 못하다가 그동안 축적한 영양분에 힘입어 만 5년째가 되면 6주 만에 무려 15m가 자란다. 박경리 선생, 박인비 선수, 모소죽 모두 중장기적 마인드가 왜 중요한지를 그대로 말해주고 있다.

그리고 자신의 업무에 단기와 장기 업무를 균형 있게 배치하여야 한다. 연세대학교 경영학과의 신동엽 교수는 '이상적인 경영은 장단기 균형을 유지하는 것'이라면서 장단기의 균형을 강조한다. 이것은 개인에 있어서도 마찬가지이다. 만일 자신의 일이 신속을 요하는 일로만 구성되어있다면 매사 속전속결 없이는 견딜 수 없는 사람으로 변하게 될지도 모른다. 그래서 업무를 단기, 중기, 장기업무를 번갈아가면서 할 수 있도록 의도적 배치해야 하는 것이다. 물론 직장인이라면 이것이 마음대로 되지 않을 수도 있다. 그렇지만 자신을 대어大漁만을 낚는 승부사로 키우겠다는 마음을 굳게 가지면 길은 열릴 것이다.

  또한 상생 마인드를 가져야 한다. 내용은 어떻든지 간에 승부의 결과는 일단 승자와 패자를 만든다. 이러한 상황에서 승자가 상생의 가치를 잊고 그 승부에서 'Winer takes all'이 주는 달콤함에 빠지게 되면 당장의 승리만을 탐닉하고자 하는 습관이 생기게 된다. 그렇게 되면 더 큰 승리를 만끽하는 것은 당연히 어려울 수밖에 없다. 그러나 상생을 염두에 두고 살아간다면 눈앞의 이익에 크게 연연하지 않는 여유를 갖게 되면서 자연스럽게 마인드가 넓어지고 길어질 것이다.

· Major Skill ·

● 중장기적 마인드 고취
● 장단기 업무의 균형 있는 배치
● 상생마인드 고취

절벽 위에 나를 세워라

"이기고자 하는 의지와 성공하고자 하는 열망, 완전한 잠재력에 도달하고자 하는 충동, 이것들이 개인적인 탁월함에 이르는 문을 여는 열쇠이다."

- 에디 로빈슨(미국의 농구선수) -

현대자동차에서 판매를 담당하고 있는 K 모 영업부장은 2004년 영업과장 시절 30평이 채 안되는 아파트에 전세로 살고 있었다. 그러나 그는 누구나 그러하듯이 버젓한 자신의 집을 가지고 싶었다. 방법을 고민하던 차에 그는 비장한 마음으로 쉽지 않은 결단을 내린다. 48평이나 되는 한강변의 대형 아파트를 구입가 3/4가 되는 거금을 은행에서 융자를 받아 구입한 것이다. 그의 전략은 일단 저질러놓고 원리금을 매월 갚아 나가겠다는 것이었다. 고정 봉급을 받는 직장인 같으면 불가능한 얘기지만 그는 판매에 비례해서 급여를 받는 영업직으로 근무하고 있었기 때문에 가능성이 없는 것은 아니었다. 그는 '사고'를 치자마자 아파트 월 할부금을 갚기 위해 자동차 카탈로그를 들고 신발에 불이 나도록 뛰고 또 뛰었다. 이렇게 판매하지 않으면 당장 부도날 판국이라 그는 그렇게 뛰어다닐 수밖에 없었다. 각고의 노력 끝에 그의 연봉은 급격히 증가하여 1년 만에 억대를 훌쩍 넘기 시작하였다. 이러기를 5년, 2009년 드디어 그는 융자금 전액을 상환하고 은행집이나 다름없었던 아파트를 온전한 자신의 집으로 바꾸어놓았다. 힘은 들었지만 그가 당초에 세운 배수지진의 전략은 그대로 맞아떨어졌다. 결국 그는 자신을 사지死地에 몰아넣음으로써 싸울 수밖에 없는 동기動機를 만들고, 그 동기를 이용하여 자신과 환경을 이기고 종국의 승리를 거머쥔 것이었다.

초강력 파워를 생산하는 자가발전기

동기부여는 마음먹거나 행동을 하게 하는 원인이나 근거를 자극하고 고무시켜서 행동을 부추기는 것이다. 이로 인해 발생된 힘은 사람을 움직이게 하는 가장 근원적인 동력으로 작용한다. 의미, 즐거움, 의무감, 성취감 등을 자발적으로 느끼든 외부적인 자극에 의해서 본의 아니게 느끼든 간에 동기를 느끼게 되면 하고자 하는 의욕은 자동으로 충만해진다. 그렇기 때문에 어떤 일의 성과가 동기부여의 여부에 따라 판이하게 달라지는 것은 지극히 당연하다. 경쟁에서의 승패 역시 마찬가지이다. 이처럼 동기부여는 매우 중요하다.

누가 부여하느냐에 따라서 동기부여는 자기가 부여하는 자기 동기부여와 남이 해주는 타인 동기부여로 구분된다. 물론 두 가지 모두 영향력은 있다. 그러나 자기 동기부여의 파워는 타인 동기부여 대비해서 비교가 안 될 정도로 막강하다. 자기 동기부여는 자발적으로 일하게 만들기 때문이다. 미국에서 아웃도어 의류판매로 유명한 '파타고니아'라는 회사는 자기 동기부여의 위력을 믿고 독립심이 강하고 자기 동기부여능력이 있는 직원들을 별도로 뽑아서 그냥 내버려둔다고 한다. 우리나라에도 이런 회사가 속속 생겨나야 하지 않을까 싶다.

이에 반해 타인에 의한 동기부여는 승리와 직결되는 자신의 잠재능력을 고스란히 끄집어내기에는 너무 약하다. 세계적인 미래학자로 손꼽히는 다니엘 핑크Daniel H. Pink는 한발 더나가서 "타인의 당근과 채찍에 의해 만들어지는 외적 동기는 인간의 창의성을 파괴한다."라고까지 말한다. 타인 동기부여의 영향력이 이러한데 치열한 경쟁의 상황에서 승리를 꿈꾸고 있는 사람이 그것에만 의존하려 한다면 그 경쟁은 차라리 안 하는 것이 낫다.

특히 격렬한 작금의 승부 상황에서는 무엇보다도 결사항전의 마음가짐을 만들 수 있는 동기부여책이 필요하다. '까짓것, 이왕할 바에야 1등 한번 해보자.'는 식의 마음가짐 가지고는 약하다. 여기에는 설령 1등이 안 된다 하더라도 스스로 이해할 수 있다는 너그러운 마음이 엿보인다. 프로가 열망하는 초고속 진급, 억대가 넘어가는 고액의 연봉과 높은 명예의 획득은 죽기 살기로 덤빌 수 있게 만드는 불퇴전의 강력한 자기 동기부여가 필요하다.

현대자동차가 1999년 미국시장을 공략하면서 '10년 10만 마일 무상 보증'이라는 파격적인 마케팅 정책을 펼친 적이 있다. 그랬더니 일부에서는 "이렇게 긴 기간을 무상으로 보증해주다가 현대자동차가 망하는 것 아니냐?”라는 우려의 목소리까지 나왔다. 사실 품질이 뒷받침되지 않아 무상 수리가 빈발한다면 천문학적인 금액이 소요되어 재정이 위태로울 판이었다. 그러나 이러한 배수의 진을 친 현대자동차의 창의적 승부수勝負手는 ‘세계 최고의 품질’ 달성을 위한 강한 자기 동기를 만들어 냈고, 이를 기반으로 지금은 ‘글로벌 TOP-4’를 목전에 두고 있다. 자기 동기부여가 만든 위대한 결실이라 해도 과언이 아니다.

프로들은 예외 없이 셀프 모티베이터이다

고성과를 창출하며 경쟁에서 늘 앞서 가는 사람들은 대개 자기 동기부여하는 일에 능숙하다. 필자가 근무하는 직장에는 S급 인재, A급 우수 직원, 판매왕 등 고속 승진을 거듭하고 억대 연봉을 누리는 자가 많은데, 그들은 회사가 주는 외적 동기부여책에 크게 연연하지 않는다. 그야말로 유능한 셀프 모티베이터들이다. 이들을 통해서 경쟁승리에 미치는 자기 동기부여의 영향력을 수시로 절감한다.

반면에 승리를 거두기 위해서는 자기 동기부여가 중요함에도 불구하고 이것에는 인색하고 타인의 동기부여에 지나치게 의지하는 사람도 적지 않다. 하려 하는 마음은 있으나 장기 저성장 국면에서 비롯되는 업무량의 증가, 고용불안정 등의 외적인 여건 때문에 위축되어 있는 사람도 있다. 또 잘못된 방식으로 치러지는 경쟁에서 오는 경쟁피로감 역시 자기 동기부여를 약화시키는 요인으로 작용하고 있다.

직장 차원에서도 빡빡한 경영여건 때문에 직원들의 사기와 동기를 유발시킬 수 있는 방안을 제시하기가 그 어느 때보다도 어려운 처지이다. 당장의 성과 때문에 숨 가쁘게 돌아가는 업무 현장의 리더 역시 직원 동기유발 위해 고민할 정신적, 시간적인 여유가 많지 않은 게 사실이다. 이러한 현실은 내 스스로 동기부여 할 때 최고의 경쟁역량이 나온다는 사실과 함께 '왜 내가 내 스스로 만드는 동기부여에서 승리의 답을 찾아야 하는지'에 대한 이유를 말해주고 있는 것이다.

욕구 5단계설로 유명한 에이브러햄 매슬로우Abraham H. Maslow는 사람들을 자신의 욕구를 실현하려고 스스로 노력하는 존재로 보았다. 이것은 인간 누구나 하고자 하는 기본적 동기는 이미 가지고 있다는 얘기다. 매슬로우의 말이 맞다면 쾌승을 거둘 수 있는 강력한 자기동기는 자신의 노력 여하에 따라서 언제라도 튀어나올 수 있을 것이다.

파부침주破釜沈舟하라

동기를 스스로 부여하기 위해서는 우선 이겨야 할 이유를 명확하게 가지고 있어야 한다. '명예를 높이기 위해서', '돈을 많이 벌기 위하여', '나로 하여금 직장과 사회를 발전시키기 위하여' 등 이겨야 할 이유는 수없이 많다. 그것들 중에 '구미'가 마구 당기는 이유를 명확하게 가지고 있어야 한다. 그렇지 않으면 승리의 필수

전제조건인 불퇴전의 각오가 형성되지 않는다. 현대그룹 창업자인 정주영 회장이 쌀가게를 운영하던 청년 시절, 당시 화신백화점 박흥식 사장의 집에 배달 갔다가 대궐 같은 그 집에 반해 그 자리에서 '언젠가 이 집을 사겠다'며 자신에게 승부수를 던졌다. 집을 얻고자 하는 동기는 그로 하여금 뛰고 또 뛰게 만들었다. 그러던 어느 날 청년 정주영은 그 집을 구입할 수 있게 되었는데, 그 집이 바로 '청운동 자택'이다.

그리고 자기 자신을 즐거운 일로 경쟁하게 만들어야 한다. 비록 중차대한 일이라도 일이 즐겁지 않으면 열심히 한다 해도 효율이 낮아 그 힘 가지고 우승하기란 역부족이다. 즐거운 일, 그래서 하고 싶은 일만이 효율을 극대화시켜줌으로써 최소의 노력으로도 최대의 승리를 안겨줄 수 있기 때문이다. 카리브 해의 작은 섬나라 자메이카. 이 나라는 '번개' 우사인 볼트Usain Bolt 등 세계적인 육상 스타를 배출하고 있다. 어떻게 이 조그만 섬나라가 어떻게 세계 육상을 주름잡고 있는 것일까? 궁금해 하는 기자들의 질문에 자메이카 육상연맹의 하워드 애리스Howard Aris 회장은 "자메이카인들에게 육상은 노래나 춤처럼 즐거운 일상 중의 하나인 것이 바로 잘하는 비결이다."라고 명쾌하게 답하였다. 찾아보면 누구나 자신이 좋아하는 일은 있다. 직장인의 경우 항상 뜻대로는 안 되겠지만 승률을 높이고 싶다면 자신의 일을 즐겁게 할 수 있는 일 중심으로 배치하는 수고 정도는 감수해야 한다.

또한 자신을 이겨야 할 절박한 상황에 위치시켜야 한다. 이 경쟁에서 지면 손해가 막심할 판인데 누가 그 싸움에서 사력을 다하지 않겠는가? 중국 천하를 통일한 진나라가 쇠퇴해가던 때 초나라의 항우는 진나라를 치기 위해 군대를 출병하면서 부하들에게 사흘치 식량만 챙기고 솥을 모두 깨뜨려 없애고 타고 온 배도 모두 물에 집어넣는 파부침주破釜沈舟를 명하였다. 그러면서 항우는 "솥이 없어야 가볍게 이동한 후 적을 물리칠 수 있다. 밥은 이긴 뒤에 진나라 솥으로 해먹으면 된다."라며 사기를 북돋웠다. 이기지 못하면 굶어죽을 위기에 봉착한 병사들은 죽기 살기로 싸워 결국 진나라에 대승을 거두었다. 스티브 잡스 역시 "늘 부족함 속에서 갈망하라."라고 외치지 않았던가?

· Major Skill ·

- 이겨야 할 이유를 명확하게 보유
- 즐거운 일 중심으로 업무배치
- 이겨야 할 절박한 상황에 자신을 위치시킴

| Part 03 |

경쟁을 승리로 이끄는 스킬역량
The Skill Competence For Victory

경쟁에서의 차별화는 승부를 자신에게 유리하게 이끌기 위해 남들이 가지지 않은 영역을 확보하거나 남들이 안 하는 것을 하는 것이다. 그렇다고 해서 반드시 남과 획기적으로 다른 차이만 차이인 것은 아니다. 소소한 차이라 하더라도 의미 있는 차이라면 얼마든지 승리하게 만들어줄 수 있다. 다른 길로 가는 것이 어려울 수도 있지만 말이다.

가지 않는 길로 가라

"만일 어떤 기업이 경쟁업체와 똑같은 전략을 가지고 있다면 이는 곧 전략이 없는
것이나 다름없다."
- 필립 코틀러(미국의 경영학자) -

그가 운영하는 식당 종업원은 어떻게든 손님의 이름을 파악해서 기억해두
었다가 다른 음식점에서 일반적으로 쓰는 '선생님', '사장님' 등의 호칭 앞
에 이름을 붙여 부른다. 그리고 손님이 몰려 요리가 늦게 나가게 되는 날에
는 직원이 한 테이블에 음식을 나르면서 음식을 학수고대할 만한 테이블의
손님에게 "아직 안 나온 게 있나요?" 하고 알면서 일부러 물어본다. 재촉하
는 소리를 듣는 순간 "아이고 죄송합니다. 곧 가져오겠습니다." 하며 후다
닥 주방으로 달려간다. 고객의 항의가 나오기 전에 예방선을 친 것이다. 고
객이 직원을 화장실에서 보면 싫어하는 것을 잘 알기 때문에 직원이 화장
실 갈 때도 그냥 가지 않는다. 직원들은 화장실 문에 '1분 청소 중'이라는 팻

말을 반드시 걸어놓고 볼일을 본다. 이뿐만이 아니다. 친분 있는 고객이 나갈 때는 고객의 이름을 부르며 귤을 던져주기도 하는데, 잡으면 "나이스 캐치!" 하며 웃음을 선사한다. 이처럼 다르게 운영하는데 장사가 안될 수가 있을까? 『장사의 신』이란 책의 저자이자 일본의 선술집 체인점 업계의 전설로 불리는 우노 다카시神田井陸가 운영하는 이자까야 음식점 이야기다.

상대와 구별되는 의미 있는 차이

경쟁에서의 차별화는 승부를 자신에게 유리하게 이끌기 위해 남들이 가지지 않은 영역을 확보하거나 남들이 안 하는 것을 하는 것이다. 그렇다고 해서 반드시 남과 획기적으로 다른 차이만 차이인 것은 아니다. 소소한 차이라 하더라도 의미 있는 차이라면 얼마든지 승리하게 만들어줄 수 있다. 다른 길로 가는 것이 어려울 수도 있지만 말이다.

타 제품보다 성능 좋다고, 타인보다 일 잘한다고 무조건 잘 팔리고 인정받는 시대는 지나갔다. 즉 경쟁자와 다른 무언가로 평가자에게 강한 호기심을 느끼게 해주지 못한다면 승리를 장담할 수 없다는 얘기다. 스티브 잡스도 평소 직원들에게 경쟁사보다 더 잘 만들 수 방법이 아니라 다른 모습을 보여줄 수 방법을 질문했다고 한다.

물론 사람이다 보니 남들이 몰려가는 곳에 합류하고 싶은 것이 인지상정이다. 그러나 그곳은 이미 많은 사람들로 경쟁이 치열하기 때문에 내가 군계일학群鷄一鶴이 되는 것은 한계가 있다. 그래서 통쾌한 승리를 원한다면 가능한 이미 내가 했거나 남이 하는 방법을 피해서 승부를 걸어야 한다. 즉 차별화가 필요한 것이다. 스타벅스는 어떻게 하여 오늘날 전 세계 커피 체인의 선두 주자가 되었나? 거리마다 우후죽순처럼 들어서 있는 일반 커피숍과는 달리 커피에다가 감성이라는 새로운 가치를 살짝 얹은 것이 주효해서 스타벅스라는 블루 오션이 탄생된 것이다.

작은 차이로도 승리가 가능하다 하여 차별화를 만만하게 생각하는 것은 위험하다. 지금은 교육기회의 확대로 개인의 능력이 그 어느 때보다 평준화되어 있고, 기술도 고도화되어 제품의 품질 차이도 극소화되어 있는 상태이다. 유사한 질을 가진 공급이 넘쳐나는 이러한 '잉여사회'에서는 유효한 차별화가 매우 어렵다. 그러나 한번 차별화가 이루지면 그것의 파괴력은 생각보다 크고 오래간다. 그래서 우승을 지향하는 사람에게는 차별화가 필수불가결한 요소가 되는 것이다.

1997년 스티브 잡스는 애플에 복귀하면서 "다르게 생각하라!"라고 외치고 다녔는데, 이후 애플은 화려하게 부활하였다. 우연의 일치일까? 마케팅 분야의 바이블로 평가받고 있는 『포지셔닝』의 저자이자 세계 최고의 마케팅 전략가 중 한 사람인 잭 트라웃Jack Trout 역시 "안타깝게도 지금은 차별화하지 못하면 경쟁자에게 바로 밀려나는 시대이다. 더욱 안타까운 것은 한번 밀려나면 그 자리로 돌아가는 것이 거의 불가능하다는 것이다."라며 차별화를 부르짖기는 마찬가지이다.

고수들은 다름으로 승부한다

2차 산업제품과는 달리 농산물을 차별화하여 대박을 터뜨리기는 그리 쉽지 않다. 그런데 'Farmers Party'라는 국내의 사과브랜드는 '새 역사'를 창조했다. 팬시한 박스 디자인, 영어 네이밍, SNS나 갤러리 등을 통한 마케팅 때문에 수요층은 장년층을 뛰어넘어 신세대 계층까지 이어진다. 게다가 기존의 유통구조에서 벗어나 소비자와 직접 접촉하여 가격까지 싸다. 이러한 차별적인 요소들은 'Farmers Party'를 사과 시장의 블루 오션 브랜드로 만들어 놨다. 불과 몇 가지의 차별화된 아이디어가 대승을 가져다 준 것이다.

차별화가 가져다주는 효과가 크다 보니 차별화를 통해 앞서 가고자 하는 노력들이 여기저기 눈에 띈다. 현대자동차에서 영업을 담당하는 K 모 영업차장의 승용차 전후좌우는 이름, 연락처, 하는 일로 도배되어있다. 그가 입은 옷도 그가 누구인지 단번에 알게 해준다. 지나가는 사람이 보지 않고는 못 배길 정도이다. '대한민국 최고의 세일즈맨'이 되기 위한 그의 차별적인 노력 덕분에 그는 현재 현대자동차 '전국 판매왕'으로 화려하게 빛나고 있다.

고수들은 누가 보더라도 차별화가 어려운 여건임에도 불구하고 이에 '굴屈'하지 않는다. 나이 많은 배우가 어리고 예쁜 배우를 뛰어넘기란 사실 어렵다. 그러나 이들은 메이크업하고 헤어스타일을 세팅하는데, 그리고 옷을 고르는 데 평소보다 몇 배의 시간을 들여서라도 어리고 예쁜 배우들과 일전을 치루기 위해 사전에 준비한다. 경륜에서 나오는 농염한 연기력에 '나이가 믿겨지지 않는 미모'까지 더해지니 어린 나이와 타고난 미모도 이에 압도될 수밖에 없다. 피해 가지 않고 차별화로 정면승부를 벌여 치열한 경쟁의 세계에서 결국 승리하는 것이다.

차별화 없이는 경쟁에서 이기기 어렵다 보니 차별화에 있어서도 치열한 경쟁 상황이 연출되고 있다. 차별화된 것을 모방하는 속도 역시 매우 빠르다. 그러다 보니 애써 만든 차별화 전략도 오랫동안 유효하리라는 보장이 없다. 그래서 어정쩡하게 차별화할 바에는 차라리 안 하는 게 낫다. 그러나 인간은 다른 동물과는 달리 유리한 특성을 능동적으로 선택할 수 있는 능력을 본능적으로 가지고 있기 때문에 다행이다.

작은 차이라고 무시 마라

차별화를 남다르게 잘하기 위해서는 우선 자신의 역량 중에서 차별화가 가능한 비교우위 강점을 찾아내어 개발해야 한다. 강점은 작든 크든 누구에게나 있게 마련이다. '굼벵이도 기는 재주가 있다'는 말이 그래서 생겨난 말이다. 상사로부터 인정받는 역량이라든가 동료들에게 후하게 평가받는 역량 등은 자신을 차별화시켜줄 수 있는 중요한 강점이다. 자신의 단점에만 민감하여 그것에 전전긍긍하며 사는 대신 강점을 확인하여 개발해야 짜릿한 승리의 기쁨을 맛볼 수 있다.

그리고 남들이 하지 않는 일에 포커싱해야 한다. 남들이 달려들어 하는 일들은 이미 '단물 빠진 껌'일 가능성이 높다. 그래서 달콤함이 고스란히 남아있는 과실을 먼저 따기 위해서는 남들이 적은 곳, 남들이 하지 않는 일에서 차별화의 길을 물어야 하는 것이다. 피겨 스케이팅에서 스피드를 그대로 유지하여 점프하기가 매우 어렵기 때문에 보통은 속도를 줄인 상태에서 점프를 한다. 그러나 김연아는 피눈물 나는 연습으로 이를 극복하여 점프 전의 스피드로 힘차게 점프를 한다. 이러한 차별화에 힘입어 그녀는 그 누구보다도 완벽한 3회전 + 3회전 점프를 선보이는 '피겨의 여왕'으로 빛나고 있는 것이다.

또한 작은 차이라고 무시해서는 안 된다. 지나친 욕심 때문에 처음부터 대박을 노리며 경쟁을 하는 사람이 적지 않은데, 이런 사람일수록 '큰 것 한 방'만 생각한다. 그러나 이들은 작은 물방울이 결국에 가서는 돌을 뚫는다는 수적천석水積穿石의 진리를 잊어서는 안 된다. 한국인 최초 메이저리거인 박찬호 선수는 한 공공기관의 경연에서 이런 말을 했다. "훈련 중 감독님들이 팔굽혀펴기를 10번시키면 나는 11번을 했다. 사소한 차이였지만 나중에는 이 차이가 10번, 20번으로 커졌고 다른 선수들과의 경쟁에서 앞설 수 있는 밑거름이 됐다."라고 말이다. 작은 차이가 결국에 가서 큰 차이를 만드는 것이다.

• **Major Skill** •

● 자신의 비교우위 강점 발굴/개발
● 남들이 하지 않는 일에 포커싱
● 작은 차이도 중시

일당백을 믿지 마라

"주변과 우호관계를 맺어라. 세력이 있으면 마음대로 못 덤빈다."

- 손자병법 모공편(중국 춘추전국시대의 병법서) -

사자의 세계는 모계사회이기 때문에 태어난 수컷은 적당히 자라서 사냥이 가능한 시점이 되면 무리를 떠나야 한다. 무리를 떠나서 죽어라고 뛰어서 홀로서기를 해야 한다. 이것이 쉽지 않아 일 년 내 약 절반이 죽는다. 그래서 수컷들은 가능한 무리에서 나가지 않으려고 한다. 이런 가운데에서도 멋지게 홀로서기에 성공한 수컷들이 있다. 그들의 공통점은 암컷이든 수컷이든 지원세력으로서의 짝을 옆에 두고 있다는 것이다. 그래서 혼자서 사냥하는 것보다 훨씬 쉽게 사냥을 한다. 그리고 의기투합한 힘으로 다른 사자 무리와 싸워서 보스 자리에 오르기도 한다. 그러나 짝이 죽으면 문제가 발생한다. 어제까지 보스였다 하더라도 짝 없는 수컷은 바람 앞에 등불 같은 존

재로 변하게 된다. 세력을 가진 사자들에게 계속 도전을 받게 되기 때문이
다. 이러다가 결국에 가서는 죽거나 무리에서 쫓겨난다. 이러한 사자의 세계
는 세력이 있는 사자와 그렇지 않은 사자의 운명은 판이하게 다르다는 것을
그대로 보여준다. 그렇다면 우리 인간 세계에서는 살아가는 데 또는 경쟁자
를 추월하는 데 있어서 이와 같은 우호세력이 미치는 영향력은 어떠할까?
굳이 언급할 필요는 없을 것 같다.

어차피 인간은 사회적 동물이다

그냥 살아가는 것도 혼자서는 불가능한 상황에서 경쟁자의 견
제와 공격이 빗발치는 전장을 홀로 나간다는 것은 있을 수 없다.
이때는 나를 도와주는 우호세력의 힘이 반드시 필요하다. 우호세
력은 나의 힘을 증강시켜주는 것으로서 여기에는 일하는 곳에서
뜻을 같이하는 동료는 물론 가족, 친지, 스승, 친구 등 모두가 포
함된다. 더 확대한다면 사람만이 아닌 환경까지도 우호세력이 될
수 있다. 이순신 장군에게 승리를 안겨준 명량해 울돌목의 빠른
물살이나 걸어가는 말을 총알같이 뛰게 만드는 말의 꼬리에 붙은
불도 하나의 세력이 되는 것이다.

경쟁에서 쾌승, 압승, 그리고 손쉬운 승리 도모는 우호세력이
있어야 할 가장 큰 이유이다. 앞서 가는 사람들을 자세히 살펴보
면 예외 없이 도움을 주는 사람이 곁에 두고 있다는 것을 발견하
게 된다. 빌 게이츠가 마이크로소프트를 거대기업으로 만들 수 있
었던 것은 곁에서 묵묵히 도운 스티브 발머Steve Ballmer가 있었기 때

문에 가능했고, 혼다 쏘이치로本田宗一郎가 기술개발에 전념해서 오늘날의 혼다를 만들 수 있었던 것은 회사 살림을 책임지고 운영해준 후지사와 다께오藤沢武夫가 있었기 때문에 가능했다. 같이 입사했음에도 불구하고 자신은 지금 과장인데 동기는 부장을 달고 있다면 그에게는 분명 내게 없는 우호세력이 있는 것이 틀림없다. 그래서 '더 멀리 가려면 같이 가라'는 말이 생겨난 것이다.

든든한 우호세력이 뒤에 있는 사람에 대해서는 아무나 공격하지 못한다. 설령 명망 있는 사업가, 기업의 임원, 고위 공직자 등 사회적으로 높은 위치에 있는 사람이 아닐지라도 능력 있는 사람들과 인맥관계를 공고하게 유지하고 있으면 그에 대한 경쟁자의 공격은 머뭇거릴 수밖에 없다. 세력이 있는 사람들은 때대로 그가 가진 능력 이상으로 과대평가받기도 한다. 후광효과를 톡톡히 보는 것이다.

약한 사람에게는 세력이 무엇보다 절실하다. 서울대학교 외교학과 김상배 교수는 우리나라는 동아시아에서 아직 힘이 약한 나라라고 지적하면서 일대일 경쟁보다는 다양한 네트워크를 구성해 강대국에 대응하는 전략이 필요하다고 주장한 바 있다. 우호세력을 갖는 것은 특히 약자에게 더 필요하다는 얘기다. 어떤 사람은 개인대결이었더라면 필패 당했을 텐데 주변세력을 잘 활용하여 승리의 월계관을 쓰기도 한다.

이 분야의 전문가나 사회적으로 성공한 사람들은 이구동성으로 우호세력의 중요성을 강조하고 있다. 프랑스의 인시아드 경영대학원의 허미니아 아이바라Herminia Ibarra 교수와 마크 헌터Mark Hunter

교수는 우호세력을 '전략적 네트워크'라는 말로 설명하면서 전략적 네트워크 구축은 승리를 위해 필수적이라고 말한다.

'늑대론'을 들고 나와 승부를 걸 때는 늑대를 닮으라고 외치는 사람도 있다. 세계적인 인터넷 왕국을 건설하여 일본 부자순위 1, 2위를 다투는 소프트 뱅크의 손정의 회장은 관련하여 다음과 같이 말한다. "호랑이나 버펄로가 왜 늑대를 두려워하는지 아는가? 늑대는 한 마리로 안 되면 떼로 덤비고, 그래도 안 되면 그룹으로 에워싸 상대가 지칠 때까지 물고 늘어지기 때문이다. 똘똘 뭉쳐 열정과 비전으로 몰아붙이면 반드시 승리한다."

세력은 정치인만의 전유물이 아니다

자신의 추진력을 더욱 강화시키기 위해 우호세력 확보에 주력하는 사람들과 회사들이 여기저기서 많이 보인다. 그들은 업무에 열중하면서도 회사 내외에서 힘이 되어줄 사람을 찾고자 애를 쓴다. 얼굴 정도만 알고 지내던 사람들이 서로 얘기할 수 있는 시간이 주어지면 학교, 고향, 군대, 나이, 전공 등 둘만의 공통분모를 찾느라 분주하다.

세력을 좋아하기는 국가도 마찬가지이다. 지구상에는 APEC, ASEM, ASIAN, G7, G20 등 지역을 같이하는 또는 추구하는 목표에 이해를 같이하는 수많은 국가 연합체가 존재하고 있다. 이들 국가 연합체는 이미 세팅된 국가들에 만족치 않고 공동 이익에 필요하다 싶으면 그 숫자를 늘리기도 한다. ASIAN + 3이 대표적인 예이다. 이러한 국가 간 연합은 유사시 서로에 든든한 힘이 될 수 있는 우호세력이다.

일본 소비자의 한국 상품에 대한 차가운 인식 때문에 한국 제품들이 일본 시장에서 그간 숱한 고난을 겪었다. 세계시장의 강자로 빠르게 부상하고 있는 국산 자동차가 일본 시장에서는 지금도 답보상태를 보이는 것을 보면 사정이 예나 지금이나 크게 달라진 것은 없는 것 같다. 그런데 2013년에 이러한 현실을 딛고 '메이드 인 코리아 제품'이 일본에서 대박을 터뜨렸던 적이 있다. 삼성의 스마트폰 갤럭시 S4가 그 주인공이다. 어떻게 대박을 터뜨렸을까? 일본 최대의 이동통신사 NTT 도코모의 가토 가오루加藤薰 사장이 신상품 발표회장에서 수많은 스마트폰 중에서 갤럭시 S4 하나를 안주머니에서 꺼내 번쩍 들어 보인 것이다. 삼성과 전략적 우호적 관계가 구축된 NTT 도코모 사장의 지원 제스처 하나가 대박의 결정적인 동력이 되었다고 한다. 이런 사례를 보면 우호세력이나 전략적 파트너를 유지하고 확보하기 위해 개인과 기업들의 언제나 분주하게 움직이는 것은 너무나도 당연해 보인다.

그런데 얼마 전 헤드헌팅업체 유니코서치가 한국 CXO연구소에 의뢰해 국내 주요 대기업 부장급 105명을 설문조사한 결과에 의하면 조사대상의 절반 정도가 인맥을 이해득실을 위해서보다는 관계 자체를 위해서 관리하는 것으로 나타났다. 상당수의 직장인들이 인맥을 경쟁 상황을 종료시키고 승리의 팡파르를 울리는 데 도움을 줄 수 있는 전략적 지원세력으로 육성하는 데는 소홀히 하고 있는 것이다. 경쟁에서의 승리를 위한다면 세력에 대한 마인드를 새로이 고취시켜야 함을 깨닫게 해주는 조사 결과가 아닌가 싶다.

더 멀리 가려면 같이 가라

경쟁 장면에서 우호세력으로부터 많은 지원을 받기 위해서는 우선 유사시 힘이 될 수 있는 우호인맥을 많이 확보해야 한다. 일에 몰두해서 생활하다 보면 적극적인 인맥관리를 등한시하기 십상이다. 오고 가는 술잔 속에서 우정만 외치다 보면 향후 실전에서 도움이 되는 아군인지 또는 나에게 치명상을 입히려는 적군인지를 구별하지 못하고 교류할 가능성이 높다. 승리에 관심이 있다면 혈연, 지연, 학연만 찾지 말고 막상 실제 상황이 벌어지면 실질적으로 내게 얼마나 도움이 될지를 고민하면서 주변 사람들과 교류해야 한다. 분명하게 알아야 할 것은 지금은 자신의 우호세력이 경쟁력이 되는 시대라는 사실이다.

그리고 우호세력에게는 특별대우를 해주어야 한다. 우호세력은 나의 승리에 기여하는 고마운 사람들이다. 그렇기 때문에 보통 사람보다 당연히 더 잘해주어야 주어야 한다. 일본의 저명한 심리학자인 나이토 요시히토內藤誼人는 그의 저서 『마키아벨리의 인생지략』에서 '편파적인 인간관계'를 구축하라고 주문한다. 누구에게나 평등하게 대할 것이 아니라 자신의 세력이라고 간주되는 사람을 정했다면 특별대우를 해주고 다른 사람은 크게 신경 쓰지 말라는 것이다. 또 하나 염두에 두어야 할 것은 지금의 우호세력도 나의 경쟁자와 전략적 이해가 맞아떨어지면 언제라도 배신할 수 있다는 사실이다.

　또한 만든 세력이 파벌화되지 않도록 조심해야 한다. 팔이 안으로 굽는 특성 때문에 같은 편이 지나치게 결속되면 남에게 피해를 주고, 궁극적으로는 자신도 피해를 입는 파벌로 변질될 수가 있다. 이익 추구를 위해서는 '적과의 동침'까지 요구되는 작금의 상황에서 파벌 때문에 동침할 적을 구하지 못한다면 그 또한 문제가 아닐 수 없다. 그래서 자신의 우호세력이 남들에게 파벌로 비쳐지지 않도록 해야 한다.

승리의 골든 타임

"기회는 사라지지 않는다. 다만 다른 사람에게로 갈 뿐이다."

- 오노레 드 발자크(프랑스의 소설가) -

사마의司馬懿, 그는 중국 후한의 삼국시대 때 위나라 대신으로서 조조, 조비, 조예, 조방 등 무려 4대의 왕을 보필하여 위나라를 막후에서 이끈 사람이다. 그는 대장군으로 있을 때 어린 왕 옆에서 권력을 휘두르는 왕실 인척 조상으로부터 끊임없는 견제를 받았다. 조상은 그의 목숨까지 노렸다. 이를 눈치 챈 사마의는 모든 정사에서 손을 떼고 집에서 칩거하였다. 대소변도 못 가리는 병자 시늉을 해 가면서까지 전략적으로 두문불출하였다. 병든 모습을 본 조상은 사마의에 대한 경계를 풀게 된다. 그러던 어느 날 조상은 긴장을 다 놓아버린 채 문무대신을 이끌고 왕과 함께 성 밖에 있는 선대先代 왕들의 묘를 찾았다. 치밀하게 준비해가면서 재기의 기회만 노리고 오랫동안

병상에 누워있던 사마의는 드디어 기회가 왔음을 알고 정변을 일으켰다. 그는 조상 일당을 처형한 뒤 승상에 봉해져 위나라의 실질적인 권력을 거머쥐었다. 경쟁 상대를 물리치고 화려하게 재기할 수 있는 승리의 기회를 포착하기 위해 인고의 오랜 세월을 숨죽이고 보내다가 결국 사마의는 역전에 성공한 것이었다. 이것은 그가 발휘한 기회 포착 능력이 만들어준 결과였던 것이다. 이 승리의 힘은 사마의의 손자 사마염이 위나라를 멸하고 진나라를 세워 천하의 패권을 거머쥐는 데까지 이어졌다.

이기는 기회는 알아서 오지 않는다

절호의 기회는 「세렌디피티Serendipity」라는 영화에서 열렬하게 사랑하던 두 주인공이 서로에 대한 그리움이 극에 달하던 순간 뉴욕에 있는 센트럴파크에서 꿈같이 재회하게 되는 것처럼 전혀 예상치 못한 상태에서 찾아오기도 하지만, 그러나 이런 경우는 그리 흔치 않다. 영화와 현실은 다르다. 승리를 만들어주는 기회의 대부분은 기회 포착을 위한 노력의 대가로 주어진다.

양질의 기회는 주로 위기나 격동기에 발견되는 특성을 가지고 있다. 즉 상황을 감 잡을 수 있는 조용한 평시平時보다는 불확실성과 위험이 몰아치는 전시戰時가 양질의 기회가 만들어지는 산실이 되고 있는 것이다. 직선주로直線走路에서는 차이가 없다가 어려운 코너링 시에서 갑자기 순위가 뒤집히는 달리기나 스케이팅 경기가 이를 잘 말해준다.

일반적인 상황에서의 승리에서 얻는 전리품은 그리 크지 않다.

그러나 아주 드물게 찾아오는 절호의 기회 속에서 만들어진 승리는 승자에게 짜릿한 만족감은 물론 푸짐한 부가소득을 선사한다. 그래서 절호의 기회를 잡기 위해서 항상 적극적이어야 하는 것이다.

기회를 놓치게 되면 그 놓친 대가가 너무 크다는 것도 기회를 잡아야 할 큰 이유 중의 하나이다. 생전에 스티브 잡스는 의사와 가족의 요청에도 불구하고 9개월간 암 수술을 거부했다. 이 초기 9개월은 수술하면 살 수 있는 생존의 '골든 타임'으로서 잡스가 기회라고 생각하고 잡았더라면 자신을 살릴 수 있는 기간이었다. 나중에 잡스는 이를 후회하였지만 기회는 이미 사라진 뒤였다.

세계적인 경영 컨설턴트 짐 콜린스Jim Collins는 기회 포착의 중요성을 "훌륭한 사람은 오로지 기회 위에서만 가능하다."라는 한마디로 함축하였다. 1921년 미국 스탠퍼드대학교 심리학과 루이스 터먼Lewis Terman 교수가 주축이 된 연구팀에 의해 실시된 성공 역량에 관한 장기 종단연구에서도 역시 기회 포착의 중요성을 확인할 수 있다. 미국 캘리포니아에서 거주하는 1,521명을 추려내 그들의 일생을 추적하는 장기 종단 연구를 실시하였는데, 연구팀은 여러 가지 요소를 종합적으로 고려하여 "성공은 지능이 아니라 성격과 인격, 기회 포착 능력 등 세 가지 요소가 좌우한다."라는 연구의 최종 결론을 내렸다.

기회의 신은 머리카락을 이마에 달고 있다

사회에서나 직장에서나 화려한 명예나 고소득을 누리며 잘나가는 사람들은 남보다 앞설 수 있는 결정적인 승기勝機를 잡기 위해 노력한다. 그들은 오리의 발이 물 밑에서 항상 바삐 움직이듯 남들은 여유 잡는 평소에도 절호의 기회를 잡아 결정타를 날리기 위해 언제나 분주하다. 그러니 연전연승은 예외 없이 이들의 몫이 될 수밖에 없다.

기업 등 조직에서도 기회를 포착하기 위한 특별한 움직임들이 증가하고 있다. 특히 기회의 보고寶庫인 실패를 예의 주시하고 있다. '공격 앞으로'를 이유로 실패관리에 소홀했던 과거와는 달리 지금은 의미 있는 실패에 대해서 철저한 분석은 물론 포상까지 실시하고 있다.

그러나 기회가 이미 지나간 자리를 서성인다든가 기회가 오기를 막연하게 기다리는 직장인도 적지 않다. "혹시 다시 오지 않을까?", "누가 챙겨주지 않을까?" 하는 기대는 감나무 밑에서 입 벌리고 있는 것이나 별반 다를 바 없다. '빛의 천사' 헬렌 켈러Helen Keller 여사는 이런 현실을 안타까워하며 다음과 같은 말을 남겼다. "행복의 문 하나가 닫히면 다른 문들이 열린다. 그러나 우리는 대게 닫힌 문들을 멍하니 바라보다가 우리를 향해 열린 문을 보지 못한다."

발 빠르게 움직여라

기회를 잡기 위해서는 우선 생각과 행동이 재빨라야 한다. 기회라는 것은 다른 것과는 달리 눈독을 들이는 사람이 워낙 많아 있다가도 마파람에 게 눈 감추듯 갑자기 사라진다. 그래서 평이한 움직임으로는 나보다 먼저 잡을 수가 없다. 절호의 기회는 더더욱 그러하다. 기회의 신 카이로스는 앞머리는 길고 무성하지만 뒷머리는 대머리처럼 벗겨져 있다. 이처럼 이상스럽게 생긴 이유는 기회를 앞서 잡게 하기 위해서, 그리고 지나간 뒤에는 못 잡게 하기 위해서이다. 또 그의 손에 쥐어진 저울이 기울어진 것은 기회가 누구에게나 공평하지 않으니 잡을 건지 말 건지를 재빨리 판단하라는 뜻이다.

그리고 기회가 등장할 만한 곳에 자주 가야 한다. 호랑이를 잡으려면 호랑이 굴로 가야 하는 것처럼 말이다. 위기가 감도는 곳, 의미 있는 실패가 반복되는 곳, 계획만이 무성한 책상이 아니라 일이 코앞에서 펼쳐지는 업무 현장 등이 바로 그곳이다. 인간은 누구나 극도의 어려움이 닥치거나 실패가 반복되면 그 상황에서 벗어나기 위해 온갖 노력을 다하기 마련이다. 2,500년 전 중국의 춘추전국시대, 그때는 언제 죽을지 모르는 위기의 상황이다 보니 고통과 절망도 많았지만 그 이상으로 기회도 많았다. 그래서 수많은 영웅호걸이 탄생하였고, 그때 만들어진 승리의 지혜는 오늘날까지 유용하게 활용되고 있는 것이다.

또한 남들이 꺼리는 곳을 노려야 한다. 이런 곳에 도전했을 때 비로소 좋은 기회를 잡을 수 있다. 남들이 몰리는 곳은 어차피 승리를 점치기 힘든 레드 오션이고, 이들 누구에게나 노출된 기회는 이미 기회가 아닐 수 있다. 그렇기 때문에 남들과 방향을 달리하는 용기와 지혜가 필요한 것이다. 월마트의 창업자 샘 월튼Samuel M. Walton은 할인점을 추가로 낼 때마다 할인점 개설을 말리는 지인들에게 "인구 5만 명이 되지 않는 지역에선 할인점이 오래 버티지 못한다."라는 말을 귀가 따갑도록 들어야 했다. 그럼에도 불구하고 그는 당시의 통념을 거부하고 당초 계획대로 밀어붙인 덕분에 월마트는 지금 세계 최고의 유통기업으로 그 명성을 날리고 있는 것이다.

• **Major Skill** •

- 신속한 의사결정
- 기회가 자주 등장하는 곳 지향
- 남들이 꺼리는 곳 지향

상처뿐인 영광일랑
만들지 마라

호랑이는 배가 아주 고플 때를 제외하고는 잡은 먹잇감을 그 자리에서 먹지 않고 다른 동물이 접근하기 곤란한 바위틈이나 높은 곳으로 물고 간 뒤 거기서 주위를 살피며 먹는다. 목이 마르거나 해서 잠시 그곳을 떠날 때는 나뭇잎 등으로 먹다 남은 먹이를 덮어놓고 간다. 백수의 제왕인 호랑이가 이렇게 하는 것을 보면 한편으로 쪼잔해 보일 수도 있다. 그러나 그것은 그렇지 않다. 이것은 호랑이의 이유 있는 행동이다. 만일 이렇게 하지 않고 먹잇감을 노출시켜 놓으면 이것을 본 늑대 무리나 굶주린 다른 호랑이가 사생결단으로 덤벼 먹잇감을 빼앗길 수 있기 때문이다. 결국 이러한 호랑이의 행동은 사냥 성공률이 30%밖에 안 되는 상황 속에서 어렵게 일군 승리를 철저하고 신중하게 마무리하는 승자의 지혜인 것이다. 비록 동물이지만 호랑이는 성과 관리에 대한 교훈을 던져주고 있다.

이창업易創業, 난수성難守成

한판 승부가 벌어진 이후에 남는 것은 승리 아니면 패배이다. 이때 패자는 설욕을 위한 패자부활전을 준비하겠지만 승자는 격전 이후에 몰려오는 안도감에 빠지거나 승리감에 도취되어 '쉬어 모드'로 들어갈 가능성이 크다. 그러나 이러한 상태가 오래가면 애써 이룬 승리가 후속관리 미흡으로 인해 '상처뿐인 영광'으로 전락할 수 있다.

이렇게 승리를 이룬 사람이 샴페인을 터뜨리며 즐기는 것은 어쩌면 당연한 것이다. 그러나 지나치면 문제가 된다. 당나라 태종의 태평성세 내용을 담은 『정관정요貞觀政要』에 보면 '창업은 쉬우나 수성은 어렵다'는 '이창업易創業, 난수성難守成'이란 말이 나온다. 당 태종이 창업도 어렵지만 수성은 더 어려운 일이니 새로운 마음으로 나라를 다스려야 한다고 신하들에게 강조한 말이다. 그렇다. 승리를 오래 보존한다는 것이 매우 어려운 일임에 틀림없다. 그래서 승리를 이룬 직후부터 마음을 다잡고 승리 유지를 위해 노력해야 하는 것이다.

그리고 승리감에 오래 빠져있으면 패자에게 쓰라린 역습을 당할 수 있는데, 이것 역시 승리 후 관리가 필요한 이유이다. 역사상 나폴레옹 보나파르트Napoleon Bonaparte처럼 전투마다 승리한 사람도 드물다. 그러나 그는 짧은 기간에 승승장구하였지만 '백일천하'를 끝으로 결국 역전패를 당했다. 러시아, 오스트리아, 영국과 동맹을 맺고 힘을 키우고 있을 때 그는 이미 이룬 승리에 기고만장氣高萬丈한 채 이에 대응하지 않았기 때문이었다. 「토끼와 거북이」에서 토끼의 패배 역시 마찬가지 경우다. 승자들이 이겨 놓고 패배하는 이유를 전문가들은 계속 잘될 거라고 생각하는 '성공의 덫'에 빠지기 때문이라고 한다.

또한 반복적인 승리를 도모하기 위해서는 승리 후의 관리가 필요하다. 변화하는 세상은 언제나 그에 걸맞은 새로운 능력을 요구한다. 이러한 요구에 부응할 수 있는 최적의 능력은 바로 승리 경험이 있는 능력이다. 이 능력이 승리 직후부터 잘 관리되어 새로운 능력 개발에 적절히 활용된다면 새 능력은 분명 연전연승에 기여할 것이다.

관리 않는 부귀영화는 오래가지 못한다

직장의 위너들은 이룬 성과를 주도면밀하게 관리하여 성과를 확대 증폭해 나가고 있다. 이들은 어쩌다가 맛본 성과에 자아도취되어 있다가 바로 뒤에 따라오는 경쟁자에게 그냥 추월당하는 '선무당' 같은 직원과는 근본적으로 다르다. 현대자동차에서는 매년 초에 전국의 영업 전담직원 중에서 10명을 뽑아 '전국 판매왕'이라는 칭호를 부여하고 푸짐하게 포상해준다. 그런데 순위가 요동칠 수 있는 치열한 경쟁 상황 속에서도 이들 판매왕 10명의 이름은 매년 거의 바뀌지 않는다. 그 이유는 바로 그들이 판매를 하는 것 못지않게 승리 후 관리에도 달인의 경지에 올라있기 때문이다.

한때는 잘나갔으나 지금은 '필부필부匹夫匹婦' 같은 평이한 삶을 영위하는 사람이나 기업이 적지 않다. 한동안 커피 체인점 시장을 주름잡았던 스타벅스, 그러나 지금은 예전 같은 '부귀영화'는 누리지 못하고 괜찮은 커피 체인점의 하나로서 존재하고 있다. "그때 스타벅스의 사업 모델은 아주 훌륭했다. 그러나 이전의 성공에 도취돼 혁신을 소홀히 했다. 매력 있는 신제품을 개발하지 않았고, 기존 제품에 변화를 별로 주지 않았다. 초기의 창업 정신도 희석되었다." 현대 마케팅의 1인자로 칭송 받고 있는 미국 노스웨스턴 대학교의 필립 코틀러Philip Kotler 교수의 말이다. 이 말에서 스타벅스가 승리 후 관리를 제대로 하지 않은 것에 대한 코틀러 교수의 아쉬움이 짙게 묻어난다.

그리고 승리 후를 자기중심적으로 관리하는 과정에서 발생될 수 있는 문제점도 만만치 않다는 것을 상기해야 한다. 지금은 승자와 패자가 따듯하게 함께 살아야 하는 '자본주의 3.0시대'인 데도 불구하고 자신의 승리에 함몰되어 패자의 부활 기회를 차단하는 경우가 빈번하게 발생된다. 특히 어떤 승자는 승리와 함께 '천상천하 유아독존天上天下 唯我獨尊'의 승자로 존재하고자 하는 욕심 때문에 이전투구의 경쟁 상황을 유발하여 상대 경쟁자를 자칫 죽기 아니면 살기로 싸울 수밖에 없는 상황인 '투키디데스의 함정'에 몰아넣어 공멸을 자초하는 우를 범하기도 한다.

조선시대 무과급제를 위해서 반드시 읽어야 했던 중국 병법서

중의 하나인 『오자병법』에 "싸워서 이기는 것은 쉬워도 그 승리를 지키는 것은 어려운 일이다."라는 말이 있다. 세상에 영원한 1등도 없고 영원한 꼴찌도 없는 것을 보면 이 말을 더욱 실감하게 된다. 그렇다 하더라도 승리를 제대로만 관리한다면 연승의 기회는 높아지게 된다.

비단옷 위에 삼베옷도 걸쳐라

승리를 지속하기 위해서는 우선 승리에 취한 자만과 방심을 철저히 경계하여야 한다. 승리 후 자만과 방심은 승리로 얻은 기쁨의 유효기간을 단축시키고 심지어는 승자를 재기 불능의 패배로 몰아넣기도 한다. 그래서 "비단옷을 오래 입으려면 때때로 비단옷 위에 삼베옷을 걸쳐라."라는 말도 생겨난 것이다. 2004년 처음 출시되어 4년간 롱런하며 전 세계에서 무려 1억 3,000만 대가 팔린 대기록을 가지고 있는 모토로라의 레이저는 휴대전화 업계에서 가장 성공했던 모델로 손꼽힌다. 레이저의 성공은 모토로라에 효자 노릇을 했지만 한편으로 회사를 몰락시키는 단초도 제공하였다. 레이저의 성공에 도취하여 순간 방심한 모토로라 경영진이 신제품을 개발하는 데 소홀했기 때문이다. 모토로라는 2011년에 결국 구글로 넘어갔다. 자만과 방심이 이렇게 무서운 것이다.

그리고 이룬 승리에 대한 평가와 피드백이 반드시 이루어져야 한다. 일반적으로 승리하고 나면 경쟁이 종료되었다는 안도감과 승리했다는 포만감으로 그 승리의 결과에 사후평가와 피드백을 소홀히 하는 경우가 많다. 그렇게 되면 당연히 승리의 확대 재생산이 어렵게 된다. 그래서 이룬 성과의 양과 질을 철저하게 평가한 뒤 결과를 피드백하여 또 다른 승리를 위한 아이디어를 찾아야한다.

또한 중장기적인 안목을 가지고 또 다른 승리를 위한 차비를 서둘러야 한다. 한 방에 모든 승리를 거머쥘 수는 없는 일이다. 하나의 경쟁이 끝나면 새로운 차원의 또 다른 형태의 경쟁 상황이 눈앞에 계속 전개된다. 이에 대응하여 연승을 거두기 위해서는 중장기적인 마인드가 필수적이다. 경쟁은 100m 달리기처럼 순식간에 끝나는 것도 있지만 마라톤처럼 장기 레이스를 펼쳐야 하는 것이 대부분인 데도 불구하고 성과지향적인 삶에 치이다 보면 '향후'는 그야말로 나중 일이 되고 '당장'의 성과나 승리에 치중하는 현상이 나타날 수 있다. 그렇지만 세계적인 베스트셀러 『생각의 빅뱅』의 저자인 에릭 헤즐타인Eric Haseltine 박사는 "1955년 포천이 뽑은 500대 기업 중 지금까지 살아남은 기업이 13%에 불과하고 경제 위기가 계속 찾아오는 것도 인간 뇌의 단기 지향적 특성 때문이다."라고 경고하고 있다. 분명한 것은 중장기를 지향하는 마인드까지 겸비해야만 경쟁의 전리품을 더 많이 챙길 수 있다는 사실이다.

· Major Skill ·

- 승리에 취한 자만과 방심 경계
- 승리에 대한 평가와 피드백 실시
- 또 다른 승리를 위한 준비

음속으로 겨루어라

이 자동차회사는 중국에 진출한 후 2003년부터 본격적으로 생산을 시작하였다. 5년 뒤인 2008년에는 30만 대 규모의 2공장을 건설하였고 2012년 7월 역시 30만 대 규모의 3공장을 건설하여 본격 가동했다. 특히 3공장은 착공부터 본격 생산까지 걸린 기간이 2년도 채 안 되는 18개월밖에 걸리지 않았다. 이 기간은 경쟁 업체들이 보통 30개월 정도 걸렸던 것에 비하면 엄청나게 짧은 기간이다. 3공장은 곧바로 30만 대에 15만 대를 추가하였다. 생산을 개시한 지 불과 10여 년 만에 1, 2, 3공장 총합으로 연간 100만 대 생산능력을 구축한 것이다. 이는 일반 자동차회사로서는 상상하기 어려운 광적인 스피드이다. 상하이폭스바겐 25년, 이치폭스바겐 20년, 둥펑닛

산 20년 등 선발 주자들이 100만 대 생산능력을 갖추는 데 20년 이상이 걸린 것에 비하면 딱 절반밖에 걸리지 않은 것이다. 현재 중국시장 점유율 상승속도가 가장 빠르고 품질 역시 최상을 자랑하고 있다. 이것은 현대자동차가 지금 중국에서 보여주고 있는 무서운 속도이다. 미국이나 중국에서는 이를 두고 '현대속도'라고 일컫는다. 이러한 속도에 힘입어 현대자동차는 현재 글로벌 5위 기업으로 성장하여 우리나라 경제발전을 선두에서 견인하고 있다.

폭풍의 '몽고 속도'

경쟁을 승리로 안내하는 원천으로써의 속도는 크게 두 가지로 대별할 수 있다. 하나가 의사 결정의 속도이고, 또 다른 하나는 실행의 속도이다. 먼저 신속한 전략적 의사 결정은 기회 선점 측면에서 매우 중요하다. 경쟁자보다 느린 의사결정은 잘못된 전략만큼이나 승리에 악영향을 미칠 수 있기 때문이다. 그리고 실행속도는 설정된 목표를 달성케 해주는 직접적인 요소로써 역시 중요하다. 이 두 속도가 잘 융합되어 경쟁을 밀어준다면 웬만한 승리는 장담해도 가히 무방하다.

기껏 100만여 명밖에 안 되는 인구를 가진 칭기즈칸의 몽고가 1억 명이 훨씬 넘는 유럽, 중국, 이슬람 문명권을 지배하여 역사상 세계 최대의 제국을 누렸었다. 그야말로 '일당백一當百'을 해낸 것이다. 이때 그들의 일일 최대 행군 속도는 200Km에 달했다. 이 같은 속도는 오늘날처럼 도로 상황이 양호한 상황에서도 어려운 일이다. 폭풍 같은 '몽고 속도'가 몽고로 하여금 최대의 제국을 호령할 수 있도록 해준 것이다. "속도를 지배하는 자가 곧 경쟁 상황을 지배한다."라는 말을 몽고제국의 역사를 통해 다시금 실감하게 된다.

과거에는 충분한 시간을 가지고 심사숙고하는 사람을 높게 평가하는 경향이 있었다. 그러나 주변에 포진한 요소들이 럭비공처럼 요동치는 지금의 상황에서는 그런 평가를 적절하게 보지 않는다. 이런 상황에서는 느린 속도가 자신은 물론 조직과 조직 내 동료의 이익에까지 손상을 줄 가능성이 높기 때문이다. 1967년에 벌어진 중동전쟁에서 이스라엘이 전격적인 작전을 펼쳐 6일 만에 초스피드로 전쟁을 마무리하지 못했다면 오늘날과 같은 이스라엘의 위상이 만들어질 수 있었을까?

속도가 중요한 이유는 또 있다. 승리를 위한 경쟁이나 상대방에 대한 설득이 너무 길어지면 시간과 에너지가 고갈되는 소모전이 되어 쌍방 모두 승리를 맛보기도 전에 파탄날 수가 있다. 2010년 1월, 법원에 파산보호를 신청한 일본항공JAL은 직원 4만 8,000명 중 무려 1만 6,000명을 내보내는 전무후무한 구조조정을 불과 1년 만에 전격적으로 끝내버렸다. 구원투수로 일본항공에 들어와 이 일을 한 오시니 마사루大西賢 회장은 이후 언론과의 인터뷰에서 이런 말을 했다. "제가 오기 전 당초의 구조조정 계획의 기간은 3년이었습니다. 그런데 이렇게 구조조정을 서서히 3년에 걸쳐서 했더라면 직원들 마음이 전부 조각나 버렸을 것입니다." 지금 일본항공은 연간 수조 원대의 영업이익을 내면서 화려하게 부활하였다. 결국 빠른 속도에 의한 순탄한 구조조정이 회사를 회생시키는 데 큰 몫을 한 것이다.

세상은 빠른 자와 느린 자로 나뉜다

성공한 사람들은 속도의 중요성에 소리를 높이고 있다. 미국의 저명한 미래학자 앨빈 토플러Alvin Toffler는 저서 『권력의 이동』에서 "이제는 강자와 약자 대신에 빠른 자와 느린 자로 나뉘고, 빠른 쪽이 반드시 성공하게 되어 있다."라고 하였다. 또한 현대자동차의 윤갑한 사장은 최근 자신의 모교 강연에서 이런 말을 하였다. "농구의 '황제' 마이클 조던이 부상을 입지 않은 이유는 속도를 줄여 경기하지 않았기 때문입니다. 인생은 전속력으로 부딪치는 사람에게만 아름다운 보상을 해주니 늘 최선을 다하며 도전적인 자세로 임하세요."

빠른 속도가 이렇게 중요함에도 불구하고 그저 심사숙고하느라고 정신이 없는 사람들이 아직도 많다. 그것도 매일 경쟁자 또는 경쟁사로부터 날아오는 포탄이 작렬하는 경쟁 일선에서 말이다. 물론 이것저것 따져야 할 상황에서야 당연히 그래야 하겠지만 지금 당장 액션을 취하지 않으면 이익이 날아가는 절체절명의 상황인 데도 '분석'하느라 골몰해있다. 이러한 사람들은 기회라는 것은 기차와 같이 한번 떠나면 그것으로 끝이라는 사실을 직시해야 한다. 그리고 지금 잘나가는 삼성이 왜 음속보다 빠르다는 뜻인 마하를 접두어로 붙인 '마하 경영'이란 말까지 만들어가며 경쟁자를 대응하는지를 알아야 한다.

1보 후퇴하면 2보 전진하라

속전속결하기 위해서는 우선 간소화해야 한다. 머릿속이 이 생각 저 생각으로 복잡하거나 해야 할 일이 지나치게 많으면 절대로 원하는 속도를 얻을 수 없다. 일단 목표가 설정되면 목표수행에 꼭 필요한 것들만 남기고 불필요한 것들은 모두 제거시켜야 한다. 속도로 세계를 제패한 칭기즈칸 군대가 유럽을 향해 달리는 말 위에서 집안일, 중국 공략하는 일 걱정하고 현지에서도 얻을 수 있는 식량을 말 등에 얹고 떠났다면 유럽 점령이 가능했을까?

그리고 전후좌우를 보면서 속도를 내야 한다. 지금은 경쟁 환경이 그 어느 때보다도 더 복잡다단하기 때문에 무조건 속도를 내는 것은 위험하다. 아무리 급해도 경쟁 환경을 반영한 속도 조절이 필요이다. 기업의 장면에서 속도가 매출 및 영업이익에 미치는 영향력을 연구한 조슬린 데이비스Jocelyn R. Davis와 톰 애킨슨Tom Atkinson은 하버드비즈니스리뷰HBR 기고문을 통해 적절한 감속 후 속도를 낼 줄 아는 기업이 무조건 속도만 추구하는 기업보다 3년 평균 매출 및 영업이익 증가율이 각각 40%, 52% 더 높았다는 그들의 연구 결과를 발표했다. 최후 승리를 위해서는 1보는 전략적으로 후퇴하고 2보는 힘차게 전진하라는 말과 다를 바 없다.

또한 때로는 기습 작전을 벌여야 한다. 기습은 경쟁자 모르게 그를 공격하는 때문에 경쟁자가 모르는 시간만큼 그보다 앞서갈

수가 있고 그의 움직임을 더디게 만들 수가 있다. 미국이 월남전
에 매년 50만 명을 투입하고 350억 달러의 천문학적인 돈을 쏟아
붓고도 패한 이유는 월맹군의 기습 공격 때문이었다.

· Major Skill ·

- 간소화
- 속도 조절
- 기습전 전개

나를 알고 그를 알라

"자기도 모르고 남 또한 모른다면 싸울 때마다 반드시 패할 것이다."

- 손자병법 모공편(중국 춘추전국시대의 병법서) -

무하마드 알리Muhammad Ali, 그는 "나비처럼 날아서 벌처럼 쏜다."라는 그의 말처럼 춤추듯 하는 몸놀림과 번개 같은 펀치로 60, 70년대 세계 복싱계를 주름 잡았던 '전설의 복서'이다. 1964년 당시 세기의 철권으로 불리던 소니 리스턴Sonny Liston과의 헤비급 타이틀전 경기는 그의 운명을 갈라놓은 경기였다. 알리가 리스턴에 앞서는 것은 오직 빠른 동작 하나뿐이었다. 그래서 누구 할 것 없이 리스턴의 승리를 점쳤다. 이러한 상황에서 승리를 위해 절치부심하던 중 알리의 머리를 스친 단어가 하나 있었는데, 그것은 바로 중국 병법서에서 보았던 '지피지기知彼知己'였다. 그때부터 알리는 리스턴의 정신적 허점, 육체적 급소, 파이팅 스타일 등 그에 관한 모든 것을 연구하였다.

이에 그치지 않고 링 밖의 리스턴이 어떤 인간 부류인지까지도 관찰하였다. 이런 것들을 자신의 약점과 강점에 연결시켜 대응책을 강구하였다. 경기 당일 알리는 이 모든 정보를 토대로 해서 만든 전략으로 리스턴을 철저하게 공략하였는데, 그 결과 리스턴은 맥없이 무너졌고 알리는 환호하였다. 알리가 펼친 지피지기의 지혜가 찬란한 승리로 승화되는 순간이었다.

지피지기 백전불태知彼知己 百戰不殆

상대방의 동향과 역량, 그리고 나의 역량을 제대로 모르고서는 승리를 위한 전략이 제대로 수립되기 어렵다. 일찍이 손자도 손자병법 제6편에 나오는 지피지기 백전불태知彼知己 百戰不殆라는 말로 이를 강조한 바 있고, 이것 가지고는 부족하다 싶었는지 한발 더 나아가서 자기도 모르고 남 또한 모르면 싸울 때마다 반드시 패할 것이라고까지 하였다.

현대전은 정보전이다. 그렇기 때문에 정보전에서 승리하는 사람들이 주도권을 잡게 되고 본선에서도 승리를 거둔다. 수나라 양제煬帝는 "고구려군쯤이야." 하면서 100만 이상 대군을 이끌고 고구려를 침공하였지만 미처 알지 못한 을지문덕의 지략에 말려 오히려 대패했다. 상대의 상황은 파악도 않은 채 자신의 강점만 믿고 경거망동하다가 결국 상대에게 당한 것이다. 수양제가 자기네 나라 선조가 만든 병법서에 나오는 '지피지기'를 간과했던 것이 틀림없다.

경쟁이 길어지면 소모전이 되어 양 당사자에게 유해할뿐더러 애써서 남 좋은 일만 만들어주게 된다. 어부지리漁父之利가 이래서 나온 말이다. 그래서 승부는 가능한 전광석화電光石火처럼 결판나는 것이 좋다. 상대를 알고 나를 알면 이것이 가능하다.

그리고 상대를 알고 나를 알게 되면 불필요한 경쟁, 무리한 경쟁을 미연에 방지할 수 있다. 당랑거철螳螂拒轍의 고사처럼 길거리서 사마귀가 수레를 막으려고 버티고 서 있으면 깔려죽기 딱 알맞을 것이다. 상대의 정보에 어두우면 바로 이 사마귀 신세처럼 될지도 모른다.

특히 급변하는 지금과 같은 시기에는 주변 상황과 경쟁 상대의 동향을 수시로 파악하는 것이 무엇보다 중요하다. 왜냐하면 내가 변하는 것 못지않게 상대와 주변 상황이 변하기 때문이다. 지금의 경쟁 환경은 변화의 속도가 빠르고 그 범위가 넓을 뿐만이 아니라 예측하기도 매우 어렵다. 오늘을 살아가는 사람들의 눈과 귀에 상대의 변화를 감지할 수 있는 고감도의 레이더 장착을 강하게 요구하고 있는 것이다.

쓰레기통에서 세계 최고를 낚다

"경쟁업체의 운영 비밀을 알아내고 싶으면 그들의 쓰레기통을 뒤지면 된다. 알아야 할 모든 것은 그 안에 들어있다. 나는 새벽 2시에 경쟁사의 쓰레기통 안을 들여다보며 전날 고기를 몇 상자나 썼는지, 빵을 얼마나 썼는지 살핀 게 한두 번이 아니었다." 맥도널드 창업자 레이 크록이 한 말이다. 이러한 경쟁사의 정보를 알아내기 위해 창업 초기 그가 한 눈물겨운 노력은 오늘날 맥도널드로 하여금 2014년 브랜드가치 세계 5위, 비제조업 중에서는 1위에 빛나는 세계 최고수준의 음식점 체인이 되는 데 크게 기여했음이 틀림없다.

지피지기를 통해 시장 점유를 확대하기 위한 기업들의 움직임도 다양하다. 자동차회사들은 성능시험장에서 자사 제품과 경쟁사 제품을 동시에 갖다놓고 여러 가지를 비교해보는데, 이 자리에는 외부의 전문 카레이서와 자동차 전문기자는 물론 사내의 판매 담당직원들이 비교 시승체험을 통하여 자사 제품과 경쟁사 제품의 장단점을 비교한다. 특히 판매 담당직원들은 여기서 확보한 자료를 판매에 적극 활용한다. 이러한 '지피지기 마케팅'은 판매 증진에 기여하는 바가 크다.

물론 내 능력이 경쟁 상대보다 탁월한 경우는 상대를 대충 알아도 무방하다. 월드컵 지역 예선에서 브라질하고 베네수엘라하고 맞붙는다면 브라질 팀은 자신의 실력만 점검하고 경기에 임해도 이기는 데 큰 무리는 없을 것이다. 그러나 유념해야 할 것은 이러한 경쟁구도가 환경의 스피디한 변화로 언제 어떻게 뒤바뀔지 모른다는 사실이다. 그래서 짜릿한 승리를 원한다면 늘 고감도의 레이더로 상대의 동향을 파악하고, 거기에다 나의 상황을 융합시킨 뒤 승리 전략을 세워야 하는 것이다.

대관소찰大觀小札하라

상대를 알기 위해서는 우선 철저하게 관찰하고 분석해야 한다. 진급 경쟁에서 맞불을 경쟁 동료들은 지금 무엇을 하고 있는지, 경쟁자의 강점과 단점은 어떤 것들이 있는지, 이에 대응하는 나의 능력은 어떠한지 등 승리를 위해서는 관찰하고 분석할 일이 많다. 이러한 상황을 정확하게 알기 위해서는 대관소찰大觀小札, 즉 숲을 보고 나무를 보듯이 넓게 조망을 한 뒤 세부적으로 분석해 들어가야 한다. 급하다고 이 순서를 무시하면 서두른 시간 이상으로 손해를 보게 된다.

그리고 상대에 대한 정보 획득은 직간접 루트를 모두 이용하여야 한다. 남을 못 믿어 자신의 정보획득 행위에만 지나치게 의존하면 정확한 정보를 얻지 못할 수도 있다. 영업을 하려면 시장조사를 통한 정보 획득이 필수인 요즈음에 시장조사에 별 관심을 두지 않는 회사도 생겨나고 있다. 상당수의 고객이 직접 물어보면 진실을 이야기하지 않기 때문이라는 것이다. 내게 정보를 주는 제 3자가 나의 경쟁자와 이해관계가 조금이라도 얽혀있으면 이 역시 경쟁자에 관한 사실이 왜곡될 소지가 있다. 그래서 정보획득 시 다양한 직간접 루트가 필요한 것이다.

또한 질문을 최대한 이용하여 경쟁 상대의 상황을 파악해내야 한다. 들려오는 정보는 이미 나왔다는 이유 하나만으로도 단물 빠진 껌일 가능성이 높다. 그래서 가능한 직접적인 질문을 통해서 상대의 정보를 알아내야 한다. 경쟁 상대이든, 경쟁 상대의 정보를 주는 제3자이든 그들의 속마음에 담긴 사실을 보다 정확하게 알아내기 위해서는 파워 있고 구조화된 질문기법을 사전에 철저하게 습득하는 것이 필요하다. 많은 사람들은 전 세계 인구의 0.2%밖에 안 되는 유대인이 노벨상 수상자 30%, 노벨 경제학상 수상자 70%를 차지하고 있는 주요 원인으로서 어렸을 때부터 습관화된 유대인들의 질문 능력을 꼽고 있다. 질문을 통해 인출해낸 상대의 최신정보는 상대와의 경쟁 승리를 위한 훌륭한 밑거름으로 작용한다는 것을 유대인은 말해주고 있다.

· Major Skill ·

- 상대에 대한 철저한 관찰 및 분석
- 직간접의 다양한 루트를 이용하여 정보 획득
- 질문을 통하여 필요한 정보 파악

라이벌 효과

"인간은 경쟁 상대가 있을 때 상승 에너지가 솟구친다. 만약 경쟁 상대가 없으면 기록은 퇴화할 것이다."
- 칼 루이스(미국의 올림픽 육상 금메달리스트) -

모든 보컬그룹이 그렇듯이 리드보컬은 대중에게 보다 더 어필되면서 외견상 핵심 멤버 역할을 한다. 그러다 보니 그룹 멤버 중에서 보컬들은 리드보컬이 되기 위해 치열하게 경쟁한다. 영국 보컬그룹 비틀즈의 보컬이었던 존 레논John Lennon과 폴 매카트니Paul McCartney도 예외는 아니었다. 이들은 비틀즈의 동료 가수로서 관중 앞에서는 똘똘 뭉쳐 천상의 화음을 선사했지만 이면의 시간들은 팽팽한 긴장관계의 연속이었다. 이들은 성격부터 달랐다. 레논은 자존심이 센 다혈질의 소유자인 반면에 매카트니는 부드럽고 감성적이었다. 이러한 성격적 특성은 그들의 노래에 그대로 반영되었다. 매카트니가 '순리를 따르라'는 메시지를 던지는 〈Let It Be〉를 만들었을 때 레논은

<Imagine>을 만들어 "무슨 소리냐? 마음껏 상상하고 꿈꿔라!"라고 맞섰다. 두 라이벌의 선두다툼은 계속되었다. 그런데 중요한 것은 이 과정에서 더 좋은 노래들은 마구 탄생되었다는 것이다. 결국 두 라이벌 덕분에 그들 자신은 물론 비틀즈의 인기는 하늘을 찔렀고, 지금도 전 세계 음악애호가들의 머릿속에 20세기 최고의 보컬그룹으로 존재하고 있다.

보이지 않는 또 다른 힘

인류의 역사는 경쟁의 역사이고, 그 경쟁의 가운데는 언제나 라이벌이 있었다. 라이벌Rival이란 원래 강江을 의미하는 영어의 리버River가 그 어원으로서 강을 사이에 놓고 사는 양측 주민들이란 뜻이다. 이들은 강에서 고기를 많이 잡아야 하는 생존의 이해관계로 사사건건 충돌하였다. 이러는 과정에서 상대방의 고기 잡는 신기술을 어깨너머로 배웠고, 더 많은 고기를 잡으려면 상대방과 힘을 합하여 연못의 수질을 잘 관리해야 함을 깨달았다. 그리하여 비등한 실력을 보이면서 그들은 동반 성장하였다. 이것이 바로 '라이벌 효과'이다.

라이벌을 두고 살아야 할 우선적인 이유는 라이벌은 비등비등한 경쟁에서 유발되는 생동감 있는 자극을 통하여 나를 질적·양적으로 발전시키고, 궁극적으로는 경쟁에서 상대를 이길 수 있게 만들어주기 때문이다. 어쩌다가 받게 되는 라이벌 스트레스는 그가 만들어주는 명예와 소득을 생각하면 아무것도 아니다. 그래서 라이벌은 중요하다.

그리고 라이벌은 실력 향상은 물론 게으름을 방지하고 부족함을 일깨워주기 때문에 꼭 필요하다. 인간에게는 금메달리스트의 욕구와 함께 노메달리스트를 피하고 싶은 욕구도 있다. 그래서 바로 옆 경쟁자에게 투영된 자신의 부족함을 보는 순간 자신에게 분발을 촉구한다. 그렇게 해서 그동안의 게으름이 부지런함으로 바뀌게 되는 것이다.

라이벌이 있으면 덩달아 좋아지는 '편승 효과'가 발생된다는 사실도 라이벌이 있어야 하는 이유 중의 하나이다. 실제로 주방용품 업계 1위업체인 A사가 중국 관광객 증가로 매출이 지속적으로 올라 주가가 급등하자 A사의 경쟁사인 2위 업체 B사도 덩달아 주가가 상승하였다. 같이 경쟁을 벌이는 라이벌이 한쪽이 우수하면 다른 한쪽도 우수할 것이라고 남들이 평가하기도 한다는 얘기다.

월간경제지 「이코노미플러스」가 취업포탈 잡코리아와 함께 직장인 699명을 대상으로 실시한 설문조사에서 응답자의 84.4%는 자신의 업무효율을 더 높이도록 자극을 주는 동료가 있다고 답하였다. 자극 제1순위는 입사 동기, 후배, 상사, 임원 등의 여러 동료 중에서 입사 동기인 것으로 나타났다. 출발과 실력이 비슷한 입사 동기가 라이벌에 가장 가깝다는 것을 고려하면 라이벌이 얼마나 중요한가를 알 수 있다.

삼성경제연구소 역시 라이벌 효과와 유사한 개념인 '동료 효과'를 통해서 라이벌의 중요성을 강조한 바 있다. 이 연구소는 「보이지 않는 힘 : 동료 효과」라는 보고서에서 동료의 행동과 사고방식에 영향을 받아 개인의 행동이 변하는 것을 동료 효과라고 정의한 뒤 "기업은 동료 효과를 잘 활용할 경우 큰 비용 투입 없이 생산성을 향상시킬 수 있으므로 그것의 전략적 활용이 요구된다."라고 하였다.

고수는 라이벌을 키운다

라이벌 효과의 위력은 여러 곳에서 발견된다. 조훈현과 서봉수는 국내 바둑계에서 사상 최대의 라이벌로 꼽힌다. 이들은 30년 가까운 세월 동안 청춘을 불사르며 물경 354합을 겨루었는데, 70년대 중반부터 80년대 후반까지의 한국 바둑 역사는 곧 이들의 쟁투사였다고 해도 과언이 아니다. 또 야구의 최동원과 선동열은 어떤가? 이들 두 숙명의 라이벌은 1983년과 1985년 비슷한 시기에 각각 롯데와 해태에 입단하여 용호상박龍虎相搏과 같은 같은 경기로 한국 프로야구를 열광시켰다.

자신도 라이벌 역할을 톡톡히 할 수 있는 존재이다. 비킬라 아베베는 1960년 로마 올림픽과 1964년 도쿄 올림픽에서 마라톤 2연패를 하는 등 신화를 남긴 역사적인 마라토너이다. 그런데 그는 1968년 교통사고를 당해 하반신 마비의 중증 장애인이 되고 말았다. 하지만 그는 포기하지 않았다. 포기하고 싶은 자신과 싸워 이긴 결과 그는 장애인 올림픽의 전신인 '스토크 맨더빌 게임스'에 다시 출전해 양궁과 탁구 부문에서 우승을 차지했다. 그에게 가장 강한 라이벌은 다름 아닌 '포기하고 싶은 자기 자신'이었다. 이 포기하고 싶어 하는 내적 라이벌이 자신을 자극했고, 이 자극이 있었기에 그 라이벌과 싸웠고, 여기서 이겼기에 궁극적으로 남과의 싸움에서도 빛나는 승리를 거둘 수 있었던 것이다. 자신 속의 라이벌을 항상 이긴다면야 그것은 라이벌이 아니지만 그것에 질 때도 이길 때 못지않게 많다 보니 행동에 제동을 거는 자신의 마음은 또 하나의 라이벌임에 틀림없다.

지금도 라이벌전은 곳곳에서 치열하게 벌어지고 있다. 직장에서의 라이벌전도 워낙 치열하다 보니 뜨겁다 못해 냉기가 흐를 정도다. 필자의 부서에는 최근 차장 한 명이 타 부서로부터 전환근무 차원에서 새로이 전입해왔다. 그런데 그간 여유부리며 '어영부영'하던 C 차장의 상활태도가 갑자기 180도 달라졌다. 이유인즉슨 전입온 S 차장과 C 차장은 진급동기이자 금년도 부장대상인데, 일도 잘하면서 자기계발을 위해 총력 투자하는 S 차장의 모습을 C 차장이 보면서 라이벌 의식이 발동된 것이었다. 대단한 라이벌 효과가 아닐 수 없다.

세계적으로 잘나가는 기업들도 라이벌 효과에 대한 관심이 대단하다. 세계 1위의 창고형 할인점포 코스트코의 CEO 크레이그 젤리넥은 취임하자마자 미국 캘리포니아 주정부에 월마트도 똑같이 캘리포니아에 영업할 수 있도록 허가해달라고 강력히 요청했다. 주 정부가 코스트코에는 사업허가를 내렸지만 월마트에는 불허했기 때문이었다. 왜 젤리넥이 보통 상황에서는 이해하기 어려운 이 같은 요청을 하였을까? "최고의 매출을 올리는 매장은 오히려 월마트 근처에 있기 때문이다."라고 한 그의 말에 답은 고스란히 담겨 있다.

라이벌 같은 라이벌을 정하라

라이벌 효과를 이용하여 경쟁을 유리하게 이끌기 위해서는 우선 최적의 라이벌을 선정해야 한다. 라이벌 활용의 출발점은 우선 자신에게 가장 적합한 라이벌을 고르는 것이다. 제반 능력이 자신과 난형난제 또는 약간 우위를 보이는 사람들이 이에 해당된다. 이들이 간단없이 자극을 줄 수 있는 사람들이기 때문이다. 만만한 상대를 라이벌로 잡았다가는 그를 통해 승리의 힘을 얻기는커녕 실력이 떨어져서 한 수 아래인 그에게 역전당하는 수모를 겪을 수가 있다. 선정하는 라이벌의 숫자는 반드시 소수 정예여야 한다. 숫자가 많으면 라이벌을 의식하는 힘이 분산되어 라이벌 효과를 얻는 데 실패할 수 있다.

그리고 라이벌의 최신 동향을 항상 면밀히 주시해야 한다. 라이벌은 나에게 긍정적인 기여도 하지만 언제라도 나를 추월하여 곤경에 몰아넣을 수 있다. 이를 방지하기 위해서는 현재 나와의 거리, 조직 내에서의 위상과 평판, 업무력 증강을 위한 그의 노력 등의 제반 사항을 잘 파악하여 그때그때 나의 행동 전략에 반영하여야 한다. 그래야 상대의 잔 펀치를 통해 맷집을 키우면서 결정적인 승부에서 이길 수가 있다.

또한 라이벌을 벤치마킹하여야 한다. 라이벌 정도가 되면 내게는 없는 그 무언가의 강점이 적어도 한두 가지쯤은 반드시 있게 마련이다. 그가 가진 강점을 벤치마킹으로 취하여 내 것으로 만들어 놓을 수 있다면 그 강점은 필경 그를 앞서는 데 도움을 줄 것이다. 그래서 어깨너머로 또는 마주 앉아 서로의 강점을 공유하는 전략적 접근이 필요하다.

전략적 접근이 필요하다.

낭중지추囊中之錐로 공략하라

일본의 식품회사 카고메Kagome, 이 회사는 1899년에 창립된 이후 장장 90
년 동안 토마토 주스에만 매달려 왔다. 그러던 중 종합 식품회사로 도약하
고 싶은 욕구가 발동되어 1990년대 초반부터 다양한 제품개발에 나섰다.
그래서 토마토 주스는 물론 커피, 홍차, 우롱차, 과일 주스 등에도 손을 댔
다. 이러한 다각화 전략은 1996년까지 계속되었다. 그러나 적자만 늘어나
고 급기야는 주력인 토마토 주스마저 고전을 면치 못하게 되었다. 카고메
는 어쩔 수 없이 다각화의 꿈을 접고 다시 토마토 전문기업으로 선회하여
강점인 토마토 주스에 다시 모든 에너지를 집중키로 하였다. 카고메는 토
마토 주스를 우유와 같은 국민 건강음료로 키운다는 야심찬 목표를 세워

놓고 제품 개발, 종자 개량, 광고에 박차를 가하였다. 결국 카고메는 각고의 재기노력에 힘입어 일본 식품업계에서 브랜드 파워 1위 기업으로 부상하였다. 지금 카고메는 최대의 강점인 토마토가 주력이 되어 전 세계의 소비자로부터 사랑을 듬뿍 받고 있는 식품회사로 자리매김하고 있다. 강점의 중요성을 깊게 재인식한 뒤 그것으로 승부를 걸어 승자의 기쁨을 만끽하고 있는 것이다.

상위 20%가 부의 80%를 창출한다

강점이란 자신이 가진 여러 가지 일반적인 능력 중에서 특별히 두드러지는 차별적인 능력이다. 칼 전체가 일반적인 능력이라면 칼날이 바로 차별적인 능력인 강점이다. 이러한 강점은 경쟁에서 우위를 가져다줄 수 있는 능력으로 인정받을 때 그 가치가 더욱 빛나게 된다. 우리가 경쟁이라는 필연 속에서 살아가고 있기 때문이다. 2차 세계대전 시 탱크로 무장한 독일군 기갑부대, 페더럴익스프레스FedEx의 신속하고 효율적인 물류시스템, 캐논의 광학기술, 김연아의 속도를 줄이지 않는 3회전 연속점프 등이 바로 비교우위의 강점에 해당된다.

이러한 강점은 개인이나 조직으로 하여금 승리하게 해주는 힘의 원천이다. 강점만을 가지고 승부를 걸 때는 그렇지 않을 때보다 승리의 가능성이 훨씬 더 높아진다. 그래서 자신의 역량을 이것저것 동원하는 것보다 강점에 포커싱하는 것이 대단히 중요한 것이다. 세계 3대 컨설팅회사 중 하나인 베인앤드컴퍼니Bain &

Company의 글로벌 전략부문 크리스 주크Chris Zook 대표도 "최고의 성공 방정식은 회사의 핵심 강점에 기반을 두는 것이다. 핵심 강점과 상관없이 성장과 규모만을 추구하는 것은 위험한 도박이다." 라고 하면서 강점을 강조한다. 중국 내 하나의 현縣 정도 인구밖에 안 되던 몽고 유목민이 어떻게 중국을 압도하고 거대한 제국으로 발전할 수 있었을까? 그것은 빠른 기동력이라는 차별적인 군사적 강점이 있었기에 가능했던 것이다.

그리고 강점을 발굴하고 활용하는 것이 중요하다는 것을 '파레토 법칙'이 잘 설명해준다. 조직에서 상위 20%가 부의 80%를 창출하고, 나머지 80%가 부의 20%를 창출한다는 것이 파레토 법칙인데, 이 법칙은 개인의 경우에도 똑같이 적용된다. 양적으로는 일부밖에 안 되는 강점 몇 가지가 경쟁 승리를 좌우하는 것이다. 그렇기 때문에 자신의 강점을 찾아내기만 해도 이미 절반은 성공했다 해도 과언이 아니다. 사실 보통 사람이 모든 부분에서 완벽할 수는 없다. '골프 천재' 타이거 우즈Tiger Woods도 드라이버, 아이언 샷, 숏 게임, 퍼팅 등 골프의 모든 부분에서 절대적 우위의 실력을 보이지는 못한다. 퍼팅 부문에서 2006년에 37위에 머문 적도 있다. 그래서 강점으로 승부를 벌여야 하는 것이다.

약점 개선보다 강점을 강화하면 효율이 훨씬 더 높아진다는 것도 강점을 집중적으로 관리해야 할 이유이다. 긍정심리학의 대가인 미국 펜실베니아대학교 심리학과의 마틴 셀리그먼Martin Seligman 교수가 강점의 영향력에 대해서 "약점만을 개선하려고 한다면 실력을 평균 수준밖에는 못 올리지만 강점에 집중하면 평균 이상으로 올릴 수 있다."라고 말한 바 있다.

굼벵이도 기는 재주가 있다

이처럼 강점이 중요한 데도 불구하고 상당수의 사람들은 자신의 강점을 추려내어 집중적으로 활용하는 데 적극적이지 못하다. 자신에게 남다른 강점이 있는지조차도 모르는 사람이 있는 판국이니 그럴 만도 하다. 관리를 하면 경쟁에서 요긴하게 활용할 수 있는 재능을 썩히면서 살아가는 것이다. 주어진 일에만 매달려 일희일비하거나 스스로 능력의 울타리를 만들어 그 안에서 안주하는 생활을 하기 때문이다.

애써 키워놓은 강점에 집중하지 않고 마구 일을 벌이다가 있던 강점마저도 날리는 경우도 허다하다. 1980년대 나이키와 리복은 미국 운동화시장을 두고 난형난제의 경쟁을 벌였다. 그러나 리복이 자신의 핵심 사업인 스포츠웨어에서 눈을 돌려 보스턴 웨일러 보트, 웨스턴 부츠, 골프웨어 등에 손을 대기 시작하면서 두 회사 간의 경쟁구도가 사실상 끝났다. 위태롭게 떠돌던 리복은 결국 2006년 아디다스에 매각되고야 말았다. 강점을 무시하여 발생한 참담한 결과이다.

그러나 자신의 강점을 줄기차게 밀고 나가 승리를 즐기며 사는 직장인도 많이 있다. 자동차 회사에서 판매하는 제품은 승용차, 승합차, 상용차 등 다양하다. 판매 담당직원들의 대부분은 모든 제품을 골고루 판매하지만 어떤 직원들은 자신이 보다 더 잘 판매

할 수 있는 차종에 포커싱하여 그것에 올인하기도 한다. 이런 직원들이 여러 차종에 관심 갖는 직원들보다 훨씬 더 높은 판매 성과를 올리는 경우가 많다. 여기에도 예외 없이 강점 관리의 힘이 작용되고 있는 것이다.

잘나가는 기업 등의 조직도 강점에 집중한다. 삼성그룹이 2014년에 계열사 중 삼성테크윈 등 4개 계열사를 한화그룹에 매각키로 결정하였다. 총 2조원 대의 초대형 거래였는데, 특별한 문제가 없는 이들 계열사를 한꺼번에 매각하는 건 결코 쉬운 일이 아니었다. 삼성이라는 '멋진 브랜드' 아래 자긍심으로 함께해온 매각 대상 계열사에 근무하는 직원들의 동요가 극에 달했던 것도 어쩌면 당연한 일이었다. 결정하는 데에 고육苦肉의 고뇌가 없을 리 없었겠지만 삼성은 보다 우위에 있는 강점으로의 집중에 승부수를 던진 것이었다.

그렇지만 무엇이든 마찬가지이지만 지나치면 문제가 된다. 강점에 올인하여 약점 관리에 소홀하면 그동안 강점으로 구축해놓은 금자탑을 한순간에 날려버릴 수가 있다. 부족한 요소가 때로는 전체를 지배할 수 있기 때문이다. "쇠사슬의 강도는 가장 약한 고리가 결정한다."라는 말이 그래서 생겨난 말이다. 사실 고시에서도 과락 때문에 절망하기도 한다.

비교우위의 강점에 포커싱하라

강점으로 승리하기 위해서는 우선 강점을 발굴하여야 한다. 사람은 누구나 한두 가지라도 비교우위의 강점이 있기 마련이다. 그간 탁월한 성과를 냈던 일 등을 찬찬히 살펴보다 보면 강점을 발견할 수 있다. 나에 대한 상사나 동료 등 평가에서도 강점 발견은 가능하다. 그래서 그들로부터 자주 인정받는 역량을 확인하고 때로는 내게서 발견되는 강점을 알려달라고 나서서 부탁하는 것이 필요하다.

그리고 강점 업그레이드를 지속적으로 해야 한다. 시간이 지날수록 이자가 붙어 원금이 늘어나는 예금과는 반대로 강점의 효력은 관리하지 않으면 약화되거나 급기야 사라질 수 있다. 그래서 활용으로 녹슬지 않게 해야 하고, 나아가 별도의 노력을 통해서 강점을 강화시켜야 한다. 이 강점 강화는 약점 개선보다 중요하다. 승리하는 사람들은 강점을 강화함으로써 약점을 약화시키는 전략을 택하기도 한다.

또한 비교우위가 되는 강점으로 계속 교체하고 강점을 적당히 다변화해 나가야 한다. 아무리 강점이라 하더라도 그 효력이 어느 한 분야에서 영원할 수는 없다. 그래서 자신의 강점을 적절한 때에 적합한 자리로 재배치해야 한다. 그리고 한두 가지의 강점에 목매는 일 없이 상황에 걸맞는 강점을 다변화시켜야 한다. 그러나 그것에 시간과 에너지를 지나치게 낭비하는 우를 범해서는 안 된다. 흔히 쓰는 '소수 정예'란 말이 그냥 나온 말이 아니다. 팔방미인이 되려다 기력, 체력 소진으로 그나마 있는 강점까지 날릴 수 있으니 조심할 일이다.

- 다양한 강점 발굴
- 지속적인 강점 업그레이드
- 강점의 재배치와 적당한 다변화 추구

준비가 기회를
만났을 때

"승리는 준비된 자에게 찾아오며, 사람들은 이를 행운이라 부른다. 패배는 미리 준비하지 않은 자에게 찾아오며, 사람들은 이를 불운이라 부른다."

- 로알 아문센(노르웨이의 탐험가) -

2002년 한일 월드컵 한국과 이탈리아와의 8강전, 이 경기에서 승리만 한다면 승리한 나라는 '꿈의 4강'으로 직행한다. 한국 팀에게는 이탈리아가 버거운 상대지만 승리를 위해 우리나라의 거스 히딩크Guus Hiddink 감독은 숙고 끝에 두 가지 승리 전략을 준비하였다. 하나는 성질이 신경질적이고 예민한 주전 프란체스코 토티Francesco Totti를 열 받게 하는 일이었고, 또 하나는 이탈리아 선수들이 뛰기 불편한 구장으로 만드는 것이었다. 그래서 김남일 선수를 시켜서 토티에 찰거머리처럼 달라붙도록 하였다. 그리고 수중전에 약한 이탈리아 선수들이 뛰기 곤란하게 구장에는 경기규정을 위반하지 않는 범위 내에서 최대한 많이 물을 뿌리게 하였다. 히딩크 감독의 사전 준비된 전략은 그대로 주효하였다. 토티는 김남일 선수의 찰거머리 전략에 말려 뜻대로 되지 않자 화를 내며 반칙을 연발하다가 결국 퇴장당하였다. 또 한 명의 주전 크리스티안 비에리Christian Vieri는 큰 키로 덕을 보기는커녕 물 머금은 잔디 때문에 연신 미끄러졌다. 이 경기에서 우리나라는 안정환의 연장전 골든골과 함께 승리를 거두었고, 결국 '월드컵 4강' 신화를 만들었다. 사전에 철저하게 준비한 전략 덕분에 이룬 쾌거였다.

미래를 준비할 줄 아는 동물

인간이 당일치기로 먹고사는 다른 동물과 다른 여러 가지 중에서 결정적으로 다른 점이 있는데, 그것은 미래를 사전에 준비하는 동물이라는 점이다. 그래서 사람들은 불확실한 앞날에 대해 걱정하기도 하지만 '대박의 그날'을 기대하며 나름대로 준비하며 살아간다.

미리 준비하는 것은 여러 가지 이유로 필요하고 중요하지만, 특히 경쟁에서 승리를 얻고자 하는 사람에게 준비는 더없이 중요한 덕목이다. 기본적으로 사전 준비가 빈약한 상태로는 전쟁터에 나갈 수야 있지만 이길 수는 없다. 야구장 장내 아나운서가 '4번 타자 이승엽' 하고 부르면 덕 아웃에 앉아만 있다가 벌떡 일어나 갑자기 나오나? 그렇지 않다. 그는 홈런을 몇 방 때릴 각오와 함께 적어도 두어 시간 전에는 야구장에 나와 수시로 워밍업을 하고, 상대 투수의 구질을 파악하고, 타석에 나오기 직전에는 방망이를 휘둘러보다가 나올 것이다. 그래서 홈런도 치고 그 덕으로 팀에 승리도 안겨주는 것이다.

만일 패자라면 그는 더욱더 열심히 준비해야 한다. 그래야 다시 있을 경쟁에서 설욕할 가능성이 높아진다. 와신상담의 자세로 승자보다 몇 배로 더 노력하여 준비해야만 지난날의 분憤을 풀어낼 수가 있고, 역전승의 쾌감을 맛볼 수 있는 것이다. 약자가 강자와 대결할 때도 마찬가지이다.

엑스트라만 하던 어떤 사람이 주연 배우의 갑작스런 사고 때문에 그 자리에 대타로 기용되었다면 그것은 우연일까? 아니다. 십중팔구는 언젠가 있을지 모르는 기회를 잡기 위해 항상 준비하며 살았기 때문일 것이다. 언뜻 보기에는 기회가 우연하게 찾아오는 것 같지만 사실은 아주 필연적인 결과이다. 로마의 철학자 세네카는 이렇게 말하였다. "준비와 기회가 만났을 때 비로소 행운이 찾아온다."라고…….

승부의 지혜를 그의 저서 『군주론』을 통해 설파한 니콜로 마키아벨리Niccolo Machiavelli는 인간사에서 운명을 내 것으로 만들기 위해서는 사전 준비, 시대정신, 대담성 등 세 가지가 필요하다면서 준비의 중요성을 역설하였다. 고대 중국의 병법가 손무孫武는 그가 쓴 『손자병법』「형세론」에서 "준비되었다고 함부로 공격하지 마라. 상대의 상황을 면밀히 주시하고 난 뒤 가능성이 있을 때 공격하라. 그래야 이긴다."라며 준비의 과신過信을 경계하면서 그것의 중요성을 더욱 강하게 강조하였다. 준비에 완벽을 기하라는 얘기다.

준비 없이는 승리도 없다

승리를 만끽하며 살아가는 사람들은 대부분 준비에 철저하다. 상사에게 품의서를 올릴 때는 1안뿐만 아니라 퇴짜 맡았을 때 사용할 2안, 3안, 나아가 4안까지도 준비한다. 이러니 상사와의 결재 경쟁에서 질 리가 없다. 영업의 장면에서는 고객과 상담하기 전에 자신이 취급하는 제품에 관한 정보는 물론 경쟁사 제품과의 비교우위점도 완벽하게 숙지하고, 더 나아가 고객의 혈액형까지 파악하여 그것을 상담전략 수립에 반영한다. 그 결과 4, 5파전의 힘겨운 경쟁 상황에서도 연전연승을 거둔다.

콘라트 아데나워Konrad Adenauer, 헬무트 콜Helmut Kohl에 이어 독일에서 2차 대전 이후 3선에 성공한 세 번째 총리인 앙겔라 메르켈Angela Merkel도 준비에 능能한 사람으로 정평이 나있다. "나는 그렇게 용감하지 않다. 항상 상황을 계산할 시간이 필요하다. 그게 내 방식이다." 메르켈 총리의 말이다. 준비성이 잘나가는 사람이 가지고 있는 핵심 DNA임에는 틀림없는 것 같다.

사전 준비의 영향력이 이러하다 보니 조직에서도 완벽한 준비에 만전을 기하고 있다. 기술이나 전략 측면만이 아니라 정신 및 신체 전력 강화도 이들의 주된 관심사이다. 대한양궁협회는 활 쏘는 기술 외에도 체력, 집중력, 정신력, 담력, 승부 근성, 환경 적응력 훈련을 차례로 시킨 뒤 대표선수를 뽑는데, 이렇게 해서 선발된 선수들은 병영에서 특전사, UDT, 북파공작원 훈련까지 받는다고 한다. 화려한 승리를 위해 이토록 피눈물 나게 준비하고 있는 것이다.

'선무당이 사람 잡는다'는 말을 믿지 마라

쾌승을 준비하기 위해서는 우선 평소 자기계발 학습을 철저히 하여야 한다. 지금은 지식의 효용가치가 3년이 지나면 2분의 1로 떨어지고 10년이 지나면 8분의 1밖에 남지 않는 지식정보화시대이다. 그리고 경쟁의 무대는 사내社内를 넘어 전 세계로 확대되고 있다. 이러한 상황에서는 경쟁자와 조우했을 때 선수를 칠 수 있는 지식과 노하우를 사전의 강도 높은 자기계발을 통해 풍부하게 확보해 놓는 일이 그 무엇보다 중요하다. 스티브 잡스, 빌 게이츠, 마크 주커버그Mark Zuckerberg, 손정의 등 세계에서 우등으로 성공한 인물들은 하나같이 독서광이면서 자기계발 신봉자이다. 자기계발을 위한 학습을 반복하다 보면 그동안 무의식에 있어서 써먹지 못했던 능력들이 자기도 모르게 의식으로 올라오기 때문에 일거양득이다.

그리고 승리를 담보할 수 있는 능력이 만들어질 때까지 준비해야 한다. 승리를 위한 준비와 일상생활을 위한 준비는 차원이 달라야 한다. 승리는 고도로 전문화된 기술을 요한다. 미국의 경영전문가인 말콤 글래드웰Malcolm Gladwell에 의하면 전문기술이 만들어지기 위해서는 족히 1만 시간이 걸린다고 한다. 즉 오랜 시간 땀 흘려 갈고닦은 능력이 곧 승리가 된다는 말이다. 어설프게 아는 지식과 노하우로는 승리는 고사하고 지금 있는 위상마저 날릴지 모르니 조심할 일이다.

또한 다양한 대응책을 준비해야 한다. 요즘 같이 고도화된 경쟁 상황하에서는 사전에 여러 대응책이 준비되어있지 않으면 공격도 한번 변변하게 못한 채 막 바로 패할 수 있다. 그래서 완벽한 승리를 위해서 똑똑한 토끼는 굴을 세 개 판다는 교토삼굴狡兔三窟의 지혜를 되새기며 다양한 형태의 전략을 마련해야 한다.

'스따'는
스타가 될 수 없다

"글로벌 네트워크 시대, 초경쟁 시대, 환경급변 시대는 '세(勢)'의 전략 시대이다."

- 송병락(서울대학교 명예교수) -

고대 그리스의 물리학자이자 수학자인 아르키메데스Archimedes는 기원전 287년에 지중해 시칠리아 섬의 시라쿠사라는 나라에서 태어났다. 그는 성인이 되어 이집트의 알렉산드리아로 유학 가서 철학, 수학, 천문학, 물리학에 관한 여러 학문을 배웠다. 그리하여 수많은 과학적 원리를 발견하였다. 어느 날 시라쿠사의 왕王은 "지렛대와 지렛목만 있으면 지구라도 들 수 있다."라는 아르키메데스의 황당무계한 호언장담을 믿지는 않았지만 그가 한 말의 진위를 한번 테스트하기로 하였다. 왕은 아르키메데스에게 해안의 모래사장에 놓여있는 배를 누구의 도움을 받지 말고 바다로 옮기라고 하였다. 왕의 명을 받자마자 그는 작업에 착수하였다. 배의 사방에 지렛대와 도르래를 달아놓은 뒤 배에 밧줄을 연결시켰다. 그리고 나서 왕으로 하여금 밧줄을 당기게 하였다. 그런데 왕은 물론 모든 사람들의 예상과는 달리 배는 바다를 향해 움직이는 것이 아닌가? 이를 지켜보고 있던 사람들은 탄성을 질렀고, 왕은 아르키메데스를 칭찬하면서 "앞으로 당신 말이라면 무엇이든지 믿고 도와주겠다."라고 약속하였다. 아르키메데스는 그가 발견한 '지렛대의 원리'로 배를 이동시켰고, 사람 혼자의 힘으로는 불가능한 일도 적절한 도움만 있으면 어떤 것이든 할 수도 있다는 사실을 만천하에 알린 것이다.

성공은 환경의 함수이다

사람은 주변의 인적, 물적 여건들과 항상 유기적인 관계 속에서 살아간다. 그것들 중에는 능력 발휘와 떼려야 뗄 수 없는 불가분의 관계를 가지는 것들이 많다. 지연, 학연, 혈연, 사내외 업무 지인 등의 인적 요소와 지원시스템, 자연환경 등의 물적 소요가 그것이다. 이러한 것들은 승리를 좌우하는 강력한 변수들이다. 그래서 많은 전문가들은 이러한 환경적 요소를 경쟁에서 개인의 역량을 지원하는 '주변 여건 요소Surrounding Factor'라고 부르며 그 중요성을 강조한다.

개인의 능력만 가지고도 경쟁에서 이길 수 있다고 생각한다면 그것은 오산이다. 주변 여건을 경쟁에 활용해야 할 가장 큰 이유는 주변 여건이 개인의 능력에 추가되면 승리역량이 증강되기 때문이다. 시너지 효과까지 생각한다면 그 영향력은 일반적인 예상을 훌쩍 뛰어넘는다. 국내 수출기업들은 환율이 오르면 일제히 환

호한다. 원화元貨를 더 많이 얻어 이익이 증대되고 제품의 가격경
쟁력이 높아지기 때문이다. 입지여건이 좋은 아파트는 동일하게
공을 들여 만든 다른 아파트보다 경쟁력이 우세하다. 환율과 입지
여건 같은 주변 여건의 힘으로 제품의 경쟁력이 더욱 강화되듯이
사람의 능력도 마찬가지이다. 주변 여건을 잘 활용하면 그 덕으로
개인 본연의 역량이 보강되면서 경쟁에서 그렇지 않은 상대를 훨
씬 더 쉽게 누를 수 있다.

　능력 발휘는 개인 본연의 역량이 주축이 되고 주변 여건이 뒷받
침되어 이루어지는 것으로 생각하기 쉽다. 그러나 직장의 고성과
자에게는 정반대일 수도 있다는 전문가의 견해도 있다. 얼른 이해
가 안 될 수도 있지만 오히려 주변 여건이 부副가 아닌 주主가 될
수도 있다는 얘기다. 하버드대학교 경영학과의 보리스 그로이버
그Boris Groysberg 교수에 따르면 A급 인재, 즉 고성과자는 스스로 빛
을 발하는 스타Star라기보다는 수많은 발광체로 이루어진 혜성과
도 같다고 하였는데, 이것은 고성과자가 창출하는 성과의 30%는
자신의 개인적 역량에서 나오지만, 나머지 70%는 회사의 경영 시
스템, 교육훈련, 문화적 풍토 등에서 나오기 때문이라는 것이다.
이러한 전문가의 견해는 경쟁에서 이기기 위해서라면 더 이상 자
신의 능력에만 의지하지 말고 주변 여건을 철저하게 이용해야 한
다는 점을 일깨워주고 있다.

　세계적 경영 사상가이자 베스트셀러『티핑 포인트』와『블링크』
의 저자인 말콤 그래이드웰 역시 "성공은 집합적인 산물이자 환경
의 함수이다. 세대, 시간, 장소, 운 등 한 사람을 둘러싼 여러 조

력들이 합쳐진 것이다."라며 주변 여건을 강조한다.

그에게는 울돌목의 급물살도 있었다

파리가 하루에 100km를 갈 수 없지만 적토마의 엉덩이에 붙어 있으면 그 이상도 갈 수 있다. 싸이는 유투브와 SNS가 있었기에 〈강남 스타일〉로 세계의 뮤직 팬들을 열광시킬 수 있었다. 이순신 장군이 13척의 배로 명량에서 수백 척의 배를 가진 왜군을 대파시킬 수 있었던 것은 장군이 울돌목의 빠른 물살을 잘 이용했기 때문이다. 이렇듯 주변 여건은 승리에 결정적으로 영향을 미친다.

그럼에도 불구하고 자기중심적인 사고로 주변 여건을 제대로 활용하지 못한 채 '최대의 비용으로 최소의 효과'만을 거두며 한숨짓는 사람들이 상당히 많다. 이렇게 자신을 과신하며 그저 혼자 놀기 좋아하는 '나홀로족'은 비효율적인 삶을 살기도 하지만 경쟁 국면에서는 더욱 취약하여 패전을 거듭한다. 스스로를 따돌림시키는 '스따'는 결코 조직에서 '스타'가 될 수 없다는 사실을 직시하여야 한다.

그러나 주변 여건이 중요하다 하여 이것에 지나치게 의존해서는 안 된다. 내 실력을 키울 생각은 아니하고 주변 여건에만 의존하면 그때부터 나의 기본 실력은 쪼그라들기 시작한다. 내가 실력이 있어야 아는 사람도 나를 나서서 도와주고, 내가 실력이 있어야 그 명철한 눈으로 주변에 숨어있는 핵심적인 지원도구를 발굴해낼 수 있으며 또한 그것을 제대로 이용할 수 있는 것이다.

합合보다 승乘의 효과를 노려라

경쟁에 주변 여건을 효과적으로 이용하기 위해서는 우선 주변 여건을 정확히 파악하고 제대로 선택하여야 한다. 누가 나의 승리능력 강화에 도움이 되는 '기회 요인'이고, 누가 도움이 안 되는 '위협 요인'인지를 알게 되면 이용 결정을 현명하게 할 수 있기 때문이다. 오랫동안 동고동락한 직장 동료 대부분은 지원을 요청하거나 급해서 SOS를 치면 흔쾌히 도와주는 동료애를 발휘한다. 그러나 동료라고 해서 모두가 나의 우군友軍이라고 생각하면 그것은 오산이다. 진급 동기는 다음 진급심사에서 격돌해야 하는 경쟁자일 가능성이 높기 때문에 나의 약점까지 드러내 보여주며 SOS를 청했다가는 오히려 '고양이에게 생선 맡기는 꼴'이 되어 후회할 수가 있다.

그리고 주변 사람들의 도움을 받는 가운데 그들의 역량을 나의 것으로 체화시켜야 한다. 도움을 받는 것에서 합合의 효과를 얻는다면 주변 사람의 힘을 나의 것으로 체화시키면 승乘의 효과를 얻을 수가 있다. '삼인행 필유아사三人行 必有我師', 즉 길가는 세 명 중에는 반드시 내게 스승이 되는 사람이 있다는 말이 있질 않은가? 내가 일하는 곳의 안팎에는 벤치마킹 대상자가 있게 마련이다. 이들이 가지고 있는 고차원의 지식이나 노하우를 배워서 내 능력에 화학적으로 융합시키면 필경 승부를 내게 유리하게 전개시켜 나갈 수 있을 것이다.

또한 비非인적 여건을 빠짐없이 활용해야 한다. 우리 주변에는 주인을 기다리고 있는 효용성 높은 비인적 여건들이 여기저기 널려있다. 인적자원 활용을 통해서 조직의 성장을 도모하는 직장에는 더욱 그러하다. 교육 및 복지제도, IT시스템, 근무 공간, 사무용구 등 실로 헤아릴 수 없을 정도로 많다. 개인 사업을 한다면 자신의 돈으로 확보해야 할 이런 것들은 거의 대부분 무상으로 제공된다. 상대경쟁자는 이런 것들의 활용을 소홀히 할 때 이것들이 주는 마지막 '단물'까지 능력 향상에 철저하게 활용하면 쾌승은 반드시 앞당겨질 것이다.

· **Major Skill** ·

- 주변 여건에 대한 정확히 파악과 올바른 선택
- 주변인의 역량을 내 것으로 체화
- 비非인적 여건의 빠짐없는 활용

쓴 칼은 또 쓰지 마라

"별다른 아이디어 없이 굳은 각오만으로 시작한 사업은 대부분 비슷한 경쟁자를
만나게 된다."
- 아마 하이드(미국의 콜롬비아대학교 교수) -

1차 세계대전 당시 프랑스는 진지 방어전투를 벌여서 독일의 공격으로부터
프랑스의 전략요충지인 벨당Berdan 요새를 성공적으로 방어하였다. 이때부
터 전세는 프랑스에게 유리하게 돌아갔고, 이 덕에 개전 초기의 전선을 회
복하게 되었다. 프랑스는 벨당 방어전 승리를 기점으로 진지 방어 전략을
예찬하기 시작하였고, 급기야 기존의 전쟁 전략을 방어 중심의 전략으로 수
정하였다. 프랑스군에서 금과옥조처럼 여겨졌던 이러한 '방어만능론'은 가
감 없이 2차 세계대전에까지 이어졌다. 그리하여 독일군의 공격을 막기 위
해 마지노선Maginot Line이 만들어졌고, 프랑스군은 거기에 모든 희망을 걸었
다. 그러나 마지노선 방어전에서 전쟁의 여신은 프랑스에게 '제2의 벨당 요

새 승리'를 안겨주지 않았고, 그 결과는 수도 파리를 점령당하는 비극을 맞
이하였다. 시대적 상황과 변화된 전쟁의 양상이 반영되지 않은 철 지난 전
략이 가져온 패배였다.

한 번 쓴 칼은 이미 무뎌졌다

승리 전략은 경쟁의 핵심에 자리 잡고 있는 가장 중요한 전략
이다. 그렇기 때문에 경쟁에서 일반적으로 사용되는 소소한 스킬
개념의 방법과는 차원이 다르다. 승리 전략은 경쟁 전반을 통제할
수 있는 힘과 경쟁 상대에게는 매우 위협적인 치명성을 가지고 있
는 전략이다.

이러한 수립된 승리 전략을 반복적으로 활용하는 것도 중요하
지만 더 중요한 것은 끊임없이 연구하여 그 전략의 파워를 업그레
이드시켜 나가는 것이다. 지금 눈앞의 상황은 알 수 있지만 도래
하지 않은 미래는 예측불허이기 때문에, 다시 말해 상황은 고정되
지 않고 지속적으로 변하기 때문이다. 지금은 "세상에 변하지 않
는 것은 아무것도 없다. 모든 것은 변한다는 사실만이 변하지 않
을 뿐이다."라고 한 고대 그리스의 철학자 헤라클레이토스의 말이
더욱 실감나는 세상이다. 그래서 지속적인 연구를 통해서 유효기
간이 종료되어 이미 무뎌진 스킬들을 가진 경쟁 전략을 보완해서
변화 상황을 대응할 수 있는 훨씬 더 고도화된 공격력을 가진 경
쟁 전략으로 바꾸어야 하는 것이다.

경쟁해야 할 전선이 그 어느 때와는 달리 무한정으로 확대되고

있다는 점도 새로운 경쟁 전략의 필요성을 대두시킨다. 전선이 길고 넓으면 아무리 큰 승리를 한쪽에서 거둔다 하더라도 이 부분의 승리가 전체의 승리를 대변하거나 담보해주지는 않는다. 상황이 이러한데 필요 이상의 장기전이나 비효율적인 방식으로 경쟁을 벌여 어느 한두 곳에서라도 힘을 낭비하게 되면 또 다른 전선에서 경쟁 상대를 효과적으로 대응하기 어렵다. 그렇기 때문에 최소의 노력으로 최대의 효과를 거둘 수 있는 최신의 상황부합적 승리 전략이 필요한 것이다. '전투'에서 승리해봐야 소용없다. '전쟁'에서 승리해야 한다.

한번 써먹어서 경쟁 상대에게 알려진 전략, 경쟁자의 맷집을 키워준 어제의 전략을 또다시 들고 나와 연승을 기대한다는 것은 어불성설이다. 이것이 승리 전략을 지속적으로 보완하거나 완전하게 새로운 것으로 개발해야 하는 또 하나의 이유이다. 손자병법에 승리는 반복되지 않기 때문에 상황에 따라서 무궁무진한 전략으로 대응하라는 '전승불복 응형어무궁戰勝不復 應形於無窮'이라는 말이 있다. 즉 연승을 원한다면 한 번 써먹은 방법을 또 사용하는 것은 자제하고 끊임없이 새로운 전략을 만들어 쓰라는 것이다. 상대의 전략에 한 번 당한 자는 또다시 그 전략에 당하지 않으려고 당연히 신경을 곤두세우고 있을 것이다. 그런데 이런 상황에서 '설마' 하는 마음으로 이미 드러난 약발 없는 전략을 구사하다가는 그 '설마'에 발목 잡히게 될 것이 뻔하다.

재탕 삼탕한 약발은 별 볼 일 없다

익숙한 곳을 찾는 것은 사람의 기본 속성이다. 그러다 보니 상당수의 사람들이 예전 방식에서 답을 찾으려 할 뿐 새로운 시도는 주저한다. 특히 대승의 경험이 있는 사람일수록 승리했던 기존의 방식을 신봉하게 되어 새 전략 개발을 소홀히 하는 경우가 많다. 이른바 '승자의 덫'에 빠지는 것이다. 이렇게 되면 승리를 통해 어렵게 획득한 자신감마저도 다음 경쟁에서 써먹지도 못한 채 날려버릴 수 있다.

기업과 같은 조직도 마찬가지이다. 잘나가던 기업이 기울어 어느 날 갑자기 경쟁업체에게 추월당하는 경우가 빈번하게 발생된다. 닌텐도任天堂는 일본 최대의 게임기회사이다. 몇 년 전에는 우리나라 대통령이 "왜 한국은 이런 게임기를 못 만드느냐?"라며 혁신의 상징으로 닌텐도를 칭송까지 했었다. 그러나 지금은 매출액 급감에 최근 3년 연속 적자행진을 계속하는 등 '날개 없는 추락'이 계속되고 있다. 그 이유는 게임기를 이용하는 게임은 줄고 스마트폰 등을 이용할 수 있는 모바일게임시장 규모가 지난 5년간 2배 이상 증가했는데도 닌텐도는 게임 소프트웨어를 만드는 일에는 소홀하고 '게임기'라는 틀에서 벗어나지 못하고 때문이라고 전문가들은 분석하고 있다. 예전의 승리 전략을 새롭게 변한 시장 상황에 대응할 수 있는 전략으로 대체하지 못하고 있기 때문에 이런 일이 벌어지고 있는 것이다.

그렇지만 철 지난 전략은 과감히 폐기 처분하고 남이 미처 알지 못하는 전략을 개발함으로써 경쟁자와 접전이 벌어졌을 때 짜릿한 승리를 만끽하는 사람들도 주변에 얼마든지 있다. 입사 동기는 과장 달고 현실에 안주하고 있을 때 벌써 부장을 달고 임원에 대한 열망을 불태우는 직장인들, 상담하는 고객마다 자기 사람으로 만들어 이른 나이에 억대 이상의 연봉을 즐기는 전문 영업인들, 매년 벌어지는 세계대회에서 메달권을 벗어나지 않는 선수들 모두가 여기에 속해있는 사람들이다.

　이순신 장군, 그는 명량 해전에서 불과 12척의 배로 수백 척의 왜군 배를 대파시킴으로써 국가를 존망의 위기에서 구하였다. 도대체 어떻게 12척의 배로 그 많은 배를 격파했을까? 그 핵심적인 답 중 하나는 바로 '학익진' 전법에 있다. 학익진 전법은 주로 육전에서나 쓰던 전법이었는데 장군이 응용하여 바다에서 처음으로 활용하였다. 그러다 보니 이를 제대로 알 리 없는 일본 수군은 이순신 장군의 새로운 승리 전략에 속수무책으로 당할 수밖에 없었다.

　세계지도에는 거의 점點으로 밖에 나오지 않는 중동의 조그만 나라 두바이에 있는 두바이 공항은 2006년만 하더라도 인천공항에 와서 배우느라 정신없었던 그저 그런 공항이었다. 그런데 지금은 성장의 성장을 거듭하여 2014년 영국 런던 히스로공항을 제치고 국제선 여객 세계 1위에 올랐다. 이러한 성과는 경쟁하는 공항보다 더 앞선 승리 전략을 끊임없이 연구한 결과임에 틀림없다.

　욕구 5단계설로 유명한 심리학자 에이브러햄 매슬로우는 인간의 가능성을 꺾는 대표적인 욕구로써 현실 안주 욕구를 들었다. 그의 주장대로라면 사람들은 새로운 승리 전략을 연구하는 수고를 피하기 위해 이미 폐기되었어야 할 전략들은 얼마든지 재탕 삼탕하여 쓸 수도 있다. 그렇기 때문에 프로의 세계에서 승리를 염원하는 사람이라면 이러한 자신의 욕구를 항상 유의하고 살아야한다.

평생 학습으로 재무장하라

승리가능성이 높은 전략을 항상 보유하기 위해서는 우선 경쟁에서 한 번 활용한 전략은 언제나 재정비하여야 한다. 내가 가진 경쟁 전략 중에는 승리하게 해준 전략이 있는 반면에 패배를 안겨다준 전략도 있는데, 그 전략들을 가리지 않고 다음 경쟁으로 가져가서는 안 되기 때문이다. 패한 전략의 폐기 처분과 더불어 승리한 전략에 대한 업그레이드도 필요하다. 기존의 전략은 이미 경쟁 상대에게 적나라하게 노출되었을뿐더러 경쟁의 상황은 언제나 변하기 때문이다. 패한 전략이라 해도 그 안에 가치 있는 전술이 남아있을 수 있기 때문에 유효한 것들은 버리지 말고 승리 전략을 보강하는 데에 활용해야 한다.

그리고 평생 학습을 습관화해야 한다. 이전 방식과는 차별화된 승리 전략을 만드는 데 결정적으로 기여하는 것이 자기계발이고, 자기계발을 가장 효과적으로 이끌어주는 것이 평생 학습이다. 이 세상 모든 일들을 직접 경험할 수 있다면야, 그리고 하는 일마다 성공할 수 있다면야 학습이란 필요 없을 수도 있다. 그러나 이 세상에 전지전능한 사람은 아무도 없다. 그래서 상급학교 진학, 온오프라인 강좌 수강, 스터디 써클 활동 등의 다양한 평생 학습을 통해서 다른 사람들의 승리 경험과 새로이 나타나는 승리 노하우를 습득해야 하는 것이다. 평생 학습을 통해 획득한 지식과 노하우는 궁극적으로 자신이 가지고 있는 고유의 능력과 융합되어 차별화된 새로운 승리 전략을 만드는 데 크게 기여하게 된다.

또한 개발해낸 전략은 반복 훈련을 통해서 체화시켜야 한다. 아무리 박식해도 아는 것을 타인에게 전달하지 못하면 그 박식은 아무 짝에도 쓸모없듯이 전략 또한 마찬가지이다. 수백 가지 전략으로 무장되어 있어도 그 전략이 실전에서 쏟아져 나오지 못하면 무슨 소용 있겠는가? 그래서 수립되어 머릿속에 차곡차곡 정리된 승리 전략이 생각만 하면 즉시 행동으로 연결될 수 있도록 자신에게 체화시키는 노력을 끊임없이 해야 한다. 우리의 60만 대군이 자신이 근무하는 중에 일어나지 않을지도 모르는 전쟁을 대비하여 오늘도 같은 동작을 반복해서 연습하고 있다는 사실을 상기하면서 말이다.

· Major Skill ·

- 활용한 전략 재정비
- 평생 학습 습관화
- 개발해낸 전략의 체화

또 다른 경쟁력,
장場외 파트너

"삼성, GE 같은 대기업들의 관계는 아침에는 공급자였고 점심에는 파트너였다가
저녁에는 경쟁자가 된다."　　　　　- 제프리 이멜트(미국의 제너럴 일렉트릭 CEO) -

'백수의 제왕'으로 불리는 사자는 그 이름에 걸맞지 않게 사냥 성공률이 30% 정도밖에 안 된다. 그러다 보니 사냥 능력이 떨어지는 사자가 굶어죽는 일이 심심찮게 발생된다. 이것은 사자가 자기들끼리 서로 으르렁거리며 싸우는 대표적인 이유이다. 사냥 시 공격 목표를 놓고 싸우기도 하고 잡아 놓은 먹잇감을 놓고 쟁탈전을 벌이기도 한다. 배고픔은 사자라고 예외가 아닌 것이다. 그러나 사자는 사냥 성공을 위해 때로는 그들끼리 연합하여 작전을 펼치기도 한다. 코끼리처럼 커서 도저히 혼자 해치울 수 없는 먹이를 잡을 때는 공격 부위를 나누어 맡는다, 그리고 가젤처럼 빠른 먹이를 잡으려다 지치면 릴레이식으로 쫓아가서 잡는다. 먹잇감을 놓고, 영역을 놓고,

서열을 놓고 치고받고 싸우다가도 상호 간의 이익 증대를 위해 뭉치는 사자의 이런 전략적인 협력 행동은 그들의 사냥 성공률을 높이면서 궁극적으로는 백수의 제왕으로 군림하는 데 크게 기여하고 있는 것이다.

협력하는 경쟁

일반적으로 전략적 제휴는 둘 이상의 경쟁하는 조직이나 상호 보완적 관계의 조직이 그들이 세운 특정한 목표의 달성을 위해 경영자원을 공유하며 일정기간을 협력하는 관계, 다시 말해 조직 차원의 경영 전략으로 인식되고 있다. 그렇다고 해서 전략적 제휴가 조직의 전유물인 것은 아니다. 그것은 조직을 물론 개인, 국가 등의 차원에까지 광범위하게 일어나고 있다. 상호 이익이라는 공동의 가치를 추구하기 위해 어제 경쟁했던 개인들이 오늘은 협력적인 파트너 관계를 맺는 것이나 동맹 관계 또는 협력 동반자 관계 등의 명칭으로 국가 간의 관계를 설정해놓는 것 등도 전략적 제휴의 일종이다. 1990년대 중반에는 '협력하는 경쟁Coopetition'이란 개념이 등장하여 경쟁 상황에서 요구되는 전략적 제휴의 방향을 제시해주기도 하였다.

같은 목표를 가진 경쟁자끼리 싸워 이겨서 얻는 이익보다 제휴했을 때 얻는 이익이 더 크다는 것이 전략적 제휴가 이루어지는 가장 큰 이유가 된다. 경쟁자는 실력이 비등하면서 서로에게는 위협적인 사람이다. 이러한 두 사람의 파워가 서로를 겨누지 않고 합해진다면 이때의 파워는 훨씬 더 커질 것은 자명하다. 판자 두 개가 합쳐지면 강도가 무려 여섯 배나 커지고, 콩, 팥 등의 콩 계열 식물을 서로 가까이 심으면 세 배 이상까지도 수확을 올릴 수 있다고 하는데, 사람의 경우도 이와 크게 다를 바 없다. 투입된 생산요소가 늘어나면 늘어날수록 산출량이 기하급수적으로 증가한다는 경제학에서의 '수확체증의 법칙'도 이에 힘을 실어주고 있다. 이 법칙은 한 사람이 만들면 한 개밖에 못 만들지만 두 사람이 힘을 합하면 세 개 이상도 만들 수 있다는 것을 설명해주기 때문이다.

경쟁자가 아닌 사람들과의 관계에서도 전략적 제휴의 필요성은 얼마든지 발견된다. 경쟁자와의 경쟁을 보다 효과적으로 수행하려면, 그리고 부족한 힘을 보충하려면 경쟁의 장場에서 벗어나 있으면서 도움을 구할 수 있는 사람들과 전략적으로 제휴관계를 맺을 필요가 있다. 오다 노부나가織田信長와 다케다 신겐武田信玄은 일본의 전국시대를 대표하는 무장인데, 특히 오다는 일본 통일의 기반을 세운 사람이다. 오다는 주변의 모든 영주국들과 싸우는 다케다와는 달리 경쟁선상에 있는 영주국들하고만 싸우고 그렇지 않은 세력과는 싸우지 않고 제휴했다. 이들의 경쟁은 결국에 가서 오다의 승리로 막을 내렸다.

일본 소프트뱅크의 손정의 사장은 "일직선 위에 있지 않은 세력과는 제휴한다."라는 오다의 전략을 그대로 이용하여 시장을 공략한 결과 경쟁업체이자 업계 1위인 NTT도코모를 지금 턱밑에까지 쫓아왔다. 장場밖에 있는 사람들과의 제휴가 얼마나 중요한지를 일깨워준다.

나보다 더 큰 상대를 이기고자 할 때 역시 주변 경쟁자와의 전략적 제휴가 요구된다. 물론 강자와의 경쟁을 비껴갈 수 있다면야 때로는 위험이 뒤따를 수 있는 '적과의 동침'을 굳이 할 필요는 없 겠지만 안타깝게도 세상에는 만만한 상대만 존재하진 않는다. 그래서 개인이나 조직의 경쟁 장면에서 강자에 대응하기 위한 약자들의 '합종연횡合從連衡'이 물밑에서 빈번하게 이루어지고 있는 것이다.

승리하는 사람은 적과도 동침한다

삼성전자는 2008년에 1997년 미국 휴대폰 시장 진출 이후 처음으로 1위 자리에 올랐다. 삼성전자가 미국 시장 진출 이후 불과 11년 만에 이런 쾌거를 이룰 수 있었던 핵심적인 배경에는 다름 아닌 전략적 제휴가 있었다. 삼성전자는 AT&T, 버라이즌, 스프린트, T-모바일 등 미국의 4대 통신사업자와 제휴를 맺고 그들에게 전략 제품을 지속적으로 공급하였다. 이러한 현지 통신업체들과의 전략적 제휴는 우수한 제품력과 조화를 이루어 단기간에 삼성전자를 세계 1위로 이끌어주었다. 삼성전자의 성공은 장외場外 파트너와의 전략적인 협력관계가 장내場內 경쟁에 얼마나 중요한지를 그대로 말해주고 있다.

이렇게 전략적인 제휴가 승부의 판도에 강력한 영향력을 미치다 보니 승리를 열망하는 사람들은 승리를 위해 잠재적인 경쟁자는 물론 자칫하면 자신에게 치명적인 화를 끼칠 수 있는 '주적主敵과의 동침'까지도 서슴지 않는다. 동일한 조직 내에서 영업을 전문으로 하는 직원들은 서로가 강력한 경쟁자이자 서로 의지할 수 있는 친근한 동료이다. 그래서 혼자서는 버거운 대형업체를 공략할 때는 동료의 힘을 빌려서 같이 협공하기도 한다. 어쩌다가 도움 받은 동료에게 자신의 업체를 송두리째 빼앗기는 화를 당하는 안타까운 경우도 있지만 말이다. 그렇다 해도 현명한 프로들은 전략적 제휴의 위력을 잘 알기 때문에 구더기 무서워서 장 못 담그는 우를 범하지는 않는다.

삼성전자와 구글은 스마트폰과 스마트시계 같은 웨어러블 기기(몸에 착용 가능한 기기) 시장에서 치열하게 싸우는 경쟁자 관계에 있다. 자칫 상대에게 고급정보라도 새나가는 날이면 서로 치명타를 입을 수도 있다. 그러나 이들 간의 거리는 매우 가깝다. 삼성전자는 구글이 개발한 스마트폰 운영체제인 안드로이드를 쓰고 있고, 구글은 차세대 스마트폰용 운영체제인 안드로이드 L에 삼성전자가 개발한 핵심 보안기능인 녹스를 안드로이드 표준으로 적용한다. 그들은 서로가 시장에서는 격돌하는 강력한 경쟁자이지만 이익을 극대화시킬 수 있는 상호보완을 위해 전략적으로 협력하고 있는 것이다.

최적의 파트너를 선정하라

전략적 제휴를 효과적으로 추진하려면 우선 세 가지를 버리고 세 가지를 가져야 한다. 즉 홀로주의 사고를 버리고 연대의식을 고양하고, 불안감을 버리고 적과 포옹할 수 있는 용기로 무장하고, 이기심을 버리고 협동심을 가져야 한다. '나홀로족'은 경쟁이 없는 블루 오션에서는 존재가치가 있을지 몰라도 경쟁이 치열한 레드 오션에서는 '위태로운 낭만파'일 뿐이다. 그리고 불안해서 경쟁자와 손잡지 못하면 이익극대화는 기대하기 어렵다. 또 제휴가 전략적이라 해서 나의 이익만 지나치게 추구하다가는 오히려 그것이 걸림돌이 되어 적을 잡기도 전에 같은 편에게 공격당해 무너질 수가 있다. 상생을 중시하는 작금의 상황에서 제휴 파트너에게 이기주의로 비쳐지면 그가 가만있을 리 없기 때문이다. 이러한 연대의식, 용기, 협동심은 전략적 제휴에서 없어서는 안 될 마인드 역량이다.

그리고 전략적으로 제휴해야 할 최적의 상대, 최적의 때, 최적의 제휴내용을 결정해야 한다. 상대를 결정할 무엇보다 상대와 뭉쳤을 때 시너지가 풍성하게 만들어질 것인지, 시점은 적절한지, 제휴할 가치가 있는 내용인지 등을 정확히 파악하고 의사결정을 해야 하는 것이다. 그래야 연대의 효과가 극대화될 수가 있다.

또한 제휴로 인한 손실 발생이 극소화할 수 있도록 해야 한다. 전략적 제휴는 어디까지나 상대를 통해 나의 이익을 극대화시키기 위해서 하는 것이다. 그래서 양자가 수용할 수 있는 이익 배분 기준을 사전에 명확하게 세워놓아야 하는데, 그렇지 않으면 둘이 하나가 되어 공동의 적과 싸우는 과정에서 이익에 관련된 시비 때문에 갈등이 빈발할 수 있다. 이때 발생하는 갈등은 애써 얻은 시너지를 갉아먹는다.

정보보안 역시 철저히 해야 한다. 제휴 자체가 같은 일을 하는 경쟁자 또는 다른 일을 하는 잠재적 경쟁자와 하는 것이다 보니 상대가 선의의 파트너라 하더라도 그가 알아서는 안 될 비밀로서의 정보가 유출될 가능성이 상존하기 때문이다. 둘 간의 제휴상태가 영원할 수 있다면야 이것이 문제가 되지 않을 수도 있지만 전략적 제휴는 대부분 그렇지가 않다. 언젠가 적이 안 되리라는 법이 없다. 그래서 제휴 앞에 전략이라는 단어가 붙어있는 것이다.

삼십육계를 무시 마라

"나아갈 만하면 나아가고 어려우면 물러서는 것이 군대를 제대로 다스리는 것이
다."
- 좌전(중국 춘추전국시대의 병법서) -

1812년 프랑스 나폴레옹 군대의 선전포고도 없는 기습 공격으로 인해 러시
아는 속수무책으로 당하다가 결국 수도 모스크바의 대부분 지역까지 점령
당하였다. 러시아군 총사령관 미하일 쿠트조프Mikhail Kutuzov는 모스크바를
탈환하기 위해 총력으로 대항하였지만 전세는 쉽사리 역전되지 않았다. 쿠
트조프는 잠시 지휘를 멈추고 프랑스군의 전력을 냉철하게 분석하였다. 그
결과 프랑스군은 고향을 떠나 오랫동안 타지에서 전투를 벌이느라 속으로
는 많이 지쳤을 것이라는 판단이 섰다. 이러한 생각을 했다면 쿠트조프로서
는 당연히 전열을 재정비하여 프랑스군에 지구전으로 대응했어야 했을 것
이다. 그러나 쿠트조프는 "모스크바를 포기하고 후퇴하라."라는 의외의 명

령을 전군에 하달하였다. 이 명령을 받은 휘하의 장교들은 후퇴하지 말 것을 건의하였고, 차르Tsar 황제도 모스크바를 포기하지 말라고 강력히 지시하였다. 그러나 쿠트조프는 이에 아랑곳하지 않고 군대를 이끌고 퇴각하였다. 이를 본 나폴레옹 군대는 환호하였다. 그러나 환호는 잠시뿐, 그들은 여태 겪어보지 못한 러시아의 혹독한 추위, 오랫동안 집을 떠난 데서 온 향수병, 식량부족으로 인한 배고픔 등에 시달리기 시작하였다. 견디다 못해 결국 나폴레옹은 철수를 명하였다. 그러나 모스크바 외곽에서 이를 기다렸던 쿠트조프의 러시아군이 가만있을 리 없었다. 프랑스군은 결국 이 전쟁에서 대패하고 말았다. 공격해도 되는 상황이었음에도 불구하고 쿠트조프 사령관이 모스크바에서 일단 철수 명령을 내렸던 것은 당장의 전투가 아니라 전쟁에서 승리하기 위한 전략적인 후퇴였던 것이다.

2보 전진을 위한 1보 후퇴

전략적인 후퇴는 뒤로 물러선다는 측면에서는 일반적인 후퇴와 다를 바 없지만 더 이상은 방법이 없어 살기 위해 내빼는 일반적인 후퇴와는 본질적으로 다르다. 흔히 얘기하는 '2보 전진을 위한 1보 후퇴'이다. 전략적 후퇴는 더 큰일을 도모하려는 야심찬 계획이 근간에 자리 잡고 있는 후퇴인 것이다.

전략적 후퇴가 요구되는 가장 큰 이유는 현재의 상황을 더 악화시키지 않으면서 이후의 경쟁에서 더 큰 승리를 거두기 위함이다. 패색이 짙을 때 일단 후퇴하면 더 이상의 손해는 보지 않을 수 있다. 그리고 당장의 경쟁에서는 승산이 없다 해도 일단 후퇴를 하여 힘을 보강한 후 다시 경쟁을 치르면 종국에 가서는 그 경쟁을 승리로 이끌 수가 있다. 이뿐만이 아니다. 내가 전략적으로 내준 조그만 승리에 상대가 포만감을 느끼며 함포고복含哺鼓腹하고 있을 때 역습을 가하면 승리의 결실이 동메달에서 금메달로 바뀔 수도 있다. 그래서 『손자병법』의 삼십육계에서도 "큰 것을 위해 작은 것은 과감히 내주어야 한다."라는 욕금고종欲擒故縱이라는 말로 전략적 후퇴를 강조하고 있는 것이다.

재충전을 위해서도 잠시 경쟁을 멈추고 2선에 머무를 필요가 있다. 가면 갈수록 당장의 성과를 요구하는 사회적 분위기에다가 개인의 강렬한 승리 욕구까지 더해져 정신적, 육체적 에너지가 소진되어도 마음대로 쉬지 못하는 것이 현실이다. 독일 카를스루 조형예술대학교의 한병철 교수는 그의 저서 『피로사회』를 통해서 이러한 우리 사회를 통렬히 비판하고 나섰다. '피로사회의 충실한 일원'인 나의 경쟁 상대와 적당한 때마다 후퇴하여 힘을 재충전하고 나오는 내가 서로 격돌하면 과연 누가 이길까? 얘기할 필요조차도 없을 것이다. 이처럼 중요한 재충전은 전략적 후퇴를 통해서도 상당 부분 해결할 수 있다.

또한 강한 상대로부터 나를 보호하기 위해서는 지혜로운 후퇴가 필요하다. 이미 강력해진 상대 앞에서 자신의 분수도 모르고 오로지 '돌격 앞으로'만 외치다간 상대의 공격 한 방에 그대로 갈 수가 있다.

고수들은 일단 얻어맞는다

지식정보화시대가 만개해 있다. 스마트폰, 인터넷, SNS 등에서 손품, 발품 조금만 팔면 알고자 하는 지식과 정보의 상당 부분을 확보할 수 있다. 여기에 서적까지 다종다양하게 넘쳐나다 보니 정보의 원천이 너무 많아 탈일 정도이다. 그러다 보니 고도의 첨단 제품이라면 모르겠지만 그렇지 않고서는 고객 대부분이 사고자 하는 제품에 대해서 해박한 지식을 가지고 있다. 그럼에도 불구하고 알량한 전문 지식 몇 가지로 고객의 마음을 공략하려 든다면 판매는커녕 욕먹기 십상이다.

수나라 양제는 100만 이상의 대군으로 고구려와 첫 번째 전쟁을 벌였지만 수적 우세에도 불구하고 을지문덕 장군의 지략에 말려 결국 대패했다. 이후에도 크고 작은 전쟁을 벌였지만 번번이 패하였다. 한두 번 겨루어 봐서 아니다 싶으면 포기할 줄도 알아야 하는데, 자신의 능력은 간과한 채 무리하게 욕심을 부려 연전연패를 자초한 것이다.

물론 후퇴, 포기, 자제 등의 단어는 인간의 강렬한 욕구인 성취욕구에 제동을 걸게 하는 것들이라 경쟁하는 당사자들에게는 결코 유쾌한 단어가 아니다. 그러나 앞서 가는 고수들은 뒤로 빠져야 할 시점, 공격해서는 안 될 상대, 겨루지 말아야 할 자리 등을 잘 안다. 이들이 일단 장막 뒤로 사라지는 것은 최종 승자가 되기 위함일 뿐 항복으로 내빼는 것이 결코 아니다.

또 고수들은 자신을 깨려고 맘을 굳게 먹고 있는 상사 앞에서는 일단 흠씬 두들겨 맞는다. 그러나 결재를 받아내는 소기의 목적이 종료되면 그제야 상사에게 이의를 제기한다. 그것도 점잖게 말이다. 그들은 평소 잠시를 못 참아 상사를 공격하는 동료들보다 결재 통과율이 훨씬 높을뿐더러 대부분 진급에서도 앞선다.

중국 한나라 때 약자였던 조조가 명문 집안의 원소라는 강적과 싸워 이긴 고사에서 유래된 후발제인後發制人이라는 말이 있다. 열세에 있는 쪽이 한발 물러났다가 힘을 결집해 반격함으로써 엎어치기에 성공하는 계책을 말하는데, 유방과 항우가 자웅을 겨룬 성고대전, 손권과 조조가 격돌한 적벽대전, 동진의 총사령관 사현과 전진의 부견이 맞붙은 비수대전 등이 바로 전략적 후퇴를 이용하여 종국에 가서는 약자가 강자를 이긴 후발제인의 대표적인 사례이다.

포기해도 되는지부터 파악하라

패배를 방지하고 나아가 더 큰 승리까지 만들어줄 수 있는 전략적 후퇴의 효과를 극대화시키기 위해서는 우선 후퇴나 포기의 상대와 시점을 잘 선정해야 하고 주변 돌아가는 상황을 정확하게 파악하여야 한다. 경쟁하다가 나보다 실력이 월등한 상대라고 판단되면 일단 피하는 것이 좋다. 무모하게 덤비다 처참하게 패하면 마음에 상처만 남아서 그나마 있던 자신감마저 위축될 우려가 있기 때문이다. 인생의 행, 불행이 한판 승부로 판가름 나는 것이 아니다. 따라서 오기傲氣로 경쟁한다는 생각이 드는 순간 과감히 후퇴하고 훗날을 기약해야 한다. 승리에는 경쟁 당사자의 실력이 중요한 것이 사실이지만 실력의 강도를 조절하는 환경 역시 만만치 않게 중요하다. 그래서 전략적 후퇴를 위한 의사결정 시에는 반드시 환경 여건을 잘 살펴서 그것을 반영하여야 한다.

그리고 후퇴 전에 그로 인해 예상되는 이익과 손실을 철저하게 계산하여야 한다. 승리할 수 있는 절호의 찬스가 왔는데 꼼꼼히 생각도 안 해보고 "힘든데 다음에 하지." 또는 "기회가 이번뿐이겠어?" 하며 겨루던 승부에서 후퇴하는 것은 있을 수 없다. 승리로 인해 얻을 수 있는 아까운 이익을 날려버릴 수가 있기 때문이다. 그리고 일단 후퇴하기로 결정을 내렸으면 그로 인해 발생되는 매몰비용은 과감히 포기해야 한다. 버스를 타려고 30분이나 기다렸는데 오지 않으면 그 버스에 연연하지 말고 과감히 다른 방법을 찾아야 하는 것이다. 그런데 여기서 기다린 30분이 아까워서 그 버스 오기만을 더 기다리다가는 시간낭비에다가 약속시간을 못 지켜서 신뢰를 잃는 일거양손一擧兩損의 낭패를 볼 수 있다. 포커판에서 본전 생각이 나서 계속 붙잡고 있다가 몽땅 잃고 마는 것과 다를 바 없다.

또한 전략적 후퇴를 헛되이 하지 않기 위해서는 역공으로 승리할 수 있는 준비를 철저히 해야 한다. 후퇴에 전략이란 말이 붙은 이유는 '역공을 통한 대승' 또는 '패자의 화려한 부활'을 염두에 둔 후퇴이기 때문이다. 그런데 후퇴한 뒤 살았음에 안도하고만 있으면 이것은 당연히 어렵게 될 것이다. 그래서 후방에서 튼튼한 마지노선을 구축해놓은 뒤에 상대의 공격 동향을 살핀다. 그리고 무엇이 1차전의 승부를 어렵게 한 것인지를 면밀히 분석하고 그 결과에 따라서 2차전, 또는 최종전의 한판 승부를 위한 대안을 마련해야 하는 것이다.

사랑스런 '루저' 이미지

"약점을 먼저 말하고 다음에 의지를 말하면 상대는 당신을 더 믿을 만한 사람으로 본다."

- 로버트 치알디니(미국의 심리학자) -

2011년 4월 국내 금융업계에 전례 없었던 큰 사고가 발생하였다. 대형 금융사인 H 캐피탈 전산망이 외부 해커에 의해 어처구니없이 해킹을 당한 것이었다. 이로 인해 약 43만 명에 해당하는 고객 정보가 줄줄이 새 나갔다. H 캐피탈은 사건 발생 다음 날 이 사실을 시인하고 언론에 알렸다. 당시 노르웨이 출장을 가 있던 H 캐피탈 CEO는 모든 출장 스케줄을 접고 급거 귀국한 후 기자회견을 통해 "고객 여러분께 죄송합니다. 책임질 일이 있으면 책임지겠습니다."라는 말로 잘못을 머리 숙여 사과하였다. 이런 사과에도 불구하고 당시의 여론은 해킹사건에 대해 냉랭하였다. 그러나 여론은 점점 호전되어갔다. 회사의 신속한 초기 조치와 CEO의 진심어린 사과가 고객들의 마음을 움직였던 것이다. 급기야 H 캐피탈은 사건 당시의 부정적인 이미지를 벗고 오히려 '착한 금융사'라는 인식이 확산되면서 이미지가 업그레이드되었다. 비록 잘못은 했지만 회사의 진솔하고 시의적절한 조치로 고객으로 하여금 동정심과 신뢰감을 느끼게 하여 오히려 전화위복이 된 것이었다. 이 상황을 양자 간의 경쟁이라는 측면으로 바라본다면 H 캐피탈에 등을 돌리려는 고객과 고객의 동정심과 신뢰감에 호소해 고객을 종전대로 모시고자 하는 H 캐피탈과의 경쟁에서 결국 H 캐피탈이 승리를 거둔 것이나 다름없다.

적의 칼로 적을 무찌르다

앞서기 위한 것 외에도 한쪽은 상대의 마음을 얻기 위해, 다른 한쪽은 호락호락 뺏기지 않으려고 줄다리기하는 것도 인생에서 벌어지는 중요한 경쟁 중의 하나이다. 앞서기 위한 것만 경쟁이 아닌 것이다. 여기서 상대의 마음을 얻으려는 사람이 상대를 잘 설득하여 그로부터 '오케이 싸인'을 받았다면 그 경쟁에서 이긴 것이다.

그런데 이러한 설득을 통한 경쟁 승리도 내가 상대를 설득하는 것이 아니고 상대가 나를 도와주기 위해 자신 스스로를 설득함으로써 결국은 내가 이기게 되는 승리도 있다. 이처럼 상대가 져주어서 내가 이길 수 있는 경쟁이라면 이런 남는 경쟁이 또 어디 있겠는가? 그야말로 공방을 해야 하는 보통의 경쟁보다 분명 이익은 배가될 것이다. 상대로 하여금 나에 대해 동정심만 잘 느끼게 만들어준다면 이런 손쉬운 경쟁은 얼마든지 가능하다.

이렇게 상대의 도움이 있게 되면 경쟁에서 최소의 비용으로 최대의 효과를 거둘 수가 있다. 미국에는 노벨평화상 수상자이자 미국 역사상 최고의 전략가로 손꼽히는 조지 마셜George C. Marshall이라는 사람이 있다. 육군참모총장으로 있던 당시 그는 프랭클린 루스벨트Franklin Roosevelt 대통령 집권 후 얼마 안되서 대통령에게 사퇴의 뜻을 전했다. 루스벨트에게 그의 사퇴는 청천벽력에 가까운 일이었기에 대통령을 계속 반대했지만 고집 세기로 유명한 마셜은 그의 뜻을 굽히지 않았다. 그동안 안 된다는 말로만 일관했던 루스벨트는 어느 날 "만약 자네가 내 곁에 없으면 나는 편히 잘 수가 없을 것 같네. 마셜, 내 마음 알지?"라는 친필 글귀가 담긴 편지를 마셜에게 보냈다. 가슴으로 편지를 읽은 마셜은 군에 남았고 더욱 충실히 임무를 수행하였다.

그리하여 루스벨트 대통령은 2차 세계대전까지 수행하던 군의 일은 모두 그에게 맡기고 위대한 미국 건설에 주력할 수 있었다. 역사는 대통령 4선까지 기록한 루스벨트를 미국 역사상 가장 위대한 대통령의 한 명으로 기록하고 있다. 부하 마셜의 도움이 없었더라면 루스벨트가 대통령으로서 이렇게까지 성공하기는 어려웠을 것이라고 역사가들은 입을 모은다.

그리고 상대의 도움으로 승리하였다면 승리한 나만 좋은 것이 아니다. 도움을 준 상대에게도 승리감을 안겨줄 수 있다. 자신의 배려를 받은 상대가 흡족해하는 모습을 본 제공자는 일반적인 경쟁을 통해 얻는 승리감과는 또 다른 차원의 승리감을 만끽할 수 있는 것이다. 상무가 과장에게 "이게 무슨 뜻인지 잘 모르겠는데 자네가 좀 알려줄 수 있겠나?" 하고 SOS를 청했을 때 마침 과장이 상무에게 알려줄 수 있었다면 하늘 같은 상사도 모르는 것을 가르쳐주었다는 자부심에 그 과장은 얼마나 뿌듯한 승리감을 느끼겠는가? 이렇게 상대로부터 도움을 받아 승리하는 것은 한쪽 당사자의 승리를 넘어서 양자 Win-Win까지도 가능해진다.

'늑대의 눈물'은 통하지 않는다

미국 켈로그 경영대학원의 필립 코틀러Philip Kotler 교수는 그 이름 자체가 브랜드가 되어버린 마케팅 분야의 살아있는 전설이다. 그는 "고객을 다루는 학문인 마케팅이 이제 사회적 이슈까지 고려하는 차원으로 발전해야 한다."라고 말한다. 그는 기업이 이윤추구 외에 사회적 책임까지 다하는 모습을 보이면 고객이 그의 필요Needs를 넘어 해당 기업을 도와주고자 하는 마음을 갖는 것으로 보고 있다. 결국 코틀러는 고객의 마음을 파고드는 마케팅을 펼쳐 그로부터 도움을 받아 승리하라고 강조하는 것이다. 월마트, 나이키, 아메리칸 익스프레스, 브리티시 항공, 바디숍, 존슨앤드존슨, P&G 등 잘나가는 수많은 글로벌 기업들이 이에 관한 성공사례를 다양한 형태로 제시하고 있다.

이렇게 경쟁 상대의 도움을 받아 비교적 쉽게 승자가 될 수 있는 길이 있음에도 불구하고 오로지 치열한 경쟁 속에서 승리의 길을 묻는 사람들이 많다. 알량한 자존심으로 도움을 뿌리치고 힘겹게 고투孤鬪를 벌이는 사람, 자만심만 내세우며 도와주겠다는 제의를 다 쫓아버리는 사람, 잘난 척하다가 잠재적 지원자로부터 오히려 역공을 받는 사람이 있다. 반대로 도움에 대한 욕심이 지나쳐서 문제가 되는 경우도 있다. 동정심을 더 많이 얻을 요량으로 잠시 표리부동表裏不同했다가 양심불량자로 찍혀 지원자를 잃는 사람, 자기 몫을 지나치게 챙기다가 이미 있던 기반까지 날리는 사람 등이 그들이다.

동정심을 얻어 판결을 자신에게 유리하게 이끌려고 재판정에서 외모를 일부러 처량하게 만들고 앉아있는 사람들이 있다. 그런데 어떤 피고인은 재판정에 들어갈 때는 휠체어를 타고 들어간 것까지는 좋았는데, 끝나고 나와서 멀쩡하게 걸어가다가 판사에게 걸려 최종 판결에서는 괘씸죄가 더해져 형량이 높아진 경우도 있다고 한다. 상대에게 도움 받아 그를 이기려다가 양심불량으로 오히려 쪽박을 차는 것이다.

목계木鷄가 되어봐라

경쟁 상대로부터 나를 위한 자발적 선의善意를 이끌어내기 위해서는 우선 겸손해야 한다. 잠시를 못 참고 강자인 상대 앞에서 그보다 더 아는 것도 별로 없는 주제에 목에 힘주며 교만을 떨다가는 그로부터의 동정은 기대할 수 없다. 그러나 겸손하면 경쟁 상대의 승리 욕구를 억제시키고, 잘만 하면 나를 위해 희생까지 무릅쓰게 만들 수가 있다. 장자莊子의 「달생達生」 편에서는 '최고의 투계鬪鷄를 목계木鷄’라고 하였다. 용맹스러워야 할 투계가 나무로 만든 목계라니 무슨 말인가? 이것은 나무처럼 교만하지 않은, 상대를 바라보는 눈초리도 무딘, 남의 소리에 쉽게 반응하지 않는 목계지덕木鷄之德을 지닌 닭이어야 종국에 가서 승리할 수 있다는 것이다. 크게, 그리고 힘을 별로 안 들이고 승리하는 사람들은 알차게 익은 벼가 더 고개를 숙이는 것과 마찬가지로 오히려 더 겸손하고 조용하다.

그리고 때로는 연약하게 보이는 ‘루저 이미지’를 만들어 상대에게 보여주어야 한다. 빛나는 가죽구두를 신는 MS의 전 CEO 스티브 발머Steve A. Ballmer와 비교되는 빛바랜 청바지에 뉴발란스 운동화와 단정한 셔츠의 스티브 잡스의 이미지, 애플의 ‘맥Mac 대 PC’라는 광고에서 맥을 홍보한 헝클어진 갈색 머리에 작은 키로 교실에서 존재감이 없는 학생 같은 캐릭터의 이미지, 와이셔츠 소매 걷어붙이고 여러 날을 사무실 헤집고 다니면서 열심히 일하였지만 뜻대로 안되어서 파김치의 모습으로 맥없이 앉아있는 샐러리맨의 이미지가 바로 루저 이미지이다. 상대평가에 의해 울고 웃는 세상이라 그런지 사람들은 은근히 이런 루저 이미지를 좋아한다. 이런 이미지로 경쟁 상대의 도움을 한번 끌어내보는 것이다.

또한 도움을 받았으면 반드시 갚아야 한다. 도움을 준 사람에게 상응하는 대가를 바라지 않는 사람은 희생정신을 가지고 사회사업을 한다든가 자원해서 봉사활동을 하는 사람밖에는 없다. 자신이 도움을 받았음에도 그것으로 끝이겠거니 하고 도와준 사람의 호의好意 뒤에 있는 또 다른 의도를 간과했다가는 결국에 가서 관계를 그르치기 십상이다. '기브 앤 테이크 세상'에서 신세 갚는 일은 필수이다. 그래야 다음에도 도움을 받을 수가 있다. 세계적인 심리학자 로버트 치알디니Robert B. Cialdini 교수도 "도움을 준 사람이 도움을 받은 사람보다 더 오래 기억한다. 우리가 도움을 받은 지 몇 주일, 몇 달, 혹은 몇 년 지난 후에 그 도움의 가치를 잊어버리거나 경시한다면 결국 도움을 준 사람과의 관계를 망치게 될 것이다."라고 하면서 도움을 받았으면 반드시 갚으라고 강조한다.

· Major Skill ·

● 겸손한 자세 유지

● 연약하게 보이는 '루저 이미지' 연출

● Take 했으면 반드시 Give

한 놈만 골라 패라

"효율은 일을 적절하게 하는 것이고, 효과는 적절한 일을 하는 것이다."

- 피터 드러커(미국의 경영학자) -

삐에르 퀴리Pierre Curie와 마리 퀴리Marie Curie는 프랑스가 낳은 세계적인 물리학자 부부이다. 신혼 초에 그들은 거실에 테이블 한 개조차 없이 가난하게 살았다. 어느 날 이들의 생활을 걱정하던 삐에르 퀴리 아버지로부터 한 통의 편지가 날아왔다. 거실에 놓을 수 있는 소파와 의자를 사서 보내주겠다는 편지였다. 한참 생각하던 삐에르 퀴리가 입을 열었다. "소파와 의자가 모두 있으면 공간만 차지할뿐더러 청소하기가 힘들 테니 소파는 사양하고 의자만 받읍시다. 손님이 오면 거기 앉을 수도 있고……. 내 생각이 어떻소?" 하고 부인 마리 퀴리에게 물었다. 그 말은 들은 부인 마리 퀴리 역시 한참을 생각하다가 동의할 수 없다는 표정을 짓더니 "의자도 받지 않는 것이 좋을 것 같아요. 말 많은 사람들이 와서 그 의자에 앉아 오랫동안 수다를 떤다면 연구에 집중할 수 없을 거예요." 하고 대답하였다. 이 말에 공감한 삐에르 퀴리는 결국 부인의 말대로 소파, 의자 모두를 받지 않기로 결정하였다. 그리고 아버지에게는 감사의 마음과 함께 사양의 뜻을 전했다. 퀴리 부부에게 불편한 것 따위는 문제가 아니었다. 그들에게는 소파와 의자가 있음으로 해서 연구를 효율적으로 하지 못할 것이 더 걱정이었던 것이다. 이들 부부가 어떻게 둘 다 노벨상까지 받은 세계적인 물리학자가 될 수 있었는지를 그대로 보여주는 일화가 아닐 수 없다.

쉬운 승리의 견인차

효율은 그 성과에 대해 자원을 얼마나 투입했는지, 즉 투입 대비 산출의 개념이다. 예를 들어 새로운 자동차를 한 번 개발하는데 보통 4,000억 원 정도가 들어가는데 만일 3,500억 원에 개발했다면 효율이 높은 것이지만, 5,000억 원이 들었다면 효율은 대단히 낮은 것이다. 일상의 생활에서 제아무리 높은 성과를 거두었다 하더라도 효율성이 떨어진다면 일한 의미와 성과에 대한 가치가 퇴색된다. 그래서 어떤 일의 결과를 분석할 때 언제나 효율성을 따지게 되는 것이다.

효율은 성과와 불가분의 관계를 가진다. 그러다 보니 어떤 사람들은 효율을 중시하다 보면 일 자체의 가치, 일한 사람의 노고 등이 무시될 수 있다고 걱정하기도 한다. 결과요인 이외의 것들도 고려해야 하는 것은 물론 당연하다. 그러나 적어도 '금메달이냐

은메달이냐', 또는 '1등이냐 2등이냐'를 놓고 격돌하는 경쟁 국면에서는 이런 생각은 잠시 접어둘 수밖에 없다. 지고지선^{至高至善}의 가치를 존중한다 하여 고성과 창출의 강력한 기반이 되는 효율성을 적당히 생각한다면 그것은 사실상 승부를 포기하는 일이나 다름없는 일이기 때문이다.

우리 인간의 욕망은 무한하나 그 욕망을 채워주는 데 필요한 자원은 매우 제한적이다. 그래서 한정된 자원, 그리고 그 자원으로 만든 재화를 더 많이 차지하기 위한 쟁탈전이 끊임없이 벌어지고 있는 것이다. 이러한 경쟁을 치루기 위해 소요되는 자원, 즉 시간, 에너지, 돈 또한 역시 제한적인 것은 마찬가지이다. 그러나 이것들을 효율적으로 이용하면 그렇지 않은 경쟁자와는 달리 자원이 부족해서 전전긍긍하는 일이 대폭 줄어들 수가 있다. 승리를 위한 경쟁에서 고효율이 꼭 필요한 우선적인 이유가 바로 여기에 있는 것이다.

특히 일반적인 경쟁보다는 우승을 노리는 치열한 경쟁이 더 많은 자원을 요구한다. 국지전이 아니라 여러 전선에서 동시다발적으로 경쟁을 벌여야 하는 전면전 상황에서는 이보다 훨씬 더하다. 여기서 필요로 하는 별도의 힘을 최소의 비용으로 만들어주는 것이 바로 효율인 것이다. 상당수의 회사들이 근무 효율을 높일 수 있는 스마트 워킹센터를 운영한다든지 재택근무제도를 앞다투어 도입하는 것도 이를 통해 다른 경쟁에서 활용할 수 있는 시간과 에너지를 확보하기 위함이다.

이처럼 고효율을 이용하여 최소의 비용으로 최대의 효과를 지향하는 것은 경제원칙과도 그대로 맞닿아 있다. 그래서 앞서 가는 사람들은 효율이 만들어주는 부산물을 이용하여 승리를 굳히거나 또 다른 경쟁에서의 승자가 되게 해 줄 수 있는 여력을 만들기 바쁘다. 이렇게 경쟁자는 효율을 따지고 있는 판국에 나는 열심히 한 것에만 만족하고 있다면 경쟁자를 이겨보겠다는 생각 자체가 어불성설이다.

많은 전문가들도 효율이 가지고 있는 가치를 칭송하고 있다. 미국 위스콘신대학교 박재광 교수는 21세기 승자의 조건을 '집중과 효율성'으로 함축한다. 세계적인 컨설팅회사인 베인&컴퍼니의 폴 로저스Paul Rogers 글로벌조직 부문 대표도 조사통계치를 가지고 효율의 중요성을 부각시키고 있다. 미국, 영국, 독일, 프랑스, 중국, 일본에 본사를 두고 있는 기업 760곳을 조사한 결과에 의하면 매출과 수익을 많이 내는 기업은 의사결정을 '빨리', '제대로', '효율적으로' 하는 기업들이었다는 것이다.

'부지런한 비효율'은 몸만 피곤하다

효율이 이렇게 중요한데 우리의 현실을 살펴보면 효율의 중요성이 무색해진다. 영국 파이낸셜타임스가 경제협력개발기구OECD의 통계를 인용 보도한 바에 따르면 한국 근로자 하루 수면 시간은 7시간 49분으로 조사 대상 18개국 중 가장 짧은데, 근로시간은 회원국 평균보다 393시간이나 많은 연간 2,237시간이나 되고, 노동생산성은 평균의 66% 수준으로 나타났다. 효율에 관한

이러한 우리의 현주소를 놓고 LG경제연구소는 '부지런한 비효율'
이라고 꼬집기도 하였다. 직장인 상당수가 자신의 근무시간을 일
에 집중시키지 못하고 있다는 얘기다. 낮에 설렁설렁 일하다가 퇴
근시간 임박해서 급하게 피치를 올려 가까스로 끝내놓고, 저녁 먹
고 다시 들어와 휴대전화 만지작거리며 부장이 퇴근할 때까지 대
기하다 보니 그럴 수밖에 없다.

상사에게도 문제가 있기는 마찬가지이다. "과정은 과정이
고……. 그래서 결과가 어찌 되었다는 건데?" 이 말은 성미 급한
상사가 보고받을 때 내뱉는 말 중 아주 빈도가 높은 말이다. 이
런 말은 성과의 영속성을 보장하는 생산적 효율이 아니라 '모로
가도 서울만 가면 된다.'는 식의 임기응변적 효율만 양산하게 하
는 말이기도 하다. 이런 말을 입에 달고 다니는 상사들은 과정에
생산적 효율이 결여되면 고성과란 있을 수 없다는 사실을 잘 알
아야 한다.

그러나 승부 근성이 있는 직장인들은 이와는 다른 모습을 보인
다. 이들은 열심히 일하는 것만이 능사가 아님을 잘 안다. 집중해
서 일함으로써 낭비되는 시간을 최대한 줄일뿐더러, 거기서 남는
시간은 다음 경쟁에서 이용할 에너지로 비축한다. 이렇게 함으로
써 동일한 시간을 투입해 일한 남들보다 진급이 빠르고 소득 또한
높다. 앞서 가는 조직에서도 효율을 올리기 위해 노력하는 것은
마찬가지이다.

전념하라

다양한 형태로 전개되는 경쟁의 장면에서 수행하는 일의 효율을 높이기 위해서는 우선 여러 가지 일 중에서 승리하는 데 직접적으로 영향을 주는 일을 선택하여 그 일에 집중해야 한다. 투자의 귀재 워런 버핏Warren Buffett은 "전념해야 성공한다."라는 한 마디로 집중의 중요성을 함축한 바 있다. 「주유소 습격사건」이라는 영화에 이런 대사가 나온다. "난 백 놈이든 천 놈이든 그중 한 놈만 골라 팬다." 주인공이 내뱉은 이 말에 달려들던 상대들이 꼬리를 내렸다. 집중은 이런 위력을 가지고 있다. 우리의 일이 아무리 많다 해도 채로 사금을 채취하듯이 선별하면 승리하는 데 필요한 일의 가짓수는 대폭 줄어든다. 바로 여기에 집중해야 소기의 성과를 거둘 수가 있는 것이다.

그리고 가능한 즐길 수 있는 일을 해야 하고, 즐거운 마음으로 일을 해야 한다. 2,500년 전에 공자가 "알기만 하는 사람은 좋아하는 사람만 못하고, 좋아하는 사람은 즐기는 사람보다 못하다."라는 말을 하였는데, 엄격한 그 시대에 그것도 공자의 입에서 이런 말이 나왔을 정도면 즐기며 일했을 때 발생되는 효율이 어느 정도가 될 것인지를 가히 짐작할 수 있을 것이다. 그러나 즐기며 할 수 있는 일은 그리 많지 않은 것이 현실이다. 그렇기 때문에 즐기며 할 수 있는 일을 의식적으로 늘려가는 노력을 해야 한다. 그리고 싫지만 불가피하게 해야 할 일 같으면 억지로라도 즐기는 액션이 필요하다. 심리학자들은 사고와 행동이 바뀌면 자동적으로 감정과 마음도 바뀐다고 입을 모은다. 억지로라도 즐기려는 사고와 행동이 반복되게 되면 일하는 것이 즐거워질 것이고, 이는 일의 효율을 더욱 촉진할 것이다.

또한 자신 안팎에 있는 불필요한 것을 끌어 모아 모두 폐기 처분해야 한다. 쓸모없는 것들이 경쟁에 필요한 새로운 것들의 저장을 방해한다면 승리는 곤란해질 수밖에 없다. 세계 경영학계의 거목인 하버드대학교의 마이클 포터 Michael E. Porter 교수는 "'무엇을 할 것인가'보다 오히려 '무엇을 버릴 것인가'가 더 중요하다."라고까지 말하고 있다. 따라서 집을 청소하듯이 자신의 생각과 주변을 수시로 정리 정돈할 필요가 있다. 나비처럼 날아서 벌같이 쏘기 위해서는 꼭 필요한 소수 정예로 무장해야 하는 것이다. 강을 건너 산꼭대기를 점령해서 승리의 깃발을 꽂아야 할 사람이 나룻배로 강을 건넜는데도 여전히 나룻배를 짊어지고 간다면 그 사람이 과연 그 일을 해낼 수 있을까?

· Major Skill ·

- 경쟁 승리에 직결되는 일 중심으로 선택/집중
- 즐길 수 있는 일 중심으로 선택/집중
- 불필요한 것들 폐기 처분

나만 아는 정보는
권력이다

> "내 아이들에게 당연히 컴퓨터를 사줄 것이다. 하지만 그보다 먼저 책을 사줄 것이다."
>
> - 빌 게이츠(미국의 마이크로소프트 창업자) -

이순신, 그는 전라좌수사가 되자마자 정보를 주고받기 위해 봉화대를 세웠다. 그리고 부하장수들로 하여금 수시로 적의 동태를 파악하여 보고하게 하였고, 특히 망장望將에게는 24시간 내내 적선敵船을 세심히 살피도록 했다. 때로는 적의 첩자를 이용하여 정보를 획득하였다. 장군이 이끄는 함대의 핵심 인력들은 대부분 해당 지역의 특성을 잘 알고 있는 현지 출신의 수군들이어서 이들에게서 들어오는 정보는 매우 유용하였다. 정보 수집에는 민간인도 예외가 아니었다. 자신의 아버지나, 자식, 남편을 수군으로 보낸 이들은 전라좌수영을 위해 자진해서 정보 수집 활동을 해주었다. 장군은 왜군에 관한 정보를 제공한 사람들에 대해서 보상을 아끼지 않았다. 정보 수집에 관한 장군의 관심과 노력은 때와 장소를 가리지 않고 계속되었다. 이렇게 해서 수집된 적군과 전선의 주변 상황에 관한 살아있는 정보를 바탕으로 최선의 의사결정과 전략을 도출해냈다. 이러한 정보 전략에 힘입어 장군은 13척의 배로 수백 척의 왜군 배를 격파함으로써 세계 해전사에 찬란하게 빛나는 명량 해전을 위시해서 한산도 해전, 노량 해전, 옥포 해전 등의 수많은 전투에서 대승을 거두었다. 결국 이순신 장군의 정보를 중시한 지식 기반 리더십은 임진왜란에서 왜군을 섬멸하는 데 크게 공헌하였던 것이다.

손바닥 위에 적敵을 놓다

정보의 사전적 의미는 관찰이나 측정을 통하여 수집한 자료를 실제 문제에 도움이 될 수 있도록 정리한 지식 또는 그 자료이다. 경쟁의 장면에서는 상대의 동향과 주변의 상황은 물론 경쟁 수행을 위한 지식과 노하우 등을 정보라고 칭할 수 있다. 이러한 정보는 경쟁에서 승리를 좌우하게 만드는 중대한 요소로 작용한다. '21세기는 정보의 시대'라고 하는 이유가 여기에 있는 것이다. 그래서 정보를 입수하고 활용하는 일은 매우 중요하다.

정보의 역할을 구체적으로 살펴보면 효과적인 의사결정을 할 수 있게 만들어주는 것이 정보가 제공해주는 최우선적인 역할이다. 어떤 일을 벌이기 전에는 사전에 해야 할지 말아야 할지, 한다면 언제, 어디서, 누구와 어떤 방법으로 할 것인지 등을 결정해야 한다. 이때 자신, 상대, 주변 상황 등에 관한 최신정보는 탁월한 성과와 통쾌한 승리를 담보해줄 수 있는 의사결정 요소들이다.

상황이 이러한데 만약 자기가 가지고 있는 지식과 판단체제로만 의사를 결정하려 든다면 그것은 종이칼을 들고 싸우려 하는 것이나 다를 바 없다. 노벨경제학상 수상자인 미국 카네기멜론대학교의 허버트 사이먼Herbert Simon 교수는 이런 행위를 '제한적 합리성에 머무는 행위'라고 비판한다.

그리고 경쟁 상대에 관한 정확한 정보는 불확실성을 해소해 주면서 필요한 일을 선택하고 그것에 집중할 수 있게 해준다. 그렇게 되면 효율적으로 경쟁을 수행할 수 있게 되어 경쟁 상황을 유리하게 이끌고 갈 수가 있다. 적은 지금 자중지란自中之亂에 빠져서 패퇴하기 일보 직전이라 1개 대대 지상군 투입만으로도 전투를 깨끗이 끝낼 수가 있는데, 이런 상황을 몰라서 한 발에 수백 억 나가는 해군의 크루즈 미사일을 수십 발 퍼붓고 사단급 지상군을 투입해서 승리했다면 그 전투를 승리했다고 볼 수 있을까? 정보를 모르면 손품 발품 팔아가며 죽어라 일해도 얻는 것은 별로 없게 되는 것이다.

정보 유출 방지도 정보 입수 못지않게 중요하다. 애써 만들고 가꾼 1급 비밀의 정보가 경쟁 상대에게 넘어간 상태에서 경쟁이 벌어졌다면 그 경쟁의 승리는 난망難望일 것이고, 다행스럽게 유출된 것을 사전에 알았다 해도 엄청난 비용과 노력을 들여서 경쟁 전략을 다시 짜야 할 것이기 때문이다. 그래서 기업 등의 조직에서는 정보 유출을 방지하는 데에 백약百藥을 다 쓰고 있다.

손실 회수를 위한 소송전도 치열하다. 최근 우리나라의 SK 하이닉스가 일본의 도시바에 의해 영업비밀 유출 소송을 당했는데,

소가가 무려 1조 원을 넘었다. 3천억 원 정도로 며칠 전 가까스로 합의는 했지만 그 돈 역시 만만치 않은 돈이다. 지식정보화 시대를 맞아 고급정보들이 많다 보니 소송금액도 가히 천문학적인 숫자인 것이다. 치열한 소송으로 만신창이가 되어 승소하는 것보다는 사전 유출 방지가 훨씬 더 중요할 것임은 당연하다.

세계적인 미래학자 엘빈 토플러_{Alvin Toffler} 박사는 1990년에 출간된 그의 저서 『권력의 이동』에서 "권력이 다른 나라나 기업, 개인에게 옮겨가는 것이 아니라 권력의 본질 자체가 변화해 지식정보계층이 그 중심이 될 것이라고 예언하였다. 직급, 연령 고하를 막론하고 필요한 정보를 많이 가지고 있는 사람들이 융숭한 대접을 받고, 십중팔구 경쟁에서 승리하는 것을 보면 그의 예언은 거의 그대로 맞아떨어지고 있다.

양질의 정보를 많이 가지고 있는 사람은 분명 그렇지 않은 사람을 능가한다. 전 세계 1,500명 이상의 IBM 비즈니스 전략 컨설턴트들을 총괄 지휘하는 고 피터 콜스튼_{Peter J. Korsten} IBM 비즈니스가치연구소장은 매일경제신문과의 인터뷰에서 "실적이 좋은 상위 20%의 CEO와 상대적으로 실적이 나쁜 하위 20%의 CEO를 비교했더니 정보데이터에 접근하는 능력이 2배 이상 차이 났다."라는 말을 하였다. 결국 정보력이 실력이란 얘기다.

'찌라시 시장'이면 어떤가

정보가 이렇게 성공을 좌우하는 핵심 변수로 작용하다 보니 누구 할 것 없이 정보에 대한 관심이 지대한다. 특히 승리를 지향하는 사람들은 경쟁 상대의 전력 정보에 매우 민감하다. '남 의식하는 데에 아까운 시간 낭비하지 말라.'는 교과서적인 말을 존중하느라 상대의 동정에는 무관심한 채 앞만 보고, 자신만 보고 달려가는 사람들이 대부분 경쟁에서 고배를 마시는 모습을 자주 목격하고 있기 때문이다.

승리의 축배를 자주 드는 사람들은 경쟁과 직접적으로 관련되는 상대의 인적 정보는 물론 주변 상황 정보, 나아가서 승리 방법에 관한 정보까지 꿰차고 살아간다. 이들은 정보 획득을 위해 기업체 정보 담당, 사정기관 관계자, 국회의원 보좌관, 기자 등 실로 다양한 사람들이 모여서 다양한 정보를 거래하는 서울 여의도나 광화문 일대의 이른바 '찌라시 시장'까지도 드나든다.

KB 국민은행의 간판 PB로 일하고 있는 신동일 팀장은 그의 저서 『한국의 슈퍼리치』에서 이런 말을 하고 있다. "슈퍼리치들은 대개 하루에 7~10개의 신문을 구독하면서 경제, 재테크 관련 정보를 수집하고 있다. 그들은 은행 PB가 관련 브리핑을 하기도 전에 모든 정보를 이미 다 알고 있다." 성공하는 사람들은 이렇게 해당 분야의 전문가보다도 앞서서 정보에 관통하고 있는 것이다.

경쟁이 업業인 기업이나 스포츠 조직이 정보를 구하는 데 동분서주하는 것은 잘나가는 개인과 별반 다를 게 없다. 2014년 브라질 월드컵을 앞두고 그리스 아테네에서 우리나라와 그리스 축구 대표팀 간의 평가전이 열렸다. 수용 인원이 3만 명이 넘는 카라이스카키스 스타디움은 경기 전에 이미 매진되었다. 이 수많은 관중 사이에는 당사자인 한국, 그리스 축구관계자 외에도 일본, 알제리, 벨기에, 러시아 축구관계자들도 끼어있었는데, 이들은 조별 리그에서 상대를 물리치기 위해 같은 조에 편성된 우리나라와 그리스 팀의 전력 정보를 탐색하고 분석하느라 정신이 없었다.

정보가 중요한 건 사실이지만 너무 많아도 문제이다. 과잉 정보는 사람들로 하여금 깊게 생각하는 사유思惟를 방해한다. 굳이 머리 아프게 생각하지 않아도 유익한 정보를 귀만 좀 기울이고 손만 좀 뻗으면 쉽게 얻을 수 있는 상황에서는 정보의 양에 집착할 것이 아니라 사유하려는 노력에 매진해야 할 것이다. 그리하여 참신한 아이디어에 가가이 다가서야 할 것이다.

단물 빠진 정보일랑 지금 당장 털어내라

정보전의 승자가 되기 위해서는 우선 다양한 정보를 남보다 빠르게 확보해야 한다. 주변에 좋은 정보가 널려있다고 해도 그것이 내 것이 되지 않으면 '그림의 떡'이요, 그것이 누구나 다 알고 있는 정보라면 '단물 빠진 껌'일 뿐이다. 그래서 어떠한 경쟁의 장면에서도 활용할 수 있는 다종다양한 정보를 누구보다도 빨리 확보해야 한다. 앨빈 토플러, 다니엘 핑크와 함께 생존해 있는 '세계 3대 미래학자'로 꼽히는 리처드 왓슨Richard Watson은 그의 정보 수집 방식을 이렇게 말한다. "내 독서 리스트에는 약 200개의 각종 읽을거리가 올라와 있다. 신문은 말할 것도 없고 책과 잡지 등을 두루 읽는다. 내 컴퓨터의 시작 홈페이지는 뉴욕타임스다. 나는 또

많은 사람과 이야기를 나누고 여행을 다닌다." 정보 확보를 위해 이렇게 다양한 방식으로 노력하는데 그가 유명하지 않을 수가 있겠는가? 정보 입수 채널로는 독서, 신문, 방송, 인터넷, SNS, 모임 등 실로 다양하다.

그리고 불필요한 정보는 과감히 버려야 한다. 지금은 정보의 홍수시대로서 다종다양한 정보가 차고 넘친다. 그러나 정보가 서 말 있으면 무엇 하나? 이용가치가 없으면 보배가 될 수 없다. 구글의 수석 이코노미스트인 할 배리언Hal Varian은 "이전에는 영양 부족이 문제였지만 지금은 비만이 문제인 것처럼, 이전에는 정보 부족이 문제였지만 지금은 과다한 정보가 문제이다."라며 과잉 정보의 위험성을 경고한다. 오늘날 쏟아지는 정보 안에는 경쟁과 성과 창출에 유익한 정보 외에도 기억 공간만 차지하는 불필요한 정보, 유해한 음해성 정보, 진실이 불분명한 '카더라 통신' 정보 등이 들어 있다. 이런 것들이 머릿속에 자리 잡고 있으면 분명 정작 필요한 정보를 저장하지 못하고 정보의 포만감 때문에 생각하는 노력도 줄게 된다. 그래서 정보를 모으는 것 못지않게 불필요한 것을 걸러내는 것도 잘해야 한다.

또한 정보가 경쟁 상대에게 유출되지 않도록 해야 한다. 지금은 정보를 입수하기도 쉽지만 반면에 소중한 정보를 하루아침에 털릴 수도 있는 시대이다. 나 못지않게 경쟁 상대도 정보를 얻기 위해 동분서주하고 있고, 정보를 빼낼 수 있는 방법 역시 들고 튀는 인적 유출부터 고도로 지능화된 해킹 방법까지 매우 다양하기 때문이다. 전선에서 경쟁자를 무찌를 수 있는 결정적인 나의 전략이나 혹은 허점이 이렇게 해서 상대에게 고스란히 넘어간다면 '삼년 공부 나무아미타불'이 되어버릴 수 있다. 휴대폰이나 PC에 들어 있는 중요한 정보는 보안을 걸어놓고, 대화 시에 나도 모르게 '일급비밀'이 말로 새나가지 않도록 감정 통제를 잘하고, 여러 사람이 있는 곳에 놓여있는 프린터를 이용할 때는 출력물을 신속히 회수하도록 해야 한다.

· Major Skill ·

- 다양한 정보를 남보다 먼저 확보
- 불필요한 정보는 과감히 폐기
- 정보 유출 유의

누이 좋고
매부 좋은 승리

"협상에서 중요한 것은 누가 옳은가의 문제가 아니라, 양측이 모두 받아들일 만한 것인가가 중요한 문제이다."
- 케이웃 첸(미국의 경제학자) -

1967년 '6일 전쟁'에서 이스라엘이 완승하면서 이집트는 항복하였고, 이스라엘은 이집트의 영토인 시나이 반도를 차지하였다. 이후 두 나라는 평화협상을 맺고자 했으나 난항만 거듭되었다. 양국의 이해관계가 첨예하게 걸려있는 시나이 반도가 계속해서 협상의 발목을 잡았던 것이다. 두 나라 모두 시나이 반도 반환이란 원칙에는 공감했지만, 이집트는 '100% 반환'을, 이스라엘은 '일부 반환'을 주장하는 가운데 협상은 11년간이나 평행선을 달렸다. 이러한 상황에서 1978년 사이러스 밴스Cyrus R. Vance 당시 미국 국무장관이 협상을 중재하기 위해서 홀연히 나타났다. 밴스 장관은 자원도 없고 비옥하지도 않은 시나이 반도를 왜 양국이 결사적으로 양보하려 않는지 심도 있게 파헤치기 시작했다. 결과 이집트는 6일 만에 항복하며 실추된 자존심을 100% 반환으로 회복시키려 하고, 이스라엘은 안전을 위해 전략적 완충지로 남기려 하는 것으로 확인되었다. 여기서 밴스 장관은 "시나이 반도를 100% 반환해 이집트 자존심은 세워주고, 대신 UN 평화유지군을 주둔시켜 군사적 완충지대를 만들자."라는 대안을 제시하였다. 양국은 모두 나쁠 게 없다는 판단하에 이를 수용하였다. 이렇게 해서 11년간 지루하게 이어졌던 이스라엘과 이집트 간의 협상은 깨끗하게 타결되었다. 훗날 이 협상은 20세기 최고의 협상으로 평가되었는데, 이 협상이 바로 그 유명한 '캠프 데이비드 협상'이다. 서로 적이었던 이스라엘과 이집트는 오늘날 비교적 평화롭게 지내고 있다.

협상은 생활이다

사전적 의미로 협상은 어떤 목적에 부합되는 결정을 하기 위하여 여럿이 서로 의논하는 것이다. 협상이라고 하면 일반적으로 여러 명 테이블을 사이에 놓고 양측이 신경전을 벌이며 담판을 짓는 비즈니스맨들이나 외교인사들만 하는 무슨 중대한 일이라고 생각하기 쉬운데, 이것만이 협상이 아니다.

협상의 장면은 우리들의 주변에 널려 있다. 그렇기 때문에 협상은 일상생활이라 해도 과언이 아니다. 우리에게는 『어떻게 원하는 것을 얻는가?』의 저자로 잘 알려진 미국 펜실베이니아대학교 와튼 스쿨의 스튜어트 다이아몬드Stuart Diamond 교수는 '협상이란 모든 사람이 매일 같이 반복하는 행동'이란 말로 이를 뒷받침한다.

영업하는 사람이 고객에게 물건을 판매하든, 가게에서 물건을 흥정을 하든, 회사에서 직원 간에 업무를 나누든, 부하가 상사에게 보고서를 올리든 협상은 발생한다. 그런데도 불구하고 만일 협상 능력이 약하다면 그것은 문제가 아닐 수 없다. 어쩌면 기본적인 생활 자체가 힘들어질지도 모른다. 그래서 지금을 살아가는 모든 사람에게 협상에서 성공하는 능력이 매우 중요한 것이다.

그리고 협상에서 승리하면 전리품이 제법 많다는 점이 협상의 매력이자 필요한 이유이다. 일상이 협상이라고는 하지만 성과 창출이나 쌍방이든 단독이든 승리를 전제로 하는 공식적, 또는 본격적인 의미의 협상은 아무래도 자주 발생하지는 않는다. 그렇지만 이러한 협상의 장면에서 승리를 거두면 그렇지 않은 때보다 훨씬 더 큰 수확을 올릴 수 있다. 승리를 위해 심혈을 기울인 만큼 효과도 크기 때문이다.

돈을 벌려면 이익을 창출하거나 비용을 절감해야 하는데, 이중 물을 덜 쓰기, 전기를 아끼기, 이면지 사용하기 등의 절약생활을 통해서도 비용을 줄일 수 있겠지만 이것은 노력에 비해 효과가 그리 크지 않다. 그러나 파트너와 협상을 잘해서 이긴다면 얘기는 달라질 수 있다. 지금껏 한 개당 1만 원에 사오던 물건을 협상을 잘해 단가를 5% 깎았다면 여기서 한 개당 500원의 이익이 생긴다. 만약 그 계약이 1만 개짜리면, 한 번의 협상으로 500만 원을 아낄 수 있다. 이 방법이 이면지를 써서 500만 원을 아끼는 것보단 훨씬 더 효율적이다. 그래서 협상은 추가적인 이익을 만들어주는 매력적인 도구가 되는 것이다.

이뿐만이 아니다. 협상의 상대는 오로지 사람이다. 그래서 협상을 반복하다 보면 부산물로 대인관계 방법을 배울 수 있고, 나아가 그 과정에서 사람의 심리를 꿰뚫어볼 수 있는 통찰력까지 얻을 수 있다. SK그룹에서 부회장을 역임했던 고려대학교의 김신배 교수가 SK그룹 부회장 시절 어느 협상스쿨 과정을 이수하고 난 후 "협상을 알고 나니 사람의 마음을 움직이는 길이 명확히 보인다."라며 협상의 유용성에 대한 소감을 말한 인터뷰가 기억난다. 낮이든 밤이든, 집에서든 밖에서든 언제 어디서나 심리전을 일삼을 수밖에 없는 현실을 고려해보면 협상은 매우 큰 가치를 지닌다 하겠다.

'공동 우승'의 아름다움

많은 사람들이 이러한 협상의 중요성을 깊게 인식하고 그 능력을 키우기 위해 노력하고 있다. 과거에는 협상을 업業으로 사람들 중심으로 전문노하우 습득에 열을 올렸지만 지금은 그렇지 않다. 기업의 간부, 고위 공무원, 변호사 등은 물론 대인 설득 능력을 필요한 전문영업인이나 일반인들까지도 협상강좌를 개설한 교육기관을 부지런히 찾는다. 학교의 모의협상장에서 진지하게 협상학습이 이루지는 광경을 자주 볼 수 있다. 이러한 것들은 일상생활의 어느 장면에서도 협상이 꼭 필요하다는 것을 감안한다면 매우 고무적인 현상이다.

그러나 적지 않은 사람들이 이러한 주변 사람들의 동향도 모른 채 말이나 좀 잘하고 사교적이면 협상하는 데 문제가 없을 것으로 착각하고 있다. 지금의 협상 성공이 회사나 부서의 힘에서 발생된 후광 효과, 또는 대기업 구매 담당이라는 '간판'의 힘으로 성사된 지도 모르고 조직을 떠나게 될 때를 대비하지 않는 사람도 있다. 어떤 이는 "협상은 말 잘하는 사람이나 잘하는 거지.", "우린 힘없는 '을'인데 힘센 '갑'이랑 협상해봐야 게임이 되겠어?" 하며 해보지도 않고 자조自嘲적인 생각부터 한다. 조의금 봉투에 10만 원을 넣고 가서 마지막에 자신과 흥정하여 5만 원을 뺀 봉투를 조의금 함에 넣고 돌아서서 후회하는, 즉 자신과의 협상에서 실패하는 경우도 왕왕 있다.

협상도 일종의 승부이기 때문에 승리하는 것은 물론 중요하다. 하지만 다른 승부와는 달리 특별히 유의해야 할 것이 있는데, 그것은 나의 승리에만 몰입하지 말라는 것이다. 협상은 패자가 잃은 것만큼 승자가 가져가는 '제로섬 게임'인 일반 경쟁과는 달리 양 당사자가 모두 승리하는 공동 우승, 즉 '누이 좋고 매부 좋은' Win-Win에 가장 큰 가치를 두고 있다. 이것이 곧 협상이 가지는 아름다움이다.

그러나 공동 우승이라는 협상이 가지는 이상적인 가치를 떠나서라도 자신의 이익을 위해서 상대가 건실하게 살아있어야 함은 대단히 중요하다. 반드시 상대방이 계속 살아 있어야 협상은 계속될 수 있고, 그를 통해 나의 이익을 지속적으로 창출할 수 있는 것이다. 협상은 아무리 준비가 잘 된 다윗이라도 골리앗을 설득해야하는 자리이지 돌팔매로 쓰러뜨리는 자리가 아니라는 얘기다.

니즈를 넘어 원츠를 확인하라

이왕 협상을 벌인다면 상대와의 Win-Win과 함께 애초에 가지고 있던 소기의 목표를 달성하여 궁극적으로는 자신이 협상의 승리자가 되어야 한다. 그러기 위해서는 우선 협상 파트너의 숨은 욕구를 파악하는 데 공을 들여야 한다. 협상이 시작되면 가장 먼저 접해야 하는 것이 상대의 요구이다. 이 요구사항을 다 들어줄 수 있다면야 협상은 그것으로 시원하게 끝날 수 있겠지만 그런 협상이란 있을 수 없다. 그러면 어떻게 해야 하겠는가? 이때 해야 하는 것이 바로 상대의 욕구를 파악해서 거기에서 협상의 길을 찾는 것이다. 욕구는 요구를 하는 진짜 이유로써 상대의 요구를 들어줄 수 있는 다양한 실마리를 제공해준다. 뜨거운 여름날, 가게로 들어온 손님이 "사이다 주세요." 했을 때 "사이다 다 떨어졌네요."라고만 응답하면 손님이 나가면서 그 협상은 결렬된다. 그러나 "사이다는 떨어졌지만, 시원한 콜라는 있네요."라고 답하면 협상 타결가능성은 급격히 높아진다. 목이 마르다는 손님의 욕구를 찾아내고 부응했기 때문이다. 협상학으로 유명한 고려대학교의 권성우 교수는 "협상장에서의 사소한 일에 얽매일 시간 있으면 철저한 조사를 통해 상대가 진짜 원하고 있는 것을 알아보는 것에 집중하라."라며 욕구 파악을 강조한다.

더불어 다양한 대안을 제시할 수 있어야 한다. 협상을 하다 보면 상대가 한 발자국도 양보할 수 없다고 버티는 통에 협상 진전을 전혀 이루지 못하는 상황에 처하기도 한다. 그렇다고 이해가 첨예하게 걸린 협상을 깰 수도 없는 노릇이다. 이럴 때 가장 필요한 것이 바로 대안이다. 히든카드로서의 대안들을 다양하게 가지고 있다면 협상의 성사율이 높아질 것은 뻔하다. 동료와 점심을 먹으러 가면서 시원한 냉면을 먹자고 했더니 동료는 이열치열로 설렁탕을 먹자고 한다. '점심 메뉴'라는 하나의 어젠다로 맞선 상황이라 해결이 쉽지 않다. 만약 이때 "돈은 누가 내는 것으로 할까?" 또는 "내일은 뭘 먹을까?"라는 어젠다를 더하여 협상한다면 문제는 훨씬 쉽게 해결할 수 있다. 미국 컬럼비아대학교 비즈니스스쿨의 협상 전문가인 로버트 본템포Robert N. Bontempo 교수는 협상의 성공 여부는 '베트나(BATNA : Best Alternative To a Negotiated Agreement. 협상 결렬 시 취할 수 있는 좋은 대안)'의 존재 여부에 달려있다고 단언한다.

또한 협상 전에 준비를 철저히 해야 한다. 언뜻 생각하면 협상의 성사 여부는 대부분이 협상장의 테이블 위에서 결정되는 것 같지만 그렇지 않다. 협상의 성공은 협상장 밖의 준비에서 대부분 결정된다. 그래서 협상의 성패 여부는 준비를 어떻게 하느냐에 달려있고, 협상이 시작되기도 전에 그것이 이미 결정된다 해도 과언이 아니다. 협상 전문가들은 협상관리 프로세스가 상대방의 제안에 대한 사전 분석, 역학관계와 힘의 균형 파악, 협상전략 개발, 실제 협상 준비, 협상 실행, 피드백 순으로 되어 있다고 말한다. 이 6가지 단계 중 4개가 모두 실제 협상이 아닌 그 이전의 준비단계에 해당되는데, 마지막 피드백을 뺀다면 5단계 중 무려 4단계가 준비인 것을 알 수 있다. 하버드대 경영대학원에서 '좋은 협상가의 자질'을 조사한 적이 있는데, 그중에서 '협상 준비 능력'이 1

등으로 뽑힌 바 있다. 이 조사 결과는 협상 준비가 얼마나 중요한
지를 가히 짐작할 수 있게 해 준다.

오른손이 하는 것은
왼손이 모르게 하라

"나의 죽음을 적에게 알리지 마라."

- 이순신 장군 -

1990년대 초반 우리나라는 이집트와 정식 외교관계를 맺지 못하고 있었다. 수교가 우리에게는 희망사항이었지만 이집트 입장에서는 북한과의 '특수관계' 때문에 뒷전의 일이었다. 그러나 우리는 수교가 필요했고, 그래서 수교를 위한 노력을 계속하였다. 그러던 중 1994년, 대 이집트 접근방식을 이집트 외무성의 공식라인을 대상으로 하는 기존의 방식에서 정보부의 비선라인을 대상으로 하는 방식으로 바꾸어 새롭게 공략을 시도하였다. 그랬더니 이때부터 수교 협상이 급물살을 타기 시작하였다. 이집트 측에서는 그들의 우호국가인 북한을 의식해서 한국과의 접촉 사실이 공식적으로 외부에 알려지는 것을 그간 꺼리고 있었던 것이었다. 1994년 12월에는 비밀리에

244

한국을 방문한 이집트 정보부장이 환대를 받으면서 수교 분위기가 한층 더 무르익었다. 그야말로 오른손이 하는 것을 왼손조차도 모를 정도로 모든 일이 비밀리에 이루어졌다. 이러던 중 북한이 중동에 팔려는 미사일을 이집트의 적인 이스라엘에 고가로 팔아넘기려는 비밀거래 움직임을 이집트 정보부가 포착하였다. 이에 격분한 이집트는 그 후부터 한국과의 수교 협상 과정을 수면 밖으로 꺼냈고, 마침내 1995년 3월 30일 무바라크 이집트 대통령이 한국과 이집트의 수교 방침을 결정하는 내부문서에 서명했다. 결국 한국과 이집트는 양국의 비즈니스 내용을 철저하게 비밀에 붙여 수교라는 공동의 목표를 달성하여 환호하였고, 북한은 비밀을 유지하지 못해 쓰라림을 맛볼 수밖에 없었다.

'스텔스'가 생명인 시대

지식정보화, 정보통신기술시대를 맞이하여 보안, 즉 비밀 유지는 그 어느 때보다도 화두가 되고 있는 동시에 강조되고 있다. 정보를 빼낼 수 있는 첨단 기술이 속속 등장하면서 그 기술에 의해 개인 또는 조직의 중요한 비밀들이 유출될 가능성이 점점 높아지고 있기 때문이다. 만일 관리를 소홀히 하여 알려져서는 안 될 최첨단 노하우, 지적재산, 경쟁사 공략계획, 갓 튀어나온 쌈빡한 아이디어, 신제품 설계도면 등이 경쟁 상대에게 넘어가기라도 한다면 이로 인해 치러야 할 대가는 대단히 혹독하다.

이러한 대외비들이 비밀로 계속 남아있어야 할 이유는 한두 가지가 아니다. 일반적인 상황에서 어떤 사람이 능력이 있다는 사실이 드러나면 그는 당연히 찬사를 받게 된다. 그러나 승패를 다투는 경쟁의 세계에서는 냉정할 뿐이다. 찬사가 오가는 화기애애한 분위기는 잠시뿐 이면에서는 곧바로 질투의 분위기가 싹트기 시작한다. 이러한 경쟁자들의 시기와 질투, 여기서 만들어지는 모략은 갈 길 바쁜 그를 가로막는 바리케이드가 되고, 그는 경쟁자가 쏘는 집중포화의 대상이 된다. 이것은 1, 2등을 다투는, 또는 생사를 다투는 치열한 경쟁의 세계가 보이는 부인할 수 없는 현실이다.

2014년에 우리 공군의 방위사업 프로그램에서 차세대 전투기로 F-15SE를 구입하려던 당초의 계획이 철회되고 F-35A가 최종 낙점되었다. 결정 과정에서 전직 공군참모총장까지 등장하여 F-15SE 대신 F-35A를 구입할 것을 강력히 요구하였다. 왜 판이 뒤집혀 값도 비싼 F-35A로 결정한 것일까? 또 왜 전직 공군참모총장들은 F-15SE를 그토록 반대한 것일까? 그 이유의 핵심은 F-35A가 가지고 있는 스텔스 기능이었다. 드러나는 것을 방지하는 스텔스 기능이 없으면 적군에 노출되어 수천 억짜리 비행기가 대공포 한 방에 박살날 수 있기 때문이었다.

강점의 노출도 문제지만 약점이 노출되는 날이면 상대에게 더 큰 회복 불능의 상처를 입을 수가 있는데, 이것 역시 비밀을 유지해야 하는 중요한 이유 중의 하나이다. 유출된 강점이 경쟁자가 그대로 쓸 수 있는 100% 완성품만 아니라면 그것을 이용해서 공격해오는 데는 다소 노력과 시간이 필요할 수도 있다. 그러나 약점은 그렇지 않다. 확산 속도도 빠르고 공격에 매우 취약하여 경쟁 상대에게 최고의 먹잇감이 된다.

혹멧돼지는 날카롭고 강력한 엄니와 빠른 회전력은 강점이지만 무방비 상태의 털도 없는 연약한 궁둥이는 혹멧돼지의 수치스런 취약지구이다. 그래서 자기와 싸움 실력이 대동소이한 하이에나 무리 등을 만나도 일단은 바위틈으로 달려가서 궁둥이부터 처박는다. 궁둥이를 내주었다가는 그대로 끝장이기 때문이다. 궁둥이를 잘 보호한 혹멧돼지는 강한 이빨로 하이에나 몇 마리쯤은 그대로 쫓아버린다. 이처럼 경쟁 상대에게 약점을 노출시키지만 않아도 자신을 치명상으로부터 보호할 수 있다.

상대방이 오판할 수 있는 재료를 은근히 흘리면서 진짜 의도는 철저하게 숨기는 전략적 비밀 유지도 철통보안 못지않게 승리하는 데 필요하다. 이렇게 되면 상대의 견제나 공격을 피할 수 있을 뿐더러 사실을 모른 채 방심하는 경쟁 상대를 쉽게 제압하여 승리할 수 있다. 나폴레옹은 아우스테르리츠 전투에서 진짜 공격 전략은 숨겨놓고 일부러 취약한 부분을 노출시키고, 몹시 두려워하고 있음을 상대에게 암시시키고, 유리한 진지에서 철수하는 등의 기만 전술을 폈다. 그리고 난 뒤 방심한 러시아와 오스트리아 연합군에 기습을 가해 대승을 거두었다.

직장에서 자신과 함께 진급대상자 그룹에 속하는 동료들은 진급시험을 앞두고 죽어라고 공부하는데 그들 앞에서 "나는 닥칠 때 하는 '임박형'이다."라고 떠벌리며 여유 부리는 사람이 간혹 있다. 이렇게 떠벌리는 사람치고 실제로 여유잡고 엉뚱한 일로 시간을 죽이는 사람은 사실 거의 없다. 경쟁자들이 안 보는 상황에서는 그들보다 더 머리 싸매고 공부한다. 그가 여유 부리는 것은 경쟁 상대를 방심하게 만들기 위한 전략일 뿐이다.

보안 실패는 패배의 전주곡이다

비밀 유출의 후폭풍이 거세다 보니 개인이나 조직이나 비밀유지를 위한 노력이 뜨겁다. 지나가는 이들이 자신의 작업내용을 잘 보지 못하도록 PC에 보안 필름을 붙이고, 남들이 자신의 PC를 열지 못하도록 화면보호 암호를 사용하고, 남이 출력하고 쉽게 사용하지 못하도록 자신의 자료에 출력 방지와 붙여넣기 방지기능을 넣는 등 자료 생성 못지않게 보안에도 공을 들인다. 술 마시고 잡담할 때는 빈틈 많고 덜렁대도 중요한 자료를 폐기할 때는 찢어버리지도 않고 반드시 파쇄기를 이용하는 사람도 많다.

휴대폰 보안도 철저하다. 손으로 그려야 비로소 휴대폰이 열리는 패턴을 화면에 걸어놓지 않은 사람은 아마도 없을 것이다. 앞서 가는 연인들은 페어, 러브바이트, 비트윈 등의 휴대폰 애플리케이션을 이용하여 둘만의 소중한 비밀을 간직하며 데이트를 즐긴다. 이런 비밀 유지를 위한 일들이 어쩌면 번거로울 수 있는 일이지만 경쟁자 또는 한순간에 나를 궁지에 몰 수 있는 사람에게 나만의 '일급비밀'이 새나가지 않도록 하는 노력은 아무리 강조해도 지나침이 없다.

기업 등의 조직 역시 보안을 생명처럼 여기도 있다. 정기적으로 직원 보안 교육을 실시하고, 방문객의 사내 활동을 엄격히 통제하고, 개인 이메일의 외부 송신을 차단하는 등 보안 관리를 철저하게 하고 있다. 부서회의 할 때에 말은 회의 집중을 위해 휴대폰을 꺼놓으라고 하지만 이면의 의도는 십중팔구 회의내용이 녹음되어 외부로 유출되는 것을 방지하기 위함이다.

어떤 회사들은 그들 회사의 비밀 보호는 물론 그들이 가지고 있는 고객 비밀까지도 보호하기 위해 노력하며, 그것을 경쟁 승리에 이용하기도 한다. 티모시 쿡Timothy D. Cook 애플 CEO는 '여러분의 프라이버시에 대한 애플의 약속'이라는 제목의 공개서한을 통해 "고객들의 개인 정보를 이용해 돈을 벌지 않겠다."라고 선언한 적이 있다. 이 선언은 고객 비밀 보호에 대한 애플의 각오지만, 실제로는 애플이 고객 보호에 있어서 구글이나 아마존 같은 회사와는 다르다는 것을 고객들에게 알려서 경쟁 우위를 도모하기 위한 전략이 아니라면 누가 믿을까?

'기도비닉企圖秘匿'을 유지하라

경쟁자가 알아서는 안 될 비밀을 상대로부터 안전하게 유지하고 공격의도를 은폐·엄폐한 채 상대를 공략하여 승리하기 위해서는 우선 다양한 방법으로 철통 보안을 유지해야 한다. 보안 유지를 위해 아무리 애를 써도 잠시 눈감으면 비밀이 없어지는 시대이다. 비밀이 많은 만큼 이를 빼내갈 수 있는 기상천외한 방법들이 널려있기 때문이다. 사람 사이에 있으면 말하고 싶어 안달하는 게 사람이다 보니 부지불식간에 내 입을 통해서 감추어야 할 그 귀중

한 정보의 실마리를 스스로 내놓기도 한다. 감언이설과 유도신문에 넘어가서 비밀을 고스란히 노출시키는 경우도 있다. 그래서 승부를 벌이는 사람들은 자료유출조심, 말조심, 상대방의 질문조심 등 전방위적인 조심 속에서 살아야 한다.

서울 삼성동에 있는 한국전력 부지 확보를 놓고 현대자동차와 삼성전자가 오랫동안 벌인 승부는 2014년 10월 현대자동차의 승리로 막을 내렸다. 이때 현대자동차는 10조 원을 써내서 그 땅을 거머쥐었다. 만일 현대자동차가 10조 원을 쓴다는 사실을 삼성이 사전에 알았다면 현대자동차가 쉽게 이길 수 있었을까? '기도비닉企圖秘匿'을 유지했기에 현대자동차는 승리의 기쁨을 만끽할 수 있었던 것이다.

그리고 경쟁자 교란용 비밀은 적극적으로 흘려야 한다. 경쟁 상대가 알아서는 안 될 비밀은 철저하게 지켜야 하겠지만 상대를 약화시킬 수 있는 경쟁자 교란용은 상대에게 적극적으로 흘릴 필요가 있다. 어수룩한 모습, 낮은 학력, 어려웠던 과거, 약간의 건강 문제, 상대와는 다른 지향점 등을 은연중에 흘리는 것이다. 그러면 상대는 "괜히 걱정했네.", "이런 사람하고 싸울 필요 있겠나?" 하면서 방심하여 이내 전의戰意가 무뎌질 것이다. 때로는 선의의 기만술을 펴는 것도 하나의 전략이다. 초원의 호랑이가 병든 것처럼 어깨 축 늘어뜨려 걸어가고, 산중의 매가 조는 듯이 앉아있는 데는 다 이유가 있다. 이 모습을 보고 긴장을 푼 먹잇감을 한순간에 낚아채려고 그러는 것이다.

또한 경쟁 상황이 본격적으로 전개되면 강자나 약자 모두 자신이 노출되는 정공법正攻法은 가능한 피하여야 한다. 정면 돌파에 의한 승부는 경쟁 상대보다 힘이 우위에 있을 때는 승리가 가능하다. 약자의 승리가능성은 거의 없을뿐더러 난타전이 벌어지게 되면 강자 역시 상처뿐인 영광만을 차지할 가능성이 높다. 그래서 이런 때는 노출시키지 않고 공격하는 우회 전략이 필요한 것이다. 우迂가 직直보다 더 효과적이라며 '간접접근법'을 창안한 20세기 초반의 저명한 군사전략가인 영국의 리델 하트Liddell Hart도 열렬히 이 우회 전략을 지지한다. 비즈니스 장면에서 독점제품을 가지고 있는 경우는 예외지만 그렇지 않은 대부분의 판매자는 약자이고 고객은 강자이다. '미국인은 남미에 도착해서 고객을 만나자마자 바로 상품의 우수성을 설명하면서 설득하려 들었다. 그러나 스웨덴인은 첫 5일간은 상품에 대해 입도 벙긋 않고 우의만 다지다가, 마지막 6일째에 비로소 상품 이야기를 꺼냈더니 품질이 앞선 미국산은 제쳐놓고 고객이 우르르 몰려왔다.'는 이야기가 있다. 우회 전략이 성공한 것이다.

· Major Skill ·

● 철통 보안 유지

● '교란용 비밀'은 의도적으로 유출

● 우직지계迂直之計, 간접접근법 활용

취약지구를 노려라

"튼튼하지만 허점이 있는 것처럼 하고, 나의 튼튼함으로 저쪽의 허점을 공격하면
파죽지세이다."
- 초려경략(중국 명나라 때의 병법서) -

그간의 중동전에서 승승장구를 해오던 이스라엘이 1973년 벌어진 4차 중

동전에서는 처음으로 열세에 놓여있었다. 1, 2단계와는 달리 3단계에 접어

든 전투에서는 승리하기 위한 돌파구를 반드시 마련하지 않으면 안 될 긴박

한 상황이었다. 지휘부는 전쟁 승패의 운명을 쥔 3단계의 전쟁 방향을 두고

고심에 고심을 거듭하였다. 그러던 어느 날 미국의 스파이 위성과 이스라엘

의 고공정찰기에서 매우 중요한 정보가 날아왔다. 이집트의 2군단과 3군단

이 넓은 간격으로 배치되어있을 뿐만이 아니라 주력인 1군단은 전투가 치

열하게 벌어지는 1선으로 이동하여 주요 후방이 텅 비어있다는 정보였다.

이스라엘군 지휘부는 바로 이 비어있는 곳을 공격하기로 하였다. 이스라엘

45장갑사단의 사단장인 아리엘 샤론Ariel Sharon 장군은 3차 중동전에서 노획한 소련제 탱크와 장갑차에 이집트 국기를 붙이고 아랍어에 능숙한 장교와 병사 수백 명을 이집트 군복을 입힌 뒤 목표지점에 투입할 장갑 특공대를 조직하였다. 이 특공대는 목표지점으로 잠입하여 비행장과 부근 기지를 점령한 뒤 이집트의 대공무기 1/4을 파괴하였다. 그리고 전방으로 향하는 주요 보급로들을 차단하였다. 드디어 전세는 역전되었다. 줄곧 수세에 놓였던 이스라엘이 이를 계기로 승기勝機를 잡게 되었고, 결국 전쟁에서 승리하였다. 그리고 공격 작전의 주역 샤론 장군은 훗날 이스라엘의 수상이 되었다. 약점이 드러난 이집트 후방의 전략 요충지에 대한 공격 성공이 이스라엘 승리의 결정적 계기가 된 것이었다.

상대의 약점은 승기乘機의 보고寶庫

'털어서 먼지 안 나는 사람은 없다.'고 한다. 오늘을 살아가는 사람들 중 뒤에 처져있는 사람과 중간지대에 있는 평범한 사람은 물론이고 떵떵거리며 앞에서 잘나가는 사람까지도 먼지와 같은 사소한 약점들 또는 그 이상의 중대한 약점들이 있다. 이렇게 약점이 누구에게나 존재한다는 사실은 경쟁의 장면에서는 경쟁하는 당사자에게 매우 중요한 함의를 던져준다. 특히 공격하려는 사람에게 더더욱 그러하다.

승리에 능한 사람은 주로 상대의 약점을 결코 간과하지 않는다. 상대의 약점을 공략하면 경쟁 상황을 매우 효율적으로 이끌고 갈 수 있고, 이를 통해 쉽게 승리할 수 있기 때문이다. 동서남북의 성문城門 중 북쪽 문이 낡아서 무너지기 일보 직전이라는 정보를 알아내서 그곳을 집중 공격한다면, 열흘 걸려 공격해도 무너뜨리기 힘든 성을 하루아침에 끝장낼 수가 있는 것이다. 고객의 마음 얻기 경쟁에서도 마찬가지이다. 고객이 정情에 약한 사람이라면 그에게 제품이 좋다는 합리적인 이유를 설명하는 대신에 그가 지불하는 돈은 수많은 아프리카의 빈민을 구제하는 데 쓰인다고 말함으로써 팔려는 제품을 손쉽게 팔 수 있을 것이다.

그리고 약자의 강자에 대한 공격재료로써 강자의 약점만한 것이 드물다. 약점만 발견하고 그것을 잘 이용하기만 한다면 약자도 얼마든지 승리의 여신을 맞이할 수 있다. 2002 한일 월드컵 8강전에서 한국과 맞붙은 이탈리아는 한국보다 몇 수 위의 실력을 가지고 있었다. 그런데 경기 전 이탈리아 팀을 분석하던 한국 팀의 거스 히딩크 감독은 이탈리아 팀의 중요한 약점 한 개를 포착하였다. 핵심 주전 멤버인 프란체스코 토티 선수가 매우 신경질적이라는 사실이었다. 히딩크 감독은 김남일 선수에게 "너는 토티만 잡아라."라고 특명을 내렸다. 김남일 선수는 진공청소기처럼 토티를 따라붙었고, 이에 열 받은 코티는 반칙을 거듭하다가 끝내 퇴장당했다. 히딩크의 전략은 주효했고 한국 팀은 승리했다.

이렇게 해서 약자가 강자를 이기기라도 한다면 대부분의 경우 약자의 몸값은 급등하는데, 실력이 막상막하인 상대를 이기는 것과는 비교가 안 될 정도의 성과물을 얻을 수 있다. 2002년 8강전에서의 한국과 이탈리아의 경기, 다윗과 골리앗의 싸움, 초나라 항우와 한나라 유방 간의 전쟁에서의 결과가 이를 그대로 말해준다. 그 결과 약체인 한국의 축구선수들의 몸값은 천정부지로 치솟았고, 약자인 다윗은 역사에 길이 남는 왕이 되었고, 시골 무지랭이 출신인 유방은 천하를 얻었다. 국제협상전문가인 박상기 BNE 글로벌협상컨설팅 대표는 "약자가 강자를 상대로 한 싸움에서 만족할 만한 성과를 내게 된다면 세계적인 주목을 받는 것은 당연하다."라며 이를 합리화하고 있다.

경쟁자들이 승기勝機를 먼저 잡기 위해서는 경쟁 초기에 상대의 약점부터 공략하는 것이 필요하다. "약점을 공략하고 경쟁 우위를 확보한 후에 상대를 공격하는 것이 현명하다. 정면공격은 무모하다." 이 말은 미국 브리검영대 경영대학원의 데이비드 브라이스David Bryce 교수와 제프리 다이어Jeffrey Dyer 교수가 제시하는 '철옹성 시장'을 뚫기 위한 전략의 조언이다. 자동차를 한 달에 5대 판매하는 영업원이 다른 요소를 검토해보지도 않고 승부 근성만 가지고 20대를 파는 실력 있는 직원에게 정면으로 대든다는 것은 무모한 일인 것이다.

『손자병법』에 버금가는 중국 춘추시대의 병법서『오자병법』에는 점쳐볼 것도 없이 나가 싸워야 하는 '불복이전不卜而戰'의 기회들이 열거되어 있다. "교만한 틈을 타라.", "지친 틈을 타라.", "느슨해진 틈을 타라.", "의심하여 머뭇거리는 틈을 타라.", "두려워하는 틈을 타라." 등이다. 이 모든 경우 하나하나가 상대와의 승부에서 이용할 수 있는 절호의 약점들이다. 이러한 기회를 간과한 채 근거도 없는 자신감에 젖어 정면 승부만을 고집한다면 그 경쟁은 고난의 과정이 될 수밖에 없을 것이다.

승부사들은 바로 그곳을 공략한다

상대의 약점을 공략하여 승리를 도모하려는 광경은 일상의 아주 다양한 장소에서 목격된다. 경기가 벌어지는 곳이야 당연한 것이지만, 정치판, 직장, 판매 현장 등도 예외가 아니다. "야당 후보가 지역 발전을 위한 힘을 얼마나 끌어올 수 있겠습니까?", "저는 그 직원과 달리 고객님이 사는 곳에서 살고 있기 때문에 구매 이후에 고객님이 부르시면 언제라도 달려갈 수 있습니다." 이처럼 일상에서는 자신의 목적을 달성하기 위해서 경쟁 상대의 약점을 부각시켜 자신의 실력 우위를 어필하는 일이 다반사로 벌어지고 있다.

고객을 설득해야 하는 이기는 판매 현장을 한번 들여다보자. 고객의 구매 욕구 안에 있는 취약점을 철저하게 공략하는 '장사의 귀재'들이 매우 많다는 것을 절감한다. 어느 백화점의 지하 식품 매장에서 'One + One 행사'가 진행된다. 옆에는 돼지고기를 30분 내에 구매하면 더 얹어 준다는 방송이 나온다. 고객의 오늘 쇼핑 목록에는 냉동식품이나 돼지고기가 없지만 이 유혹을 뿌리치기 어렵다. 그냥 지나치면 후회막급일 것이라는 생각이 머리를 지배하기 때문이다. 결국 고객은 장바구니를 무겁게 채워 집으로 돌아와 냉동식품과 돼지고기를 싸게 샀다며 뿌듯해한다. 그로부터 한 달 뒤, 고객은 냉동고를 정리하며 그때 샀던 돼지고기와 냉동식품을 쓰레기통에 넣는다. 결국 이 경쟁은 고객과 백화점 판매원의 Win-Win도 아닌 고객의 충동구매 욕구라는 약점을 공략한 백화점 점원의 일방적인 승리로 끝난 것이다.

　　상대방의 약점을 이용하는 것은 승리를 위한 필요조건이다. 그러나 약점이라 해도 상대의 개인적인 프라이버시, 애환, 신체 또는 정신적인 결함 등은 절대로 경쟁 국면에 끌어들여서는 안 된다. 이런 행위는 당장은 덕을 볼지 모르지만 궁극적으로는 이것을 이용한 사람에게 뼈저린 패배를 안겨다줄 뿐이다. 자존심에 상처 난 패자는 이를 절대로 묵과하지 않을 것이고 경쟁을 지켜본 관전자觀戰者는 이 부도덕한 승자를 또다시 응원하는 일은 없을 것이기 때문이다.

　　프랑스에서는 대통령 선거에서조차 상대 후보의 연애 경험, 이혼 경력 등 프라이버시에 해당되는 것들을 들추어내는 것이 금기로 되어 있다. 용은 순해서 길들이면 등에도 탈 수 있지만, 자신의 수치인 목에 거꾸로 난 비늘을 보는 사람은 반드시 죽인다는 역린지화逆鱗之禍라는 말이 있다. 사람도 마찬가지이다. 수치스럽게 생각하는 약점이 건드려진 경쟁 상대가 이를 순순히 그냥 넘기는 일은 거의 없다.

없으면 만들어라

　　상대방의 약점을 공략하여 승리를 거두기 위해서는 우선 상대의 약점을 파악해내야 한다. 보통 사람인 필부필부匹夫匹婦는 말할 것도 없고 성인군자나 제갈공명같이 완벽한 사람도 드러내고 싶지 않은 약점은 있게 마련이다. 큰 몸집에 최신식 무기로 화려하게 완전무장한 군인이라면 그에게서 약점이라고는 찾아보기 어려울 것이다. 그러나 베트남 정글 속은 이들을 강자로만 인정해주지 않았다. 이들의 커다란 몸과 다양한 장비들은 좁은 정글 속 이동에 오히려 장애물이 되었다. 그래서 수많은 미군이 베트남 정글에서 조그만 체구에 가진 변변한 무기도 없는 베트콩의 표적이 되어 산화하였다. 상대의 약점이 아무리 많아도 파악되고 분석되지 않으면 경쟁 승리에는 아무런 도움이 안 된다. 그래서 다양한 경로를 통해서 파악하고 면밀하게 분석하여 공격용 약점으로 선별해 놓아야 한다.

그리고 공략이 용이하도록 상대를 취약하게 만들어놓아야 한다. 상대의 강점이나 정상적인 능력을 약화시켜놓고 공략하는 것 또한 승리를 위한 지름길이다. 공략해야 할 대상 중에는 치고 들어갈 만한 허점이 딱히 없는 경쟁 상대가 있을 수 있기 때문이다. 중국 후한시대 때 형주 태수 유표의 맏아들 유기는 계모의 미움으로 사지死地에 몰리게 되었다. 유기는 제갈공명에게 상황을 반전시킬 묘책을 부탁하였다. 그러나 공명은 남의 집안일이라 간섭하지 않으려 했다. 이판사판의 상황에 처한 유기는 공명을 높은 누각으로 초대하여 주연을 베푼 뒤 올라왔던 계단을 일부러 치워버렸다. 유기의 도움 없이는 꼼짝없이 누각에서 굶어죽게 생긴 공명은 하는 수 없이 유기에게 방법을 가르쳐주었고, 이렇게 해서 유기는 화를 면할 수 있었다. 유기는 공명을 취약하게 만들어 놓고 승부를 걸었고, 결국 거기서 승리한 것이었다. 오늘날의 경쟁에서 상대를 취약하게 할 수 있는 가장 좋은 방법은 상대의 관심을 다른 곳으로 돌리거나 교만을 부추겨 방심하게 만드는 것이다.

또한 상대가 관심을 두지 않는 곳을 노려야 한다. 어수룩한 강자들은 이미 얻은 성과에 함포고복^{含哺鼓腹}하다가 알고 보면 노다지도 캐낼 수 있는 틈새지역을 놓치는 경우가 있다. 이와 같은 경쟁 상대가 대수롭지 않게 생각하는 곳, 미처 신경을 못 쓰고 있는 곳을 대상으로 집중포화를 날리면 뜻밖의 대어^{大魚}를 낚을 수가 있다. 상당수의 이스라엘 중소기업은 지난 40년간 글로벌 기업이 매력적이라고 생각하지 않으면서, 동시에 현지 기업은 진입하기 어려운 지역에 진출해서 글로벌 기업으로 도약했다. 틈새에 있는 이면 또는 중간지대를 공략하여 약자에서 강자로 부상한 것이다. 경쟁 상대가 아무리 욕심 많고 완벽하다 하더라도 사람이다 보니 놓치는 곳이 있게 마련이다.

· Major Skill ·

- 상대의 약점 파악
- 상대가 취약해지도록 유도
- 상대의 무관심 지역 공략

스스로 항복케 하라

"부드러운 말로 상대를 설득시키지 못하는 사람은 위엄 있는 말로도 설득시키지 못한다."

- 안톤 체홉(러시아의 소설가) -

리차드 파인만Richard P. Feynman이라는 미국의 물리학자가 1965년 노벨물리학상을 받게 되었다. 그런데 그는 미국에서 스웨덴까지 거리가 너무 멀어 그사이 연구를 못한다는 이유로 스웨덴에 불참을 통보하였다. 다른 사람 같으면 모든 일 팽개치고 달려갔을 터인데 말이다. 스웨덴 정부는 무척 곤혹스러웠다. 여러 가지 형태로 압박도 가하고 사정까지 했는데도 도대체 설득이 되지 않았다. 그러나 골치 아팠던 이 문제는 부인의 말 한마디로 간단히 해결되었다. 부인은 고민하는 표정을 짓고 서제에서 연구하는 그의 주위를 빙빙 돌면서 "당신 말이지요. 당신이 바쁘면 어찌할 수는 없지만 만일 당신이 그 자리에 안 간다면 언론사 기자들 때문에 걱정입니다. 언론이 안 갔다는 사실을 모를 리 없고, 안다면 분명히 기자들이 우리 집에 쳐들어와서 그 이유를 물어보려고 난리를 칠 것입니다. 그것도 뉴스거리를 잡으려고 언론사마다 돌아가면서……. 그러면 당신은 엄청난 시간을 빼앗기게 될 것이 뻔합니다. 아마 스웨덴 가는 것 보다 시간을 더 빼앗길 것 같은데, 난 그것이 걱정입니다.” 라고 하였다. 그랬더니 “그럴 수도 있겠군.” 하고 그제야 떠날 차비를 하였다. 남편의 마음을 움직인 부인의 지혜로운 설득이 그대로 먹힌 것이었다. 어찌 보면 부부간의 경쟁에서 부인이 승리한 것이다.

또 하나의 중요한 경쟁

1인 또는 다수가 되는 상대방의 마음을 움직여 나의 요구사항을 관철시키는 행위가 바로 설득이다. 그런데 일반적으로는 성과의 양과 질 측면에서 상대를 앞지르기 위해 승부만을 경쟁으로 보지만 설득을 경쟁으로까지 인식하지는 않는다. 그렇지만 경쟁의 의미를 좀 더 확장하면 설득하는 것도 당연히 경쟁에 포함된다. 한쪽은 상대의 마음을 얻으려고, 한쪽은 상대에게 호락호락 넘어가지 않으려고 애쓰는 과정 자체가 하나의 승부이기 때문이다. 그래서 설득은 사람들이 승리를 이루는 중요한 축으로써 작용하게 된다.

강제력을 동원하여 사람의 마음을 움직이는 것은 분명 한계가 있다. 부탁하고 사정하는 것 역시 한계가 있는 것은 마찬가지이다. 자율을 중시하고 개인의 이해득실에 민감한 요즈음은 더욱 그렇다. 그러다 보니 상대를 설득하는 일은 어려울 수밖에 없다. 그렇지만 설득 노력이 상대에게 일단 수용되기만 하면 상대에 대한 나의 바람이 손쉽게 이루어질 수 있다. 우리나라에서 『설득의 심리학』이라는 책으로도 유명한 미국 애리조나주립대학교 심리학과의 로버트 치알디니Robert Cialdini 교수는 "설득은 상대를 강요가 아니라 자발적으로 변하게 만드는 것이기 때문에 영향력이 매우 크다."라며 설득의 위력을 찬미한다. 그래서 설득이 그 어느 때보다도 절실한 것이다.

모두가 세일즈맨이 되어야 하는 현실 역시 설득 능력을 강하게 요구하고 있다. 물건과 서비스를 파는 것만이 세일즈가 아니다. 상사로부터 결재를 받아내는 것, 면접을 잘 치르고 입사 관문을 통과하는 것, 변호사가 재판관의 판결을 잘 받아내는 것, 하다못해 동료들이 내가 원하는 점심 메뉴를 선택하게 만드는 것 등 모두가 자신을 파는 세일즈 행위로써 설득의 힘으로 그 성패가 좌우된다.

요즈음의 직장 상사에게는 설득 능력이 그 어느 때보다도 더 필요해졌다. 예전과 다르게 설득 없이 훈시 또는 지시로만 해결될 수 있는 일들이 급속히 줄어들고 있기 때문이다. 어떤 일을 명분이 약한 상태에서 밀어붙이면 똑똑한 부하들의 이유 있는 이의 제기가 빗발친다. 상사라는 이유 하나만으로 설득하는 과정을 생략할 수 없게 된 것이다.

이순신 장군이 다방면에서 능력이 탁월했던 명장이라는 사실은 여러 곳에서 발견된다. 임진왜란 때 조선 수군을 도우러 온 명나라 제독 진린陳璘은 매우 사납고 거친 장수였다. 조정에서는 성품이 대쪽 같은 이순신 장군과 진린과의 갈등을 걱정하였다. 그러나 장군의 태도는 예상과 판이하게 달랐다. 진린을 수십 리 밖까지 나가 맞이하고, 푸짐한 주안상으로 융숭하게 대접하고, 비위를 맞춰가며 고분고분하게 대하였다. 자존심은 잠시 접어두고 오로지 진린을 이용하여 구국救國하는 것만 생각한 것이었다. 결국 진린은 장군이 바라는 전투 방식을 흔쾌히 수용하였고, 급기야는 장군의 명을 따르라고 명나라 부하들에게 지시하기에 이르렀다. 장군은 고高자세를 좋아하는 진린을 전략적인 저低자세로 설득하여 그와의 대결에서 이긴 것이었다. 설득력의 위력은 고금을 가리지 않는다는 것을 알게 해준다.

설득은 과학이다

사람의 마음을 바꾸게 만드는 일이 어쩌면 이 세상 가장 힘든 일인데 과거의 조직에서나 '전가의 보도'처럼 써먹던 카리스마에 연연하는 사람이 아직도 있다. 또 '설득은 과학'이라는 점을 간과한 채 근거 제시도 제대로 못하면서 혈연, 지연, 학연 등의 인연에 의지해서 밀어붙이려는 사람도 적지 않다. 이래 가지고는 까다롭기 그지없는 요즘 사람을 공략하여 내 사람으로 만드는 일, 또는 나의 제안을 흔쾌히 수용하게 만드는 일은 어려울 뿐이다.

그렇지만 잘나가는 직장의 프로들은 상대방을 설득하는 열정도 다르고 방법도 다르다. 그들은 지금의 작은 날갯짓이 종국에 가서 폭풍을 일으킨다는 '나비효과'를 신봉한다. 그래서 약간의 차별화된 시도 하나만으로도 상대방을 기분 좋게 설득하고, 이를 통해 승리를 만끽하며 살아간다.

직장에서 이러한 사람들을 선호하는 것은 당연하다. 채용 과정부터 설득 능력이 있는 사람은 먼저 눈여겨보고, 그들을 요직에 앉힌다. 직원들이 최고의 성과를 낼 수 있도록 설득 능력 향상 교육에도 많은 관심을 갖는다. 대학교에서까지 설득 능력을 위한 스토리텔링 강좌를 개설하는 것을 보면 설득 능력이 중요한 것은 틀림없는 사실인 것 같다.

아리스토텔레스는 설득을 후천적 학습과 훈련을 통해 키울 수 있는 것이라고 하였고, 설득전문가인 로버트 치알디니 교수는 원리를 깨치면 누구나 설득의 달인이 될 수 있다고 하였다. 지금부터 열심히 설득 능력을 향상시킬 수 있는 노력을 하면 얼마든지 설득력을 높여서 상대의 마음을 가져오는 승부에서 이길 수 있다는 얘기다. 그래서 설득에서 승자가 되고 싶다면 효과적인 설득을 위한 실효적인 방법을 찾아나서야 할 것이다.

흥정 아닌 협상을 하라

상대방의 마음을 가져올 수 있는 설득 능력을 높이기 위해서 우선 스토리텔링을 해야 한다. 아무리 좋은 팩트Fact들이 있다 해도 그것이 느낄 수 있는 문맥으로 엮어내지 못하면 사람의 기억 속에서 쉽게 증발되어 버리고 만다. 그래서 설득을 효과적으로 하려면 스토리를 만들어 이야기해야 하는 것이다. 이상적인 스토리텔링을 위해서는 근거에 기초한 이성적 스토리텔링과 일화를 기초로 한 감성적 스토리텔링 두 가지 방법을 적절하게 배합하여 활용해야 한다. 이성적 스토리텔링의 효과를 높이기 위해서는 이야기 속에 있는 주장을 뒷받침할 수 있는 구체적이고 객관적인 근거를 조리 있게 제시하고 비교 설명하는 것이 매우 중요하다. 다중지능이론으로 유명한 미국 하버드대학교의 하워드 가드너^{Howard Gardner} 교수는 "똑똑한 설득에는 반드시 리서치와 각종 데이터가 동반되어야 한다."라고 말한다. 후자인 감성적 스토리텔링을 위해서는 실패와 성공이 점철되는 일화 등으로 상대의 심금을 일단 울려놓고 자신의 의견을 피력할 줄 알아야 한다. 솜털처럼 부드러워진 상대의 마음은 나의 말을 주목하게 마련이다.

그리고 상대에게 강한 신뢰감을 심어 주어야 한다. 신용, 윤리, 성실 등은 신뢰를 구성하는 핵심 요소들이다. 그러나 상대의 마음을 확실하게 붙잡기 위해서는 이것만으로는 부족하다. 여기에 사회적 지위, 실력 등이 추가되어야 상대를 나로 향하게 할 수 있는 신뢰감을 상대의 머리와 마음에 강하게 불어넣어줄 수 있다. 로버트 치알디니 교수는 인정할 수 있는 권위가 있으면 따르게 된다는 '권위의 법칙'으로 이를 지지해주고 있다.

또한 상대에게 이익이 된다는 것을 느끼게 해주어야 한다. 내가 얻을 설득의 결과물에만 연연하고 남의 이익에 무관심하면 설득은 요원한 일이 된다. 요즈음의 직장에서는 얻는 것 없이 내주는 '자선사업가'들이 별로 없다는 사실을 알아야 한다. 그렇기 때문에 설득할 때는 나의 이익을 중시하는 '흥정'이 아닌 상대의 이익도 보장해주는 '협상'을 해야 하는 것이다. 다시 말해 '꿩 먹고 알도 먹자'는 욕심은 자제하고 '누이 좋고 매부 좋고'에 관심을 가져야 한다.

인간 심리를 경영하라

"이 지구상에 60억 명의 사람들이 있다면 그들의 심리 상태와 기질, 특성은 전부 다르다. 인간은 모두가 특별하다."

- 고든 엑스너(미국의 심리학자) -

1612년 봄 어느 날, 일본 시모노세키 남쪽 500미터쯤 떨어진 바다에 떠 있는 조그마한 섬 간류지마. 이 섬의 영주인 호소가와 가家의 검법 사범이자 장검長劍의 천하무적 사사키 고지로佐夕木小次郎는 누군가를 기다리고 있었다. 그는 그 자리에서 잠시 후 나타날 자와 진검 승부를 앞두고 있었다. 그런데 결투를 먼저 신청한 상대가 약속 시간이 훨씬 지났는데도 나타나지 않았다. 팽팽한 긴장감 속에 사사키가 지쳐가기 시작할 무렵 한 척의 배가 미끄러지듯이 다가오더니 기다리던 바로 그 검객이 배에서 뭍으로 뛰어내렸다. 그 검객의 손에는 진검이 아니라 목검이 들려 있었다. 앉아서 눈이 빠지게 기다리던 사사키도 분연히 일어나 장검을 뽑으면서 칼집을 휙 던졌다.

이때 상대 검객이 바다가 울리도록 웃으며 일갈하였다. "사사키 고지로, 그대는 졌노라! 승자라면 어찌 칼집을 버리겠는가." 상대의 야유에 얼굴이 붉어진 사사키는 분노를 참지 못하고 검을 마구 휘둘렀다. 하지만 상대의 목검이 먼저 사사키의 머리에 정확히 떨어졌고, 곧 이어서 목검은 그의 늑골을 강타하였다. 사사키를 절명시킨 검객은 배에 올라타 바다로 유유히 사라졌다. 천하의 사사키를 일격에 무너뜨린 이 검객은 누구일까? 스물아홉 살 때까지 예순여섯 차례의 목숨을 건 승부에서 한 번도 패하지 않았던 '불패의 사무라이'로 일본 역사상 최강으로 평가받는 전국시대의 검호劍豪 미야모토 무사시宮本武藏이다. 아무리 그가 '불패의 사무라이'였지만 사사키와 정면으로 부딪쳤다면 사사키의 실력으로 보아 승리를 장담하기는 어려웠을 것이다. 그래서 미야모토는 정면 돌파 대신에 상대의 평상심을 교란시키는 심리전으로 승부를 걸었고, 이것이 그대로 맞아떨어져서 한판으로 멋지게 승리한 것이었다.

'심리학자' 나폴레옹

경쟁 장면에서 심심치 않게 벌어지는 심리전은 명백한 공격 행위를 취하지 않는 대신 상대편의 심리에 작용하여 그의 마음을 그의 통제 속에서 벗어나게 만드는 것이다. 그리하여 궁극적으로는 비교우위 경쟁에서 상대를 이기거나 그를 설득하여 자신의 의도를 관철시킨다. 이러한 심리전이 마음을 움직이는 것이기 때문에 결코 쉬운 일은 아니지만, 물리력 동원 없이도 쉽게 승리를 거머쥘 수가 있어 경쟁 상황에서 이에 대한 의존도가 점점 커지고 있다. 이제는 심리전을 운용할 줄 모르고서는 경쟁을 승리로 이끌기가 매우 어렵게 되었다는 얘기다.

심리전이 필요한 이유는 우선 효율성에서 찾을 수 있다. 전쟁 시 보병전에서는 막대한 병력과 군수물자가 소요되는 것처럼 일반적인 경쟁은 적지 않은 수고와 비용을 요구한다. 그러나 경쟁 상대의 심리를 파악하여 제대로 활용하면 매우 경제적이고 효율적인 경쟁을 펼칠 수가 있고, 궁극적으로는 쉽게 승리할 수 있다. 황제 나폴레옹 보나파르트는 부하와의 심리전에서 승리함으로써 수많은 전투를 승리로 이끌어간 대표적인 사람이다. 그는 끊임없이 전쟁 심리를 연구했다. 그의 전투 심리를 자극하는 격려, 마음을 움직이는 감성 연설, 능수능란한 진두지휘는 건달이나 패잔병 집단 같은 군대마저도 용맹무쌍하게 만들었다. 심리조작 하나만으로도 엄청난 공격력을 만들었기에 그는 '심리학자 나폴레옹'으로 불릴 만도 하다.

그리고 심리전은 경쟁 발생 자체를 예방하여 경쟁 당사자들의 전력 낭비를 줄여준다. 어떤 경쟁이든 일단 경쟁이 벌어지면 경쟁 당사자가 가지고 있는 에너지와 시간은 소모될 수밖에 없다. 여기서 난타전이라도 벌어지는 날이면 양측의 손실은 더욱 커진다. 여기서의 승리는 실속 없는 '상처뿐인 영광'일 가능성이 높다. 그렇기 때문에 경쟁이란 과정을 거치지 않고 승부를 거는 것은 매우 중요하다. 심리전은 이를 가능케 해준다. 그 옛날 손자는 『손자병법』「모공謀攻」편에서 가장 이상적인 승리는 부전이 굴인지병不戰而屈人之兵, 즉 싸우지 않고 적을 굴복시키는 것이라고 하였다. 막상

전쟁이 벌어지면 이기든 지든 양측의 손실 발생이 불을 보듯 빤하기 때문에 이런 말을 한 것이다.

지금은 상대방을 강하게 몰아치기만 하면, 또는 무조건 잘해주기만 하면 상대가 나의 말을 순순히 들어주는 그런 세상이 아니다. 이것은 상대방과 심리전을 펼쳐야만 하는, 다시 말해 상대방의 심리를 경영해야만 하는 중요한 이유 중의 하나가 되고 있다. 잘 알다시피 이제는 상대가 부하나 후배라고 해서 멋모르고 세게 했다가는 거꾸로 그들에게 쫑코 먹고, 간 쓸개 다 빼놓고 무작정 상대에게 잘해주면 감사는커녕 오히려 우습게 여기는 것이 오늘날의 세태이다. 이런 상황에서 마음 빼앗기 경쟁의 승리는 상당 부분 인간 심리에 대한 경영을 얼마나 잘하는가에 달려있다 해도 과언이 아니다. 그래서 심리전을 효과적으로 펼칠 줄 아는 것은 승자가 되기 위한 필수조건이 되고 있는 것이다.

사람은 때로는 좋은 것인지 나쁜 것인지를 미처 파악하기도 전에 자신에게 늘 붙어 다니는 심리에 충실하며 살아간다. 그래서 "군주는 여우의 기만과 사자의 용기가 필요하다."라면서 승리를 위해 사람의 심리에 대한 포커싱을 강조한 『군주론』의 저자이자 중세 이탈리아의 정치철학자 니콜로 마키아벨리Niccolo' Machiavelli의 말이 지금도 많은 사람들에게 공감을 주고 있는지도 모른다. 그렇기 때문에 심리전은 승리를 위한 중요한 전략 중의 하나로 대우받는 것이 마땅하다.

아주 지혜로운 승리

이처럼 심리전의 필요성이 대두되면서 개인이나 조직에서는 이를 활용하는 일이 점점 빈번해지고 있다. 그리고 심리전 재미를 쏠쏠히 보면서 승리를 거듭하고 있다. 22년간 프로야구 감독으로 재직하며 무려 10차례나 한국시리즈 우승을 거머쥐었던 '야구명장' 김응룡 감독을 모르는 사람은 거의 없다. 그는 감독 시절 구장에서 과격한 돌발행동을 일삼은 감독으로 유명하다. 어영부영 행동하고 무성의한 경기나 팀워크를 해치는 행동을 하는 선수에게는 '영양가 없는 타자', '정신병자'라고 하는 등 험한 말을 그 자리에서 날렸다. 또한 그는 판정 시비가 붙으면 육중한 몸을 휘저으며 심판과 육탄전도 벌였고, 덕 아웃에서는 의자나 방망이를 예사로 부수곤 했다. 그런데 이러한 그의 행동 중의 대부분은 선수의 자신에 대한 이탈 심리를 잠재우거나 경기관계자들이 함부로 행동하지 못하게 하기 위한 계산된 심리전의 일환이었다. 이를 보면 그는 감독 이전에 심리전의 명수였음에 틀림없다.

심리전을 이용하는 것은 국가도 마찬가지다. 1억이 넘는 유라시아 인구를 인구 100만밖에 안되는 칭기즈칸의 몽고가 정복할 수 있었던 배경에도 심리전이 있었다. 몽고 군대는 적진 공격 이전에 먼저 공포를 확산시키거나 연막을 쳐서 사람들의 심리를 극도로 교란시켜 놓았다. 그 후의 공격 결과는 당연히 초토화로 이어졌다.

성과를 올리기 위해서는 국민과도 심리전을 벌인다. 영국 국세청은 2014년에 자동차 세금을 내지 않는 사람들과 심리전을 벌인 끝에 체납세금 납부율을 전년 대비 무려 세 배 이상 끌어올렸다고 한다. 2010년 집권한 데이비드 캐머런David Cameron 총리는 새 정부를 구성하는 과정에서 내각 사무처 아래에 심리학자들이 포함된 '행동통찰력팀'이라는 조직을 만들었는데, 여기서 만든 재정활성화 심리 전술이 실력 발휘를 한 것이었다.

요즘 필자가 업무 현장에서 발휘하는 리더십 전략의 무게중심 역시 심리경영 쪽으로 이동되어 있다. 그러다 보니 집무실 책꽂이 책들이 심리 분야 책들로 빠르게 대체되고 있다. 물론 업무 일선의 실전 경험을 통해서도 대對 직원 심리전에 관한 노하우를 많이 확보하고 있지만 이 책들을 통해서 '아끼바리' 같은 지혜를 얻고 있다. 그리고 이러한 지혜는 필자가 남다른 업적을 이루어가는 데 크게 도움을 주고 있다.

이렇게 심리전은 자웅을 겨루는 직접적인 경쟁은 물론 서로 마음을 빼앗기 위해 벌이는 설득 경쟁에서도 그 진가를 발휘하고 있다. 그러다 보니 이를 악용하는 사례가 적지 않게 발생하고 있다. 선의의 심리전으로 피아彼我의 손실을 최소화해야 할 판에 정반대로 가는 경우다. 북한은 심리를 악용하려드는 대표적인 집단이다. 우리 국민들의 심리를 교란시킬 요량으로 과거 '서울 불바다'를 비롯하여 '전면전 임박', '무자비한 보복성전', '단추만 누르면 발사' 등 수없는 엄포탄을 날려 대고 있다. 이렇게 하는 적대적 심리전은 상대에게 적개심만 불러일으킬 뿐 결국 자신에게 치명적인 부메랑으로 돌아올 가능성이 아주 높다.

심리 전문가의 말에 귀 기울여라

심리전을 이용하여 경쟁을 승리로 이끌기 위해서는 우선 상대방이 어떤 부류의 사람인지를 정확히 파악하여야 한다. 상대의 성격과 처한 환경에 대한 정확한 정보가 있어야 거기에 걸맞는 심리 전략을 마련할 수 있기 때문이다. 수집된 상대의 정보를 가지고 전략을 수립할 때는 누구에게나 공통적으로 적용될 수 있는 일반화된 방법을 주로 모색하게 된다. 그러나 이것만으로는 심리전 승리의 충분조건이 되지 못한다. 승리 가능성을 높이려면 상대방 특유의 성격과 심리가 무엇인지를 집중적으로 확인하여 그에 걸맞는 맞춤형 심리 전략을 수립하여야 한다. 그렇기 때문에 상대와 겨루기 위해 수립하는 심리 전략의 효과성을 담보해주는 경쟁 상대 고유의 개인 특성을 정확히 파악해야 하는 것이다.

그리고 각종 심리 법칙이나 효과 등을 섭렵하여야 한다. 심리학자 및 심리 전문가들이 연구 등을 통해서 세상에 내놓은 인간심리의 경향성에 관한 결과물이 수없이 많다. 그것들은 주로 '○○ 법칙', '○○ 효과', '○○ 현상' 등의 명칭으로 소개되고 있다. 이것은 심리전 수행을 가능케 해주는 기본 지식과 노하우를 제공해준다. 그렇기 때문에 심리전에서 연전연승을 하고자 하는 사람이라면 이것들을 필수적으로 숙지하여야 하는 것이다. 여기에다 평소의 대인관계를 통해 자신이 직접 터득한 심리전 노하우를 접목한다면 그야말로 금상첨화이다.

또한 나의 심리 상태나 의도를 남들이 알지 못하도록 이것에 대한 보안을 철저하게 유지해야 한다. 만일 나의 심리 상태나 의도를 경쟁하는 상대가 안다면 그로 인해 상대로부터 심리 공격을 받을 게 뻔하고, 내가 펼치는 심리전이 무용지물이 될 수가 있다. 그래서 나의 심리 상태에 관한 정보의 외부 유출을 방지하는 단순 보안 관리는 물론이고, 때로는 연막을 피우는 등의 행위를 통해서 현재 내가 가지고 있는 심리적인 허점이라든가 공격 의도를 상대가 눈치채지 못하도록 하는 적극적인 보안 관리도 필요하다.

· Major Skill ·

● 경쟁 상대의 심리 정보 파악 철저

● 각종 심리 법칙 섭렵

● 자신의 심리 상태에 대한 보안 유지 철저

'너 죽고 나 죽는 경쟁'은 막아라

"남에게 이기는 방법의 하나는 예의범절로 이기는 것이다."

- 조쉬 빌링스(미국의 작가) -

2004년 12월 세계적인 건강용품 생산 및 판매 업체인 미국의 존슨앤존슨이 의료기 제작업체인 가이던트를 254억 달러에 인수하겠다는 계획을 발표한다. 그런데 가이던트는 발표 후 얼마 안 있어 전체 생산량의 56%인 17만 개의 심장박동 보조기를 리콜해야 하는 상황에 처했다. 이를 안 존슨앤존슨이 가만히 있을 리 없다. 곧바로 인수계획을 철회하려 했지만 가이던트가 계약이행 소송을 제기하는 바람에 뜻대로 되지 않았다. 결국 거래가를 215억 달러로 낮추는 것으로 양사는 잠정 결정하였다. 그런데 갑자기 존슨앤존슨의 오랜 라이벌인 보스턴 사이언티픽이 247억 달러를 제시하며 가이던트 인수전에 뛰어들었다. 가이던트의 나빠진 재정이나 업계에서의 평판과

는 상관없이 존슨앤존슨과 보스턴 사이언티픽 간의 가이턴트 인수 전쟁이
벌어졌다. 이 인수전은 2006년 1월 존슨앤존슨의 최초 제시가인 254억 달
러보다도 오히려 18억 달러가 더 많은 272억 달러를 써낸 보스턴 사이언티
픽의 승리로 마무리되었다. 215억 달러면 끝났을 거래가 사이언티픽의 개
입 때문에 과열 양상으로 치달은 것이었다. 그런데 불행히도 인수한 지 얼
마 안된 2006년 6월 보스턴 사이언티픽은 가이던트 심장박동보조기 2만
3,000개를 또 다시 리콜해야 했다. 이외에도 이미 이식 수술을 한 환자 2만
7,000명에게 의사와 상담할 것을 권고해야 했다. 이러한 추가적인 악재 때
문에 가이던트 인수 초기에 25달러이던 보스턴 사이언티픽 주가는 급기야
17달러 밑으로 떨어졌다. 세계적 권위를 가진 경제전문지인 포천지誌는 사
이언티픽의 가이던트 인수를 AOL의 타임워너 인수 다음가는 최악의 거래
라고 혹평했다. 이 인수전은 지나친 승리 욕구에 휩싸인 사람이나 조직들이
경쟁을 통한 가치 추구라는 당연한 방향은 아랑곳하지 않고 일단 이겨보자
는 생각을 가지고 무리하게 경쟁에 뛰어들었을 때 어떠한 문제가 초래되는
지를 여실히 보여주는 사례가 아닐 수 없다.

에너지를 철저하게 소진시키는 과잉경쟁

경쟁이 반드시 사람에게 필요하다는 것은 주지의 사실이다. 경
쟁으로 인해 개인이나 사회가 급속도로 발전하여 풍요로운 생활
을 영위하고, 더 나아가서 행복까지 누리며 살아갈 수 있기 때문
이다. 그렇지만 모든 것에 양이 있으면 음이 있듯이 경쟁 역시 긍
정적 측면 외에 부정적인 측면도 있다. 그중에서 과잉경쟁은 경쟁

과정에서 종종 발생되는 대표적인 문제이자 경쟁의 가치를 퇴색시키는 암적인 요소이다.

과잉경쟁이 발생되는 이유는 한마디로 승리에 대한 집착이다. 이것을 분해해보면 과도하게 더 가지려는 욕심이 대표적으로 경쟁을 과열시킨다. 능력은 딸리는데, 또는 능력이 있다 해도 사회적 규범상 거기서 멈춰야 하는데 이를 무시하고 쟁탈전에 뛰어드는 사람들이 적지 않다. 이로 인해 그나마 있던 힘도 바닥나는 소모적이고 눈살 찌푸리는 이전투구가 발생한다.

그리고 일단 이겨보자는 삐뚤어진 심리로 인해 과잉경쟁이 발생한다. 승리 욕구는 인간이 가지는 욕구 중에서 가장 강열한 욕구이다 보니, 이 욕구가 잘못 발동되면 결과의 득실을 떠나 일단 이겨보자는 심리를 자극한다. 그래서 승자도 손해 보는 '상처뿐인 영광'이나 배부른 사람의 배만 더 채우는 '승자독식 현상'도 발생되는 것이다. 미국 하버드대학교 경영학과의 디팩 말호트라 Deepak Malhotra 교수 등은 일단 이겨보자는 심리를 '맹목적 경쟁심 Competitive Arousal'이란 말로 표현하고 있다.

성과 중심의 평가제도가 과잉경쟁의 한 요인으로 작용하는 것도 사실이다. 잘 아는 바와 같이 조직에서 좋은 자리와 고액의 연봉을 누구에게나 줄 수는 없다. 그래서 어떤 기준을 가지고 선별적으로 주게 되는데, 여기서의 기준이 바로 성과창출 정도이다. 이 성과창출 과정에서 과잉경쟁이 빈번하게 발생한다.

선의의 경쟁, 생산적인 경쟁은 개인과 조직의 발전에 혁혁하게 기여하지만 과잉경쟁은 문제만 야기할 뿐이다. 과잉경쟁은 그 도가 지나치는 격렬함 때문에 승자, 패자 모두의 에너지, 나아가 조직의 에너지까지 심각하게 고갈시킨다. 그리고 동료 간의 화합, 상하좌우 간의 위계 등 조직의 정상적인 질서마저 훼손되는 경우가 생기게 된다. 이러한 상황에서 이긴다면 그나마 '상처뿐인 영광'이라도 건질 수 있다지만 진다면 참으로 낭패가 아닐 수 없다.

과잉경쟁의 또 다른 문제는 나의 발전을 위해 필요한 라이벌 경쟁자까지 재기불능에 빠지게 만들 수 있다는 점이다. 라이벌은 건전한 긴장감을 느끼게 해주어 내가 발전하는 데 톡톡히 기여한다. 만일 라이벌이 없으면 앞만 보고 달려야 하는데, 이렇게 혼자 뛰는 달리기는 그냥 구보驅步일 뿐 우승 테이프를 끊을 수 있는 질주疾走는 되지 못한다. 이런 유익한 라이벌이 그와 나의 과잉경쟁으로 인하여 재기불능 상태에 빠진다면 길게 볼 때 나의 손해는 명약관화하다.

또한 과잉경쟁에 빠져있다 보면 자칫 생각지도 않았던 장외場外 경쟁자에게 당하는 불상사가 생기기도 한다. 2014년 삼성전자는 휴대폰 판매에서 세계 1위를 달리고 있었지만 아이폰 5, 6 등을 앞세우고 무섭게 달려드는 2위인 애플과 시장에서 치열하게 공방을 벌이고 있었다. 그런데 모든 정예 병력을 총동원하여 '주적主敵' 애플과 사투를 벌이는 이 격전지에 기술력 차이로 그동안 삼성과 애플의 관심 밖에 있었던 중국의 후발업체들이 초저가를 무기로 융단폭격을 가하면서 쏟아져 들어왔다. 별로 생각지도 않았던 엉뚱한 곳으로부터 느닷없이 공격을 받은 것이었다. 엎친 데 덮친 격의 사태를 맞이한 삼성전자의 무선사업부 3분기 영업이익 실적은 전년 대비 무려 74%나 달아나 버렸다. 이렇듯 경쟁이 어느 한 두 곳에서 과열되면 그 경쟁 당사자들은 예상치 못한 제3자의 공격으로 큰 상처를 입을 수도 있는 것이다.

다 된 밥에 재 뿌리는 사람들

과잉경쟁이 상대 경쟁자는 물론 자신에게까지도 이처럼 심각한 악영향을 미치는 데도 불구하고 빗나간 경쟁의식을 가진 사람들은 과잉경쟁의 폐해를 인식하지 못하고 사회 곳곳에서 과잉경쟁을 유발시키고 있다. 자신의 직장 동료가 고객을 천신만고 끝에 설득하여 가계약까지 성사시켜놨는데 규정에 현격하게 위배되는 파격적인 구입조건을 비밀리에 제시하여 고객을 빼앗는 사람이 있다. 자신이 벌이는 경쟁에 대한 주위 사람들의 단순한 관심을 마치 그들이 그 경쟁을 스포트라이트를 켜고 주목하는 것으로 착각해서 '별 영양도 없는 승리'를 위해 젖 먹던 힘까지 동원하여 이전투구의 경쟁을 벌이는 사람 역시 자주 발견된다. 심지어 승자가 넘어진 패자를 일으켜 세워주고 재기까지 배려해주는 '자본주의 3.0시대'에까지 돌입된지도 모르고 연약한 패자를 향후 경쟁의 걸림돌을 제거하겠다는 심산으로 재기불능 상태로까지 만들기도 한다. 이런 사람들은 상대의 불행에서 자신의 행복을 얻고자 하는 비정한 사람이 아닐 수 없다. 이들 모두 과잉경쟁 메이커들이다.

물론 경쟁을 억제한다는 것은 쉬운 일이 아니다. 인간의 본성 깊은 곳에 견고하게 자리 잡고 있는 이기고자 하는 욕구, 더 많은 이익을 얻고자 하는 욕구 때문이다. 고대 중국 제나라 때 어느 욕심 많은 여자가 한 남자를 선택하지 못하고, 밥은 돈 많은 남자의 집에서 먹고, 잠은 잘생긴 남자의 집에서 잤다는 '동가식 서가숙東家食 西家宿'이란 고사가 있는 것을 보면 인간의 욕심은 예나 지금이나 달라진 것이 없는 것 같다. 그래서 경쟁이 과열될 가능성은 언제나 존재하고 있는 것이다.

특히 한국 사람들은 감정 조절에 약하고 끊임없이 나아지려고 하는 속성 때문에 생활의 여러 부분에서 '오버'하는 경우가 많다고 한국에 거주하는 상당수의 외국 사람들은 지적한다. 그렇기 때문에 건전하고 적당한 경쟁을 통하여 자신을 성장시키고 조직과 사회발전에 이바지하기 위해서는 과잉으로 쏠리려할 때마다 자신의 마음을 의식적으로 다잡는 노력이 필요하다.

삐뚤어진 승리 욕구 분출을 차단하라

과잉경쟁에 빠지지 않기 위해서는 우선 과욕을 부리지 말아야 한다. 과욕은 과잉경쟁의 근본적인 원인이 되면서 궁극적으로 당사자를 쓰라린 패배로 안내한다. 지금도 이어지는 중국 남부지방에서의 원숭이 사냥 방법이 이를 잘 말해주고 있다. 목이 잘록한 병에다 사탕을 여러 개 넣어서 원숭이가 잘 다니는 길목에 놓아두면 원숭이가 손을 넣어 사탕 한두 개를 꺼내간다. 그런데 욕심 많은 원숭이는 사탕을 한두 개가 아니라 한 움큼 쥐고 손을 빼려 하는데, 이때는 주먹이 쥐어진 손이 좁은 병목을 빠져 나올 리 없다.

욕심 많은 원숭이가 아직도 손을 못 빼고 끙끙거리고 있을 때 사냥꾼은 홀연히 나타나 원숭이를 잡아들고 유유히 사라진다. 과욕으로 화를 자초한 것이다. 초과되는 이익은 다른 경쟁자와의 공유물이라는 인식을 가져야 하고, 승리 욕구만 채워주기 위한, 즉 일단 이겨보자는 식의 맹목적인 경쟁은 피하여야 한다.

그리고 경쟁 실력이 상대보다 약하고 준비가 부족한 상태라고 판단될 때는 과감히 경쟁을 접어야 한다. 실력이 약하고 준비가 부족한 상태에서 경쟁이 벌어지면 약자는 정상적 승부로는 질 것이 빤하리라 생각하고 편법 등 일탈 행동을 일삼기 십상이기 때문이다. 이 과정에서 이전투구泥田鬪狗의 과잉은 필연적으로 발생한다. 손자병법도 "상대방이 나보다 유리한 위치를 선점했는데도 아무런 대책 없이 대들다가는 큰 피해를 입는다."라고 경고하면서 강자를 무턱대고 공격하지 말라고 주문하고 있다. 시간은 좀 걸리겠지만 상대를 대결할 수 있는 실력을 갈고 닦고, 때로는 와신상담을 통해서 정신적으로도 단단히 무장한 뒤 경쟁에 나서야 한다. 그래야 '너 죽고 나 죽는 사태'를 미연에 방지할 수 있는 것이다.

또한 공정 경쟁을 위한 정해진 룰과 관습적인 약속을 지키면서 페어플레이를 해야 한다. 이렇게 경쟁을 시작하면 애초부터 과열의 소지가 상당 부분 줄어든다. 골프를 치다가 아무도 안 보는 것 같아 움푹 들어간 곳에 놓여있는 공을 옆으로 살짝 빼내고 쳤을 때 일반적인 친선 게임이라면 멤버들이 이를 알고도 못 본 척 할 수도 있다. 그러나 내기가 걸리고 승부를 가려 푸짐하게 포상이라도 하는 경기라면 이를 다른 멤버들이 눈감아줄 리 없다. 자칫 잘

못하면 "쪼잔하게 이 정도도 안 봐주나."와 "치사하게 잔머리를 굴리다니." 등의 서로 다른 불편한 감정이 부딪히면서 급기야 친구들 간의 경쟁에서 '승부에 목숨을 거는 사태'로까지 발전할 수 있다. 공정하게 페어플레이를 하겠다는 마인드만이 이를 막을 수 있다.

· Major Skill ·

- 과욕 금지
- 실력 미비 상태에서의 경쟁 돌입 자제
- 페어플레이 견지

오늘의 나를 넘어서라

"우리는 자기 자신을 이김으로써 발전한다. 자신과 경쟁을 벌여야 하며, 이 경쟁에서 이겨야 한다."
- 에드워드 기번(영국의 역사가) -

골프선수 최경주, 그는 2011년 미국 플로리다주 폰테 베드리비치에서 열린 프로골프(PGA) 투어 플레이어스 챔피언십에 도전하면서 출전 직전 클럽과 스윙 자세를 바꾼다. 고액의 상금과 명예가 걸린 세계적인 대회를 앞두고 익숙한 클럽과 스윙 자세를 바꾸는 것은 프로선수에게는 큰 위험부담이 따르는 게 사실이다. 그래서 주변의 강력한 만류도 있었다. 그러나 그는 "난 해보지도 않고 후회하는 것은 싫다. 후회하더라도 해보고 후회하는 것이 낫다. 스윙도 마찬가지다. 만약 내가 골프하는 데 도움이 된다면 스윙은 언제든지 바꿀 수 있다."라고 말하며 내린 결정을 그의 별명인 '탱크'처럼 그대로 밀고 나갔다. 연장전까지 갈 정도로 미국의 데이비드 톰스David Toms와의 선두 다툼은 매우 치열하였지만 마침내 최경주가 우승하였다. 그는 17억이나 되는 고액의 상금과 함께 우승 트로피를 들고 감격의 눈물을 흘렸다. 막상 실행에 옮기기는 어려웠겠지만 익숙함에 기대려는 마인드를 과감히 떨쳐버리고 자신을 변화시킴으로써 자신이 처한 현재와의 경쟁에서 화려하게 승리한 것이었다.

궁즉변窮則變, 변즉통變則通, 통즉구通則久

비교우위 이론을 창시한 영국의 고전경제학자 데이비드 리카도David Ricardo 때문에 알려진 '비교우위'란 말을 보통은 남들보다 앞선다는 의미로 생각한다. 그러나 그가 말하는 비교우위는 자기 자신이 가지고 있는 능력 중에서 다른 능력과 비교했을 때 우위에 있는 경쟁력이다. 즉 남이 아닌 내 안에서 이루어지는 비교우위이다. 리카도의 개념을 좀 더 확장해서 보면 내 안에서의 비교우위를 따지는 것은 능력 간의 우위를 따지는 것 못지않게 내 능력이 전과 비교했을 때 긍정적으로 변화된 비교우위를 따지는 것도 매우 중요해진다. 경쟁에서 승리를 거두려면 이것이 전제되어야 한다고 생각하면 더욱더 그렇다. 결국 여기서 등장하는 변화는 나와의 경쟁, 남과의 경쟁에서 승리에 영향을 미치는 핵심 요인으로 작용하는 것이다.

오늘을 살아가는 사람들은 변화가 필요하다는 말을 귀에 딱지가 앉을 정도로 자주 듣는다. 왜 그럴까? 변화해야 더 큰 성과를 얻을 수 있고, 나아가 경쟁 상황에서 그토록 갈구하는 승리를 이루어낼 수 있기 때문이다. 금빛 매미는 자신의 껍질을 벗어던질 때 만들어진다는 금선탈각金蟬脫殼이란 고사성어가 있다. 비좁은 땅 속에서 올라온 굼벵이가 끊임없이 자신을 단련하여 변화시키면 비로소 거친 나무를 오르고 하늘도 날 수 있는 어엿한 매미로 탈바꿈된다는 것이다. 이 변화 과정에서 어렵게 만들어진 승리 능력은 개인의 심신에 착근되어 반복적인 승리를 가져다주고, 승리의 기쁨을 오래 향유할 수 있게 해준다. '궁즉변窮則變, 변즉통變則通, 통즉구通則久', 즉 '궁하면 변하고, 변하면 통하고, 통하면 오래 간다.'는 말이 그 말이다.

내가 스스로 변하든 환경 때문에 불가피하게 변하든 변화하지 않으면 현상 유지는 고사하고 머지않아 망할 수 있다는 것이 또한 변화해야 할 중요한 이유 중의 하나이다. 지금은 변화의 속도가 그 어느 때와도 비교할 수 없을 정도로 빠르고 불규칙적이다. 이러한 지금을 두고 '마케팅의 아버지'라고 불리는 미국 노스웨스턴 대학교의 필립 코틀러 교수는 비행기가 난기류에 휩싸여 급상승과 급하강을 반복하는 때와 같은 '격동Turbulence의 시대'라고 표현한다.

미국에서 1896년 찰스 다우Charles H. Dow가 처음 '다우존스 산업 평균 주가지수'를 산정할 때 편입했던 12개 종목 중 지금까지 남아있는 것은 제너럴 일렉트릭 하나뿐이다. 1970년 미국 포천지가 뽑은 500대 기업 중 3분의 1이 탈락하는 데 10년쯤 걸렸다. 요즘은 그 주기가 5년 안팎으로 짧아졌다. 우리도 예외가 아니다. 대한상공회의소에 따르면 지난 10년 사이 시가총액 상위 100대 기업 중 약 40%가 바뀌었다. 여기서 사라진 기업의 대부분은 내가 아니라 남에 의해서 억지로 변화를 당한 것이다. 이처럼 고속으로 변하는 상황에서는 익숙한 것이나 즐기면서 뒤따라가다가는 기업이나 개인은 망하기 십상이다.

직장의 상사들도 변화를 통해서 일신 우일신日新 又日新하는 부하를 당연히 선호한다. 해결하라고 던져준 최첨단의 일을 철 지난 지식과 노하우를 들이대고 땀을 흘리며 시간 죽이는 부하들, 한 달 전이나 지금이나 패션, 머리 스타일에서 차이가 없는 부하들은 그들의 관심 밖에 놓는다. 그러나 상황에 걸맞는 상큼함을 흩뿌려 조직의 분위기를 동動적으로 만드는 부하들은 언제라도 환영한다.

이처럼 변화는 경쟁 승리의 핵심적인 전제조건이다. 시대를 이끈 동서고금의 현인들이 변화를 소리 높여 강조해 온 것을 보면 이러한 사실이 보다 확연해진다. 고대 중국의 병법가 손무孫武는 『손자병법』 13편 중 「구변九變」 편에서 "승리하려면 아홉 번 변하라."라고 주문하였고, 영국의 역사가 토마스 카알라일Thomas Carlyle은 "변화는 고통이다. 그러나 그것은 항상 필요하다."라고 하였다. "지난해에 자신의 관심 분야에 무언가를 추가하지 않았다면, 여전히 과거의 사고방식을 지니고 똑같은 경험만 되풀이하고 있다면, 여전히 예측 가능한 반응들로 일관한다면 당신은 죽어있는 인생을 사는 것이다." 2차 대전의 영웅 더글러스 맥아더 장군이 한 이 말은 주문을 떠나서 변화에 소극적인 사람들에게 '핵주먹'을 한 방 날리는 것 같다.

마누라 빼고 다 바꿨더니 이기더라

앞서가는 사람들은 변화의 중요성을 일찌감치 깨닫고 상황에 대응하기 위해 카멜레온처럼 변하고, 구태를 반복하지 않기 위해서 새로움을 모색하고, 익숙함과 결별하기 위해서 모험을 서슴지 않고, 전보다 나아지기 위해서 전통에 혁신을 추가한다. 이렇게 해서 현재에 머물러 있는 자신을 넘은 뒤 궁극적으로 남과의 경쟁에서 승리를 거둔다. 지금 억대 이상의 연봉을 받고 있거나 직장 동료들보다 빠르게 승진하는 사람들이 대부분 그런 사람들이라고 보면 틀림없다.

삼성그룹 이건희 회장이 1993년 독일에서 신경영을 선포하며 참석한 임원들에게 "마누라 빼고 다 바꿔라!"라고 한 이후 삼성은 승승장구하면서 세계적인 기업으로 성장했다. 지금도 변화를 통한 삼성의 진화는 계속되고 있으며, 스마트폰 세계 1등에 이어 스마트 홈 분야에서도 세계 선두 주자로서 질주하고 있다.

2009년과 2013년, 4년 사이에 매출은 3배, 주가는 2배 가까이 오르며 초고속으로 성장하는 인터넷 상거래업체 아마존은 상황에 대응하는 변신을 훨씬 뛰어넘는 기업으로 유명하다. 오프라인 서점보다 저렴한 가격, 신속한 배달과 조건 없는 환불 등을 통해서 순식간에 책 시장을 뒤흔든 아마존은 시장 선도자의 지위를 충분히 더 누릴 수도 있었으나 이에 만족하지 않고 스스로 개척한 온라인 도서 판매시장을 제 손으로 뒤흔들고 있다. 이러한 변화에 힘입어 아마존의 전자책 판매 실적은 2011년에 이미 출판물 판매 실적을 넘어섰고, 그들의 변신은 IT 등 또 다른 분야에서 지금 계속되고 있다.

상황이 이러한데 아직도 변화의 중요성을 깨닫지 못하고 현실에 안주한 채 다람쥐 쳇바퀴 도는 생활에서 벗어나지 못하는 사람이 적지 않다. 이들은 "한 우물을 파라.", "송충이는 솔잎을 먹고 살아야 한다." 등의 변화를 억제하게 만드는 우리 속담들을 여과 없이 수용한다. 이들 중의 상당수는 변하지 않는 자신은 탓하지 않고 직장의 지원 미흡만을 열심히 나무란다. 퇴직 후 '인생 2모작'을 시작하기 바로 직전에야 비로소 "내가 그때 왜 편한 생활로만 일관했나!" 하며 후회하는 사람도 많다.

변화 없이 안주하는 사람들 들으라고 중앙일보 논설위원을 역임한 한국문화기술연구소의 정진홍 소장이 안주安住를 경계하면서 한 말이 기억난다. "'안주는 안락사'라고 10년 전에 교수직을 그만두고 나올 때도 그런 생각이었고, 지금도 마찬가지다. 안주하면 점점 편하게 주저앉으면서 조금씩 사그라져 가는 게 아닌가 싶다."

사실 변화가 쉬운 것은 아니다. 미국 속담에 '아는 악마가 더 낫다Better the devil you know.'는 말이 있다. 익숙한 현재에서 달라지는 것이 얼마나 싫고 힘들면 이런 속담이 생겼겠는가? 그래서 대부분의 사람들이 가만히 있다가는 코만 베이는 것이 아니라 갖고 있는 것마저 날릴 수도 있다는 것을 알면서도 변화하는 걸 싫어하는 것 같다. 그러나 전문가들은 변화의 가능성에 대해 매우 낙관적인 견해를 피력하고 있다. 특히 게슈탈트 심리학의 창시자이자 사회심리학의 개척자로 알려진 독일의 쿠르트 레빈Kurt Lewin은 안정된 생활이 반복되고 아무 일도 없는 것 같지만 사실 내면을 들여다보면 변화의 압력과 이에 대한 저항이 팽팽하게 균형를 이루는 상태가 계속되고 있다고 한다. 즉 겉으로는 생활에 안주하고 있는 것 같지만 변화 저항이 지나치지 않도록 자신이 부지불식간에 억제하고 있다는 것이다. 이 말은 이미 가해지고 있는 변화를 위한 무의식적인 압력에 의식적인 압력이 추가된다면 변화하는 삶을 얼마든지 누릴 수가 있다는 것과 다를 바 없다.

익숙함과 결별하라

자신의 현재와의 경쟁에서 승리하게 만들어주는 변화역량을 만들어내기 위해서는 우선 익숙한 것과 결별해야 한다. 일단 익숙해지면 사람의 속성상 누구나 그것을 그대로 지속하고 싶어진다. 그러나 그런 생활에 안주하게 되면 변화하지 못해 경쟁에서 승리할 수 있는 찬스를 날리는 것은 물론 새로움으로 무장한 상대에게 속수무책을 당할 수가 있다. 익숙한 것, 사회적인 통념 등에서 멀리 있을 때 비로소 쾌승을 가져다줄 변화 DNA가 생성된다. 노벨문학상에 빛나는 작가 앙드레 지드Andre Gide는 "익숙한 해변에서 눈을 뗄 용기가 없다면 새로운 대륙을 발견하지 못한다."라고 하였다. 따라서 변화 DNA로 승기勝機를 잡기 위해서는 익숙한 것과 과감하게 결별을 선언해야 한다.

그리고 무리에서 늘 함께하는 자신의 사고를 떨어뜨려야 한다. 항상 똑같은 사람을 만나서 똑같은 이야기를 나누고, 또 그들에

휩쓸리게 되면 남들과 차별화된 색다름을 만들기 어렵다. 함께하고 있는 무리에서 떨어져서 다른 생각을 할 때 비로소 긍정적인 변화를 맞이하여 종국을 멋진 승리로 장식할 수 있다. 카르타고의 명장 한니발은 곁에 있던 모든 사람들이 지중해를 건너 로마를 공격하자고 주장할 때 거꾸로 알프스를 넘어 로마로 들어가 승전을 거두었다. 콜럼버스 역시 모든 사람들이 반대하는 대서양을 건너 인도로 항해하다 결국 신대륙을 처음 발견하는 행운을 얻었다. 따라서 변화 DNA로 승기를 잡기 위해서는 자신의 생각과 몸을 과감히 무리에서 떠나보내는 용기를 발휘해야 한다.

또한 현재의 트렌드와 발맞추어 같이 가야 한다. 내가 변하지 않아서 그렇지 나를 둘러싼 작금의 주변 상황은 끊임없이 변화하고 있다. 그래서 이 변화의 트렌드를 제대로 파악하고 이를 잘 따라가기만 해도 나의 변화는 어느 정도 이루어질 수 있다.

120km의 속도로 달려가는 치타를 카메라로 가장 선명하게 찍으려면 어떻게 해야 할까? 여러 가지 방법이 있겠지만 정답은 치타와 같은 속도로 달리면서 찍는 것이다. 트렌드를 정확히 파악하기 위해서는 트렌드가 변하는 속도에 올라타야 한다는 얘기다. 다수의 축구 전문가들은 2014년 브라질 월드컵에서 한국 축구가 몰락한 이유로 트렌드 파악과 대응의 실패를 들고 있다. 수비를 탄탄히 하면서 빠르게 역습을 가했던 전략이 변하고 있는데 한국은 이미 구식이 되어버린 패스로 점유율을 높여가는 전략에 집착했다는 것이다. 트렌드에 맞추어진 변화가 이렇게 중요한 것이다.

경쟁 없이는 성공도 없습니다!

– 권선복(도서출판 행복에너지 대표이사,
대통령직속 지역발위원회 문화복지 전문위원)

인류 역사와 함께 경쟁은 늘 존재해 왔습니다. 비단 인류만이 아닐 것입니다. 다큐멘터리 프로그램에서 볼 수 있는 야생의 세계에도 경쟁은 늘 존재합니다. 결국 이 지구에서 하나의 생명체로 태어난 이상 경쟁은 운명에 있어 가장 주요한 화두라 할 수 있습니다. 계급이 철폐되고 만민이 평등한 현대사회는 그 어느 때보다 혹독한 경쟁을 개개인에게 요구합니다. 기회가 균등해진 만큼 자신이 원하는 바를 이루기 위해서는 수많은 경쟁자를 따돌려야 하기 때문입니다.

책 『위대한 경쟁』은 경쟁의 진정한 의미와 그 가치에 대해 다시 한번 고찰하게 하게 경쟁 지침서입니다. 현대자동차 국내영업 본부에서 수석권역장으로 재직 중인 정태영 저자는 글로벌 대기업에서의 30년간 현장 경험을 통해 체득한 경쟁 노하우를 다양한 사례와 연구 결과를 통해 상세히 소개하고 있습니다. 결국 우리 삶이 궁극적으로 목표하는 바인 행복에 이르기 위해 경쟁은 당연한 과정이며 이를 어떻게 받아들이고 성장과 승리를 거둘 수 있는가를 설득력 있는 어조와 논조로 독자에게 다가옵니다. 인류 역사상 가장 위대한 승리자로 평가받는 위인들의 사례와 오랜 시간 가장 치열한 전장이라 할 수 있는 대기업이라는 환경 속에서 얻은 사례들은 이 책이 우리 현대인들에게 가장 필요한 책임을 증명하고 있습니다.

근래 들어 수많은 젊은이들이 경쟁을 회피하거나 등한시하는 경우를 자주 볼 수 있습니다. 그러한 나약함이 더욱 스스로를 위축시키고 사회에서 제대로 발을 붙이지 못하는 걸림돌로 작용하고 있습니다. 한 명의 멋진 사회인으로 거듭나기 위해 가장 필요한 것이 무엇인지를 이 책을 통해 우리 청년들이 절실히 깨닫기를 기대하면서 모든 독자들의 삶에 행복과 긍정의 에너지가 팡팡팡 샘솟기를 기원드립니다.

소리 (전 8권)

정상래 지음 | 각 권 13,500원

쏟아져 나오는 책은 많지만 읽을거리가 없다고 탄식하는 독자들이 많다. 그렇다면 근대 한국사에 담긴 우리 한恨의 정서에 관심이 있다면, 대하소설의 참맛에 대해 잘 알고 있다면, 정말 제대로 된 작품을 읽어볼 요량이라면 이 소설은 독자를 위한 더 할 나위 없는 선물이자 생을 관통할 화두가 되어 줄 것이다.

조영탁의 행복한 경영이야기 세트 (전 10권)

조영탁 지음 | 각 권 15,000원

행복한 성공을 위한 7가지 가치, 그 모든 이야기를 담은 『조영탁의 행복한 경영이야기』 전집은 자신은 물론 타인의 삶까지 행복으로 이끄는 '행복 CEO'가 되는 길을 제시한다. 다양한 분야에서 칭송을 받아온 인물들의 저서에서 핵심 구절만을 선별하여 담았다. 저자는 이를 '촌철활인寸鐵活人(한 치의 혀로 사람을 살린다)'으로 재해석하여 현대인이 지향해야 할 삶의 태도와 마음에 꼭 새겨야 할 가치를 제시한다.

직원이 행복한 회사

가재산 지음 | 값 15,000원

『직원이 행복한 회사』는 '한국형 인사조직 연구회'에서 심도 있는 연구 끝에 선별한 '한국형韓國型 GWP' 현장 사례를 소개한다. 이 책에 소개된 기업들은 입사제도와 연봉과 복지, 경영과 기업문화 등에서 일반인들이 언뜻 생각하기 힘든 파격을 선보이며 사람 중심의 인본주의 경영을 몸소 실천하고 있다.

아빠와 딸

정광섭 지음 | 값 15,000원

사랑의 부재가 당연시되는 시대. 각종 불화와 광기가 맞닥뜨려 이 시대엔 아픔도 그 절망의 목소리를 내지 못한다. 저자는 자신의 실화를 담담히 이야기하며 이 불변하는 시대를 극복하고자 그 대안으로서 아버지의 사랑, 즉 사랑의 이름으로 가장 존귀한 부모의 사랑을 내놓은 것이다.

'행복에너지'의 해피 대한민국 프로젝트!
〈모교 책 보내기 운동〉

대한민국의 뿌리, 대한민국의 미래 **청소년·청년**들에게 **책**을 보내주세요.

많은 학교의 도서관이 가난해지고 있습니다. 그만큼 많은 학생들의 마음 또한 가난해지고 있습니다. 학교 도서관에는 색이 바래고 찢어진 책들이 나뒹굽니다. 더럽고 먼지만 앉은 책을 과연 누가 읽고 싶어 할까요? 게임과 스마트폰에 중독된 초·중고생들. 입시의 문턱 앞에서 문제집에만 매달리는 고등학생들. 험난한 취업 준비에 책 읽을 시간조차 없는 대학생들. 아무런 꿈도 없이 정해진 길을 따라서만 가는 젊은이들이 과연 대한민국을 이끌 수 있을까요?

한 권의 책은 한 사람의 인생을 바꾸는 힘을 가지고 있습니다. 한 사람의 인생이 바뀌면 한 나라의 국운이 바뀝니다. **저희 행복에너지에서는 베스트셀러와 각종 기관에서 우수도서로 선정된 도서를 중심으로 〈모교 책 보내기 운동〉을 펼치고 있습니다.** 대한민국의 미래, 젊은이들에게 좋은 책을 보내주십시오. 독자 여러분의 자랑스러운 모교에 보내진 한 권의 책은 더 크게 성장할 대한민국의 발판이 될 것입니다.

도서출판 행복에너지를 성원해주시는 독자 여러분의 많은 관심과 참여 부탁드리겠습니다.

문의전화 0505-613-6133